SAMMLUNG GUTTENTAG

254

Jugendarbeitsschutzgesetz

vom 9. 8. 1960

Handkommentar

von

Dr. Herbert Monjau
Landesarbeitsgerichtspräsident
in Düsseldorf

Karl Wolff
Landesarbeitsgerichtsdirektor
in Düsseldorf

BERLIN 1961

WALTER DE GRUYTER & CO.

vormals G. J. Göschen'sche Verlagshandlung — J. Guttentag, Verlagsbuchhandlung
Georg Reimer — Karl J. Trübner — Veit & Comp.

Archiv-Nr. 21 1 254/61
Satz und Druck: Walter de Gruyter & Co., Berlin W 30

Vorwort

Mit der Verkündung des Gesetzes zum Schutze der arbeitenden Jugend ist das Arbeitsschutzrecht in einen neuen Abschnitt seiner Entwicklung getreten. Wesentliche Neuerungen sind eingeführt. Der Aspekt „Schutz der Gesundheit des Kindes und des Jugendlichen“ soll Vorrang vor allen anderen, auch dem der beruflichen Ausbildung haben. Zu der Fülle von Problemen in Recht und Wirtschaft treten nun auch die, den Willen des Gesetzes mit den Notwendigkeiten im modernen Arbeitsleben in Einklang zu bringen. Der Praxis, die Lösung dieser Aufgabe zu erleichtern, will diese Erläuterung dienen.

Es waren dabei die bisher im Jugendschutz durch Rechtsprechung und Wissenschaft gewonnenen Erkenntnisse nicht außer acht zu lassen. Sie haben zum Teil auch für dieses Gesetz noch Geltung. Ebenso war der Zusammenhang mit dem allgemeinen Arbeitsrecht und den verwandten Rechtsgebieten zu wahren. Deren Rechtsprechung und Schrifttum sind, soweit erforderlich, bis September 1960 berücksichtigt. Die Aufnahme von Auszügen aus der amtlichen Begründung und aus dem Bericht des BT-Ausschusses für Arbeit erschien zweckmäßig, um eine Orientierung über die Entstehung des Gesetzes zu ermöglichen. Die Hinweise auf das Gesetz über Ordnungswidrigkeiten und die Verwaltungsgerichtsordnung sollen der ersten praktischen Anwendung dienen. Die bisher ergangenen Durchführungsverordnungen zum Gesetz sind als Anhang aufgenommen.

Möge so der Kommentar seinen Zweck, jedem, der mit dem Gesetz sich zu beschäftigen hat, ein wirkliches Hilfsmittel zu sein, voll erfüllen.

An dieser Stelle möchten wir noch Herrn Assessor J. Möller, Essen, für die Bearbeitung des Siebenten und Achten Abschnittes danken und Frau Rechtsanwältin Chr. Möller, Essen, die freundlicherweise sich der Sammlung des Schrifttums und der Rechtsprechung und des Sachregisters angenommen hat.

Düsseldorf, Dezember 1960

Dr. H. Monjau K. Wolff

Inhaltsverzeichnis

Seite

I. Vorwort III
II. Text des Jugendarbeitsschutzgesetzes IX
III. Abkürzungsverzeichnis XXXVII
IV. Literaturverzeichnis XL
V. Einführung 1
VI. Kommentierung 4

Erster Abschnitt

Allgemeine Vorschriften

§ 1 Geltungsbereich 4
§ 2 Begriff des Kindes und des Jugendlichen 12
§ 3 Arbeitgeber 13
§ 4 Begriff der Arbeitszeit 14
§ 5 Arbeitszeit bei mehreren Beschäftigungen 17
§ 6 Bürgerlichrechtliche Pflichten 19

Zweiter Abschnitt

Kinderarbeit

§ 7 Verbot der Beschäftigung von Kindern 21
§ 8 Ausnahmen bei Veranstaltungen 22
§ 9 Ausnahmen für die Landwirtschaft 25

Dritter Abschnitt

Arbeitszeit der Jugendlichen

Erster Teil

Allgemeine Vorschriften

§ 10 Grenze der Arbeitszeit 27
§ 11 Bewilligung von Ausnahmen durch die Aufsichtsbehörde 30
§ 12 Mehrarbeitsvergütung 32
§ 13 Berufsschule 34
§ 14 Ruhepausen 40
§ 15 Tägliche Freizeit 43
§ 16 Nachtruhe 44
§ 17 Frühschluß vor Sonntagen 47
§ 18 Sonntagsruhe 50
§ 19 Urlaub 53
§ 20 Ausnahmen in Notfällen 64
§ 21 Geltungsbereich der §§ 10 bis 20 65

Zweiter Titel

Vorschriften für die Heimarbeit

Seite
§ 22 Jugendliche Heimarbeiter 66

Dritter Titel

Vorschriften für den Familienhaushalt

§ 23 Geltungsbereich. 73
§ 24 Grenze der Arbeitszeit. 73
§ 25 Ruhepausen 74
§ 26 Freier Nachmittag 74
§ 27 Sonntagsruhe 74
§ 28 Weitere Vorschriften 75

Vierter Titel

Vorschriften für die Landwirtschaft

§ 29 Geltungsbereich. 77
§ 30 Grenze der Arbeitszeit. 79
§ 31 Nachtruhe 80
§ 32 Frühschluß vor Sonntagen. 81
§ 33 Sonntagsruhe 81
§ 34 Weitere Vorschriften 82

Fünfter Titel

Vorschriften für die Binnenschiffahrt

§ 35 Arbeitszeit 83
§ 36 Ausnahmen während der Fahrt 84

Vierter Abschnitt

Beschäftigungsverbote und -beschränkungen

§ 37 Gefährliche Arbeiten 85
§ 38 Akkord- und Fließarbeit 89
§ 39 Verbot der Beschäftigung durch bestimmte Personen 90

Fünfter Abschnitt

Sonstige Pflichten des Arbeitgebers

§ 40 Sorge für Erhaltung von Gesundheit und Arbeitskraft 94
§ 41 Belehrung über Gefahren 96
§ 42 Häusliche Gemeinschaft 97
§ 43 Züchtigungsverbot 98
§ 44 Verbot der Abgabe von Alkohol und Tabak 99

Sechster Abschnitt

Gesundheitliche Betreuung

Seite

§ 45 Ärztliche Untersuchungen 101
§ 46 Durchführung der Untersuchungen; Bescheinigungen und Mitteilungen 104
§ 47 Aufbewahrung der Bescheinigungen 107
§ 48 Eingreifen der Aufsichtsbehörde 110
§ 49 Freizeit für Untersuchungen 111
§ 50 Kosten der Untersuchungen 112
§ 51 Gegenseitige Unterrichtung der Ärzte 112
§ 52 Übergangsvorschriften 115
§ 53 Ermächtigungen 116

Siebenter Abschnitt

Durchführung des Gesetzes

Erster Titel

Aushänge und Verzeichnisse

§ 54 Auslage des Gesetzes; Aushang über die Arbeitszeit 117
§ 55 Verzeichnis der Jugendlichen 118
§ 56 Sonstige Verzeichnisse 119
§ 57 Sondervorschriften für Familienhaushalte und landwirtschaftliche Betriebe 119
§ 58 Einsicht in die Verzeichnisse; einheitliche Form 121
§ 59 Auskunft; Vorlage der Verzeichnisse 122

Zweiter Titel

Aufsicht

§ 60 Aufsichtsbehörden 123
§ 61 Entfernung Jugendlicher durch die Aufsichtsbehörde 126
§ 62 Ausnahmen aus Gründen des Gemeinwohls 126
§ 63 Ausnahmebewilligungen 127

Dritter Titel

Ausschüsse für Jugendarbeitsschutz

§ 64 Bildung der Ausschüsse 128
§ 65 Aufgaben der Ausschüsse 129

Achter Abschnitt

Straftaten und Ordnungswidrigkeiten

§ 66 Straftaten 130
§ 67 Ordnungswidrigkeiten und Straftaten 132
§ 68 Ordnungswidrigkeiten 135
§ 69 Straftaten und Ordnungswidrigkeiten von Vertretern und Beauftragten 136

Neunter Abschnitt

Verwandte Kinder und Jugendliche

Seite

§ 70 Begriff 138
§ 71 Ausnahmen 139

Zehnter Abschnitt

Schlußvorschriften

§ 72 Änderung von Rechtsvorschriften 140
§ 73 Urlaubsvorschriften der Länder 140
§ 74 Geltung in Berlin. 142
§ 75 Sonderbestimmungen für das Saarland 142
§ 76 Inkrafttreten; Aufhebung von Rechtsvorschriften 142

Anh. 1 Fortbestehende Bestimmungen 145
A des Jugendschutzgesetzes 1938 nebst Ausf.VO 145
B des Niedersächsischen Arbeitsschutzgesetzes 147
Anh. 2 Auszug aus der Gewerbeordnung 148
Anh. 3 Auszug aus dem Heimarbeitsgesetz 149
Anh. 4 Auszug aus dem Gesetz zum Schutz der Jugendlichen in der Öffentlichkeit 152
Anh. 5 Auszug aus dem Gesetz über die Arbeitszeit in Bäckereien und Konditoreien vom 30. 4. 1938 153
Anh. 6 Auszug aus der Verordnung über die Arbeitszeit in den Krankenpflegeanstalten vom 13. 2. 1924 154
Anh. 7 Auszug aus dem Mutterschutzgesetz 155
Anh. 8 Auszug aus dem Gesetz über den Ladenschluß. 156
Anh. 9 Auszug aus dem Bundesbeamtengesetz 157
Anh. 10 Auszug aus dem Regierungsentwurf zum Jugendarbeitsschutzgesetz 157
Anh. 11 Auszug aus dem Bericht des Ausschusses für Arbeit 163
Anh. 12 Auszug aus den Verordnungen der Länder zur Durchführung des Jugendarbeitsschutzgesetzes
I. Aufsichtsbehörden 164
II. Einzelbestimmung der Länder 164
III. RdErl. Nordrh. Westf. 167

Sachverzeichnis 171

Gesetz zum Schutze der arbeitenden Jugend
(Jugendarbeitsschutzgesetz)
Vom 9. August 1960
(BGBl. I S. 665)

Der Bundestag hat mit Zustimmung des Bundesrates das folgende Gesetz beschlossen:

ERSTER ABSCHNITT
Allgemeine Vorschriften
§ 1 Geltungsbereich

(1) Dieses Gesetz gilt für die Beschäftigung von Kindern und Jugendlichen
1. als Lehrlinge, Anlernlinge, Arbeiter, Angestellte, Praktikanten und Volontäre,
2. mit sonstigen Dienstleistungen, die der Arbeitsleistung von Lehrlingen, Anlernlingen, Arbeitern und Angestellten ähnlich sind; hierunter fallen nicht gelegentliche geringfügige Hilfeleistungen, die aus Gefälligkeit erwiesen werden,
3. als Heimarbeiter.

(2) Ausgenommen ist
1. eine Beschäftigung, mit der überwiegend Zwecke der Erziehung, der Heilung oder des Schulunterrichts verfolgt werden,
2. die Beschäftigung verwandter Kinder und Jugendlicher (§ 70) im Familienhaushalt und in der Landwirtschaft (§ 29).

(3) Das Gesetz gilt nicht für die Beschäftigung auf Kauffahrteischiffen als Besatzungsmitglied im Sinne des § 3 des Seemannsgesetzes vom 26. Juli 1957 (Bundesgesetzbl. II S. 713).

§ 2 Begriff des Kindes und des Jugendlichen

(1) Kinder im Sinne dieses Gesetzes sind Personen,
1. die noch nicht oder noch zum Besuch einer Schule mit Vollunterricht verpflichtet sind,
2. die, falls sie der Pflicht zum Besuch einer solchen Schule nicht unterworfen oder von ihr befreit sind, noch nicht 14 Jahre alt sind.

(2) Jugendliche im Sinne dieses Gesetzes sind alle übrigen noch nicht 18 Jahre alten Personen.

§ 3 Arbeitgeber

Als Arbeitgeber im Sinne dieses Gesetzes gilt, wer ein Kind oder einen Jugendlichen gemäß § 1 Abs. 1 beschäftigt.

§ 4 Begriff der Arbeitszeit

(1) Tägliche Arbeitszeit ist die Zeit vom Beginn bis zum Ende der Arbeit ohne die Ruhepausen (§ 14). Wochenarbeitszeit ist die Arbeitszeit von Montag bis einschließlich Sonntag.

(2) Als Arbeitszeit gilt im Bergbau unter Tage die Schichtzeit. Sie wird gerechnet vom Beginn der Seilfahrt bei der Einfahrt bis zu ihrem Wiederbeginn bei der Ausfahrt oder vom Eintritt des einzelnen Beschäftigten in das Stollenmundloch bis zu seinem Wiederaustritt.

§ 5 Arbeitszeit bei mehreren Beschäftigungen

(1) Wird ein Jugendlicher von mehreren Personen beschäftigt, so dürfen die Beschäftigungen zusammen die zulässige Dauer der Arbeitszeit nicht überschreiten.

(2) Wird ein Jugendlicher mit mehreren Arten von Arbeiten beschäftigt, für die verschiedene Vorschriften gelten, so finden diejenigen Vorschriften über die Arbeitszeit, die für die überwiegend ausgeübte Beschäftigung gelten, auf die gesamte Beschäftigung Anwendung.

§ 6 Bürgerlich-rechtliche Plichten

Die Pflichten, die nach diesem Gesetz und den auf Grund dieses Gesetzes erlassenen Vorschriften dem Arbeitgeber obliegen, gelten zugleich als seine Pflichten gegenüber dem Beschäftigten aus dem Arbeitsverhältnis, soweit sie geeignet sind, den Gegenstand einer arbeitsvertraglichen Vereinbarung zu bilden.

ZWEITER ABSCHNITT

Kinderarbeit

§ 7 Verbot der Beschäftigung von Kindern

Die Beschäftigung von Kindern ist verboten.

§ 8 Ausnahmen bei Veranstaltungen

(1) Die Aufsichtsbehörde kann bewilligen, daß Kinder über drei Jahre bei Musikaufführungen, Theatervorstellungen und anderen Aufführungen sowie im Ton- und Fernsehrundfunk und bei Filmaufnahmen mit einer gestaltenden Mitwirkung bis zu drei Stunden täglich beschäftigt werden. Das gilt nicht für Varietés, Kabaretts, Tanzlokale, Zirkusse und ähnliche Betriebe, für Werbeveranstaltungen sowie für Vergnügungsparks, Kirmessen, Jahrmärkte und ähnliche Veranstaltungen; jedoch kann die Aufsichtsbehörde bewilligen, daß Kinder über sechs Jahre in einem Varieté oder einem Zirkus mit artistischen Darbietungen bis zu zwei Stunden täglich gemeinsam mit einem Elternteil beschäftigt werden.

(2) Die Beschäftigung der Kinder nach 22 Uhr ist verboten. Nach Beendigung der Beschäftigung ist ihnen eine ununterbrochene Freizeit von mindestens 14 Stunden zu gewähren.

(3) Die Beschäftigung gemäß Absatz 1 darf nur auf Antrag des Personensorgeberechtigten oder mit seiner schriftlichen Zustimmung und nur dann bewilligt werden, wenn, abgesehen von der Beschäftigung eines Kindes mit artistischen Darbietungen, kulturelle Belange die Mitwirkung von Kindern fordern, wenn ausreichende Vorkehrungen zum Schutze der Gesundheit, zur Vermeidung sittlicher Gefährdung und zur sachkundigen Pflege und Beaufsichtigung der Kinder getroffen sind und wenn das Fortkommen in der Schule nicht beeinträchtigt wird. Die Aufsichtsbehörde regelt, wie lange und zu welcher Zeit das Kind beschäftigt werden darf; sie regelt ferner die Ruhepausen, die Höchstdauer des täglichen Aufenthalts an der Betriebsstätte und die Beschäftigung an Sonn- und gesetzlichen Feiertagen.

(4) Die Bewilligung wird dem Arbeitgeber schriftlich bekanntgegeben. Erst nach Aushändigung des Bewilligungsbescheides darf mit der Beschäftigung des Kindes begonnen werden.

§ 9 Ausnahmen für die Landwirtschaft

(1) Kinder über zwölf Jahre dürfen in der Landwirtschaft (§ 29) mit leichten und für Kinder geeigneten Hilfeleistungen beschäftigt werden. Solche Hilfeleistungen dürfen nicht regelmäßig, sondern nur gelegentlich stattfinden.

(2) Die Kinder dürfen nicht zwischen 18 und 8 Uhr, nicht vor dem Schulunterricht und nicht an Sonn- und gesetzlichen Feiertagen beschäftigt werden.

DRITTER ABSCHNITT

Arbeitszeit der Jugendlichen

Erster Titel

Allgemeine Vorschriften

§ 10 Grenze der Arbeitszeit

(1) Die tägliche Arbeitszeit der Jugendlichen darf acht Stunden, die Wochenarbeitszeit der Jugendlichen unter 16 Jahren 40 Stunden, der Jugendlichen über 16 Jahre 44 Stunden nicht überschreiten.

(2) Die tägliche Arbeitszeit der im Bergbau unter Tage beschäftigten Jugendlichen darf acht Stunden, ihre Arbeitszeit in vier aufeinanderfolgenden Wochen 168 Stunden nicht überschreiten.

(3) Wenn in Verbindung mit Feiertagen an Werktagen nicht gearbeitet wird, damit die Beschäftigten eine längere zusammenhängende Freizeit haben, so darf die ausfallende Arbeitszeit auf die Werktage von fünf zusammenhängenden, die Ausfalltage einschließenden Wochen dergestalt verteilt werden, daß die Wochenarbeitszeit im Durchschnitt dieser fünf Wochen für Jugendliche unter 16 Jahren 40

Stunden, für Jugendliche über 16 Jahre 44 Stunden nicht überschreitet. Die tägliche Arbeitszeit darf hierbei achteinhalb Stunden nicht überschreiten.

(4) Die Arbeitszeit der Jugendlichen darf täglich und wöchentlich die übliche Arbeitszeit der erwachsenen Arbeitnehmer des Betriebs oder der Betriebsabteilung in der der Jugendliche beschäftigt wird, nicht überschreiten. Das gilt nicht, wenn die übliche Wochenarbeitszeit der erwachsenen Arbeitnehmer weniger als 40 Stunden beträgt.

(5) Die Arbeitszeit, die infolge eines gesetzlichen Wochenfeiertags ausfällt, wird auf die Wochenarbeitszeit angerechnet.

§ 11 Bewilligung von Ausnahmen durch die Aufsichtsbehörde

(1) Die Aufsichtsbehörde kann für Jugendliche über 16 Jahre mit Ausnahme der im Bergbau unter Tage beschäftigten eine Überschreitung der nach § 10 zulässigen Arbeitszeit um höchstens eine Stunde täglich und drei Stunden wöchentlich bewilligen,

1. wenn in die Arbeitszeit regelmäßig und in erheblichem Umfang Arbeitsbereitschaft fällt und aus diesem Grunde die Arbeitszeit für die erwachsenen Beschäftigten verlängert worden ist, oder
2. aus dringenden Gründen des Gemeinwohls oder wenn andernfalls ein unverhältnismäßiger, auf andere Weise nicht zu verhütender erheblicher Schaden für den Betrieb eintreten würde.

(2) Die Überschreitung darf in den Fällen des Absatzes 1 Nr. 2 für höchstens 30 Tage im Kalenderjahr bewilligt werden.

§ 12 Mehrarbeitsvergütung

(1) Mit Ausnahme der Fälle des § 11 Abs. 1 Nr. 1 und des § 20 ist den Jugendlichen für Mehrarbeit außer dem regelmäßigen Arbeitsentgelt ein Zuschlag von mindestens 25 vom Hundert zu zahlen. Jugendlichen Lehrlingen und Anlernlingen ist für jede Mehrarbeitsstunde mindestens 1 vom Hundert des monatlichen Entgelts, jedoch nicht weniger als 0,60 Deutsche Mark zu zahlen.

(2) Ist die Mehrarbeit zugleich Sonntagsarbeit, so beträgt der Zuschlag mindestens 75 vom Hundert. Jugendlichen Lehrlingen und Anlernlingen sind für jede derartige Stunde mindestens 2 vom Hundert des monatlichen Entgelts, jedoch nicht weniger als 1,20 Deutsche Mark zu zahlen.

§ 13 Berufsschule

(1) Der Arbeitgeber hat dem Jugendlichen die zur Erfüllung der gesetzlichen Berufsschulpflicht notwendige Zeit zu gewähren. Vor einem vor neun Uhr beginnenden Unterricht darf der Jugendliche nicht beschäftigt werden. An Berufsschultagen, an denen die Unterrichtszeit mindestens sechs Stunden einschließlich der Pausen beträgt, ist er ganz von der Arbeit freizustellen.

(2) Die Unterrichtszeit in der Berufsschule einschließlich der Pausen wird auf die Arbeitszeit angerechnet. Dabei werden Berufsschultage, an denen die

Unterrichtszeit mindestens sechs Stunden einschließlich der Pausen beträgt, mit der Arbeitszeit, die der Jugendliche an diesem Tage ohne den Berufsschulbesuch gehabt hätte, angerechnet, mindestens aber mit der Unterrichtszeit.

(3) Ein Entgeltausfall darf durch den Besuch der Berufsschule nicht eintreten.

(4) Die Vorschriften der Absätze 1 bis 3 finden auf Personen, die über 18 Jahre alt und noch berufsschulpflichtig sind, entsprechende Anwendung.

§ 14 Ruhepausen

(1) Den Jugendlichen müssen bei einer Arbeitszeit von mehr als viereinhalb Stunden eine oder mehrere im voraus feststehende Ruhepausen von angemessener Dauer gewährt werden. Die Ruhepausen müssen mindestens betragen

1. bei mehr als viereinhalb bis zu sechs Stunden Arbeitszeit 30 Minuten,
2. bei mehr als sechs Stunden Arbeitszeit 60 Minuten.

Länger als viereinhalb Stunden hintereinander dürfen die Jugendlichen nicht ohne Ruhepause beschäftigt werden. Als Ruhepausen gelten nur Arbeitsunterbrechungen von mindestens 15 Minuten.

(2) Bei den im Bergbau unter Tage beschäftigten Jugendlichen müssen die Pausen mindestens 30 Minuten betragen; sie brauchen nicht im voraus festzustehen.

(3) In Betrieben und Verwaltungen, in denen regelmäßig mehr als zehn Jugendliche innerhalb der Betriebsstätte beschäftigt werden, sind für den Aufenthalt während der Pausen besondere Aufenthaltsräume für Jugendliche bereitzustellen. In anderen Betrieben und Verwaltungen sollen nach Möglichkeit besondere Aufenthaltsräume oder in der warmen Jahreszeit Plätze im Freien bereitgestellt werden. Der Aufenthalt in Arbeitsräumen darf den Jugendlichen nur gestattet werden, wenn die Arbeit in diesen Räumen während der Pausen völlig eingestellt ist und auch sonst die notwendige Erholung nicht beeinträchtigt wird. Die Vorschriften der Sätze 1 bis 3 gelten nicht für den Bergbau unter Tage.

(4) Die Aufsichtsbehörde kann, soweit es mit der Schutzbedürftigkeit der Jugendlichen vereinbar ist, aus wichtigen Gründen Ausnahmen von den Vorschriften der Absätze 1 bis 3 bewilligen. Sie kann für einen Betrieb oder eine Betriebsabteilung oder für bestimmte Arbeiten, falls die Schwere der Arbeit oder der sonstige Einfluß der Beschäftigung auf die Gesundheit der Jugendlichen es erwünscht erscheinen läßt, über die Vorschriften der Absätze 1 und 2 hinausgehende Pausen anordnen.

§ 15 Tägliche Freizeit

Nach Beendigung der täglichen Arbeit ist den Jugendlichen eine ununterbrochene Freizeit von mindestens zwölf Stunden zu gewähren.

§ 16 Nachtruhe

(1) Jugendliche dürfen nicht in der Nachtzeit von 20 bis 6 Uhr beschäftigt werden.

(2) In Gast- und Schankwirtschaften und im übrigen Beherbergungswesen dürfen Jugendliche über 16 Jahre bis 22 Uhr beschäftigt werden.

(3) In den unter das Gesetz über die Arbeitszeit in Bäckereien und Konditoreien vom 29. Juni 1936 (Reichsgesetzbl. I S. 521) fallenden Betrieben dürfen männliche Jugendliche über 16 Jahre, wenn es ihre Berufsausbildung erfordert, in der Nachtzeit beschäftigt werden, soweit nach dem Gesetz vom 29. Juni 1936 die Herstellung von Bäcker- und Konditorwaren während der Nachtzeit erlaubt ist.

(4) In mehrschichtigen Betrieben dürfen Jugendliche über 16 Jahre in regelmäßigem ein- oder zweiwöchentlichem Wechsel bis 23 Uhr beschäftigt werden.

(5) Die Aufsichtsbehörde kann bewilligen, daß Jugendliche bei Musikaufführungen, Theatervorstellungen und anderen Aufführungen sowie bei Direktsendungen im Ton- und Fernsehrundfunk und bei Filmaufnahmen mit einer gestaltenden Mitwirkung bis 23 Uhr beschäftigt werden. Dies gilt, mit Ausnahme von Jugendlichen, die mit artistischen Darbietungen gemeinsam mit einem Elternteil beschäftigt werden, nicht für Varieté-, Kabarett- und Revueveranstaltungen, bei denen Jugendlichen gemäß § 5 des Gesetzes zum Schutze der Jugend in der Öffentlichkeit in der Fassung des Gesetzes vom 27. Juli 1957 (Bundesgesetzbl. I S. 1058) die Anwesenheit nicht gestattet werden darf, sowie für Veranstaltungen im Sinne der zu § 8 des Gesetzes zum Schutze der Jugend in der Öffentlichkeit erlassenen Rechtsverordnungen. Die Beschäftigung darf nur bewilligt werden, wenn ausreichende Vorkehrungen zum Schutze der Gesundheit und zur Vermeidung sittlicher Gefährdung getroffen sind. Nach Beendigung der Beschäftigung ist den Jugendlichen eine ununterbrochene Freizeit von mindestens 14 Stunden zu gewähren.

(6) Die Aufsichtsbehörde kann bewilligen, daß Jugendliche in Betrieben, in denen die Beschäftigten in außergewöhnlichem Grade der Einwirkung von Hitze ausgesetzt sind, in der warmen Jahreszeit bereits ab 5 Uhr beschäftigt werden.

§ 17 Frühschluß vor Sonntagen

(1) An Samstagen und am 24. und 31. Dezember dürfen Jugendliche unter 16 Jahren nicht nach 14 Uhr beschäftigt werden. Dasselbe gilt für Jugendliche über 16 Jahre in einschichtigen Betrieben.

(2) Die Vorschriften des Absatzes 1 finden, soweit am Beschäftigungsort eine Beschäftigung Jugendlicher am Samstagnachmittag in den betreffenden Wirtschaftszweigen üblich ist, keine Anwendung auf das Verkehrswesen, auf Ausbesserungswerkstätten für Kraftfahrzeuge, auf Gast- und Schankwirtschaften und das übrige Beherbergungswesen, auf Konditoreien, auf das Friseurhandwerk, auf Krankenpflegeanstalten, auf Musikaufführungen, Theatervorstellungen und andere Aufführungen, auf den Ton- und Fernsehrundfunk und auf Filmaufnahmen, auf offene Verkaufsstellen, auf den Marktverkehr und auf Handreichungen beim Sport, sie finden ferner keine Anwendung auf den Bergbau, soweit die Jugendlichen bei der Förderung einschließlich der mechanischen Aufbereitung beschäftigt werden.

(3) Mindestens zwei Samstagnachmittage in jedem Monat müssen beschäftigungsfrei bleiben.

(4) Jugendliche, die auf Grund des Absatzes 2 beschäftigt werden, sind an einem anderen Tage derselben oder der folgenden Woche ab 14 Uhr von der Arbeit freizustellen.

§ 18 Sonntagsruhe

(1) An Sonn- und gesetzlichen Feiertagen dürfen Jugendliche nicht beschäftigt werden.

(2) Zulässig ist die Beschäftigung Jugendlicher in Gast- und Schankwirtschaften und im übrigen Beherbergungswesen, in Krankenpflegeanstalten sowie im Marktverkehr. Zulässig ist außerdem die Beschäftigung Jugendlicher bei Musikaufführungen, Theatervorstellungen und anderen Aufführungen sowie bei Direktsendungen im Ton-, Fernsehrundfunk, soweit die Jugendlichen gestaltend mitwirken, dies gilt mit Ausnahme von Jugendlichen, die mit artistischen Darbietungen gemeinsam mit einem Elternteil beschäftigt werden, nicht für Varieté-, Kabarett- und Revueveranstaltungen, bei denen Jugendlichen gemäß § 5 des Gesetzes zum Schutze der Jugend in der Öffentlichkeit in der Fassung des Gesetzes vom 27. Juli 1957 (Bundesgesetzblatt I S. 1058) die Anwesenheit nicht gestattet werden darf, sowie für Veranstaltungen im Sinne der zu § 8 des Gesetzes zum Schutze der Jugend in der Öffentlichkeit erlassenen Rechtsverordnungen. Mindestens jeder zweite Sonntag muß beschäftigungsfrei bleiben. Ferner dürfen Jugendliche in Verkaufsstellen an den Verkaufssonntagen vor Weihnachten gemäß § 13 des Gesetzes über den Ladenschluß vom 28. November 1956 (Bundesgesetzbl. I S. 875) in der Fassung des Gesetzes vom 17. Juli 1957 (Bundesgesetzbl. I S. 722) während der Zeiten beschäftigt werden, in denen die Beschäftigung Erwachsener gestattet ist.

(3) Aus dringenden Gründen des Gemeinwohls oder wenn andernfalls ein unverhältnismäßiger, auf andere Weise nicht zu verhütender Schaden für den Betrieb eintreten würde, kann die Aufsichtsbehörde für insgesamt sechs Sonn- oder Feiertage im Kalenderjahr, jedoch für höchstens zwei Sonntage hintereinander, eine Beschäftigung Jugendlicher über 16 Jahre bewilligen.

(4) Jugendliche, die auf Grund der Absätze 2 und 3 an Sonn- und Feiertagen beschäftigt werden, sind, wenn die Beschäftigung bis zu vier Stunden dauert, an einem der vorangehenden oder der folgenden sechs Werktage ab 14 Uhr, wenn sie länger als vier Stunden dauert, an einem ganzen der vorangehenden oder der folgenden sechs Werktage von der Arbeit freizustellen. Steht einem Jugendlichen sowohl nach Satz 1 als auch nach § 17 Abs. 4 ein freier Nachmittag zu, so ist statt dessen ein ganzer Werktag freizugeben. Im übrigen darf die Freizeit nach Satz 1 nicht an dem Tage des Frühschlusses gemäß § 17 gewährt werden.

(5) Für Sonn- und Feiertagsarbeit ist den Jugendlichen ein Zuschlag von mindestens 50 vom Hundert zum regelmäßigen Arbeitsentgelt zu zahlen. Für jugendliche Lehrlinge und Anlernlinge beträgt der Zuschlag für jede Stunde

mindestens eins vom Hundert des monatlichen Entgelts, jedoch nicht weniger als 0,60 Deutsche Mark. Durch Tarifvertrag können die Zuschläge und Mindestentgelte abgedungen oder anderweitig festgesetzt werden. Für die Bezahlung von Sonntagsarbeit, die zugleich Mehrarbeit ist, bewendet es bei den Vorschriften des § 12 Abs. 2.

§ 19 Urlaub

(1) Der Arbeitgeber hat dem Jugendlichen für jedes Urlaubsjahr Urlaub unter Fortzahlung des Entgelts, das der Jugendliche ohne den Urlaub erhalten hätte, zu gewähren, erstmals nach einer ununterbrochenen Beschäftigung von mehr als drei Monaten. Das auf die Urlaubszeit entfallende Entgelt (Urlaubsentgelt) ist vor Antritt des Urlaubs auszuzahlen. An Stelle von Sachbezügen ist für die Dauer des Urlaubs eine angemessene Barentschädigung zu gewähren.

(2) Der Urlaub beträgt mindestens 24 Werktage, für den im Bergbau unter Tage beschäftigten Jugendlichen 28 Werktage. Wird der Jugendliche innerhalb des Urlaubsjahres weniger als sechs Monate beschäftigt, so ist für jeden vollen Beschäftigungsmonat ein Zwölftel dieser Zeit zu gewähren. Das gilt auch, wenn der Jugendliche nach einer Beschäftigungsdauer von sechs und mehr Monaten durch eigenes Verschulden aus einem Grund entlassen wird, der eine fristlose Kündigung rechtfertigt, oder wenn er das Beschäftigungsverhältnis unberechtigt vorzeitig löst. Hat der Jugendliche in den Fällen der Sätze 2 und 3 bereits einen darüber hinausgehenden Urlaub erhalten, so kann das Urlaubsentgelt nicht zurückgefordert werden.

(3) Urlaub nach diesem Gesetz ist Beschäftigten zu gewähren, die zu Beginn des Kalenderjahres noch nicht 18 Jahre alt sind.

(4) Der Urlaub soll zusammenhängend, bei Berufsschülern in der Zeit der Berufsschulferien, gegeben werden. Soweit er nicht in den Berufsschulferien gegeben wird, ist für jeden Berufsschultag von mindestens sechs Stunden (§ 13 Abs. 1 Satz 3) ein weiterer Urlaubstag zu gewähren. Der Urlaub ist spätestens bis zum Ablauf von drei Monaten nach Schluß des Urlaubsjahres zu gewähren.

(5) Während des Urlaubs darf der Jugendliche keine dem Urlaubszweck widersprechende Erwerbsarbeit leisten.

(6) Kann der Urlaub wegen Beendigung der Beschäftigung ganz oder zum Teil nicht mehr gewährt werden, so ist er abzugelten. Das gilt nicht, wenn der Jugendliche durch eigenes Verschulden aus einem Grund entlassen worden ist, der eine fristlose Kündigung rechtfertigt, oder wenn er das Beschäftigungsverhältnis unberechtigt vorzeitig gelöst hat.

(7) Urlaub braucht nicht gewährt zu werden, soweit er zusammen mit einem für das Urlaubsjahr bereits gewährten Urlaub 24 Werktage, im Bergbau unter Tage 28 Werktage übersteigen würde oder soweit der Jugendliche für dasselbe Urlaubsjahr bereits eine Urlaubsabgeltung nach Absatz 6 erhalten hat.

(8) Urlaubsjahr im Sinne der vorstehenden Vorschriften ist das Kalenderjahr. Durch Tarifvertrag kann das Urlaubsjahr anders festgelegt werden.

§ 20 Ausnahmen in Notfällen

(1) §§ 10 und 14 bis 18 finden keine Anwendung auf die Beschäftigung Jugendlicher mit vorübergehenden und unaufschiebbaren Arbeiten in Notfällen, soweit erwachsene Beschäftigte nicht zur Verfügung stehen. Der Arbeitgeber hat die Vornahme solcher Arbeiten der Aufsichtsbehörde unverzüglich anzuzeigen.

(2) Wird in den Fällen des Absatzes 1 Mehrarbeit geleistet, so ist sie durch entsprechende Verkürzung der Arbeitszeit innerhalb der folgenden drei Wochen auszugleichen, es sei denn, daß betriebliche Gründe dem Ausgleich entgegenstehen. Wird die Mehrarbeit nicht innerhalb der genannten Frist ausgeglichen, so ist sie nach den Vorschriften des § 12 zu vergüten.

§ 21 Geltungsbereich der §§ 10 bis 20

Die Vorschriften der §§ 10 bis 20 finden auf die Beschäftigung von Jugendlichen in der Heimarbeit, im Familienhaushalt, in der Landwirtschaft und in der Binnenschiffahrt nur Anwendung, soweit dies in den Titeln zwei bis fünf ausdrücklich bestimmt ist.

Zweiter Titel

Vorschriften für die Heimarbeit

§ 22 Jugendliche Heimarbeiter

Für den Urlaub der Jugendlichen, die Heimarbeiter im Sinne des § 2 Abs. 1 des Heimarbeitsgesetzes vom 14. März 1951 (Bundesgesetzbl. I S. 191) sind, gilt folgendes:

1. Der Auftraggeber hat dem Jugendlichen für jedes Kalenderjahr bezahlten Urlaub zu gewähren.
2. Als Urlaubsentgelt erhalten Jugendliche 8 vom Hundert des in der Zeit vom 1. Mai des vergangenen bis zum 30. April des laufenden Jahres (Berechnungszeitraum) verdienten reinen Arbeitsentgelts. Durch Tarifvertrag kann ein anderer Berechnungszeitraum festgesetzt werden. Unter reinem Arbeitsentgelt ist das Arbeitsentgelt vor Abzug der Steuern und Sozialversicherungsbeiträge, jedoch ausschließlich der Unkostenzuschläge zu verstehen; im Zweifel sind die Eintragungen in dem Entgeltbeleg maßgebend.
3. Der Urlaub beträgt 24 Werktage jährlich. Urlaub braucht nicht gewährt zu werden, wenn der Jugendliche im Berechnungszeitraum nicht vom Auftraggeber beschäftigt wurde. War der Jugendliche im Berechnungszeitraum nicht dauernd oder nicht gleichmäßig beschäftigt, so brauchen nur so viele Urlaubstage gewährt zu werden, wie durchschnittliche Tagesverdienste, die er in der Regel erzielt hat, in dem Urlaubsentgelt nach Nummer 2 enthalten sind.
4. Scheidet der Jugendliche aus dem Beschäftigungsverhältnis aus, so sind ihm, und zwar, falls er nach dem 30. April ausscheidet, zusätzlich zu dem nach Nummer 3 berechneten Urlaub so viele Urlaubstage zu gewähren,

wie durchschnittliche Tagesverdienste, die er in der Regel erzielt hat, in 8 vom Hundert des nach dem 30. April bis zum Ausscheiden verdienten reinen Arbeitsentgelts enthalten sind. In diesem Falle beträgt das Urlaubsentgelt 8 vom Hundert des nach dem 30. April bis zum Ausscheiden verdienten reinen Arbeitsentgelts.

5. Während des Urlaubs darf Arbeit an den Jugendlichen nicht ausgegeben werden.
6. Das Urlaubsentgelt gilt als Entgelt im Sinne des § 21 Abs. 2, §§ 23 bis 25 27 und 28 des Heimarbeitsgesetzes über Mithaftung des Auftraggebers, Entgeltschutz und Auskunftspflicht über Entgelte; hierbei finden die §§ 24 und 25 des Heimarbeitsgesetzes Anwendung, wenn ein Urlaubsentgelt gezahlt wird, das niedriger ist als das in diesem Absatz festgelegte.
7. Im übrigen findet § 19 Abs. 1 Satz 2, Abs. 3, 4 Satz 1 und Abs. 5 Anwendung.

Dritter Titel

Vorschriften für den Familienhaushalt

§ 23 Geltungsbereich

Die Vorschriften dieses Titels gelten für die Arbeitszeit der Jugendlichen bei Beschäftigung im Familienhaushalt mit hauswirtschaftlichen Arbeiten. Bei Beschäftigung in Familienhaushalten, die mit einem landwirtschaftlichen Betrieb des Arbeitgebers verbunden sind, gelten jedoch, wenn regelmäßig auch Dienste für den landwirtschaftlichen Betrieb geleistet werden, die Vorschriften des vierten Titels.

§ 24 Grenze der Arbeitszeit

Die tägliche Arbeitszeit der Jugendlichen darf achteinhalb Stunden, ihre Wochenarbeitszeit 48 Stunden nicht überschreiten.

§ 25 Ruhepausen

Den Jugendlichen müssen bei einer Arbeitszeit von mehr als viereinhalb Stunden eine oder mehrere Ruhepausen von angemessener Dauer gewährt werden. § 14 Abs. 1 Sätze 2 bis 4 findet Anwendung.

§ 26 Freier Nachmittag

Jugendliche sind in jeder Woche an einem im voraus feststehenden Werktage ab 15 Uhr von der Arbeit freizustellen. Die Freizeit soll nach Möglichkeit am Samstag gegeben werden.

§ 27 Sonntagsruhe

(1) Jugendliche, die nicht in die häusliche Gemeinschaft des Arbeitgebers aufgenommen sind, dürfen an Sonn- und gesetzlichen Feiertagen nicht beschäftigt werden.

(2) Jugendliche, die in die häusliche Gemeinschaft aufgenommen sind, dürfen an Sonn- und gesetzlichen Feiertagen nur mit laufenden Arbeiten bis zu drei Stunden, längstens bis 14 Uhr, beschäftigt werden. Jeder zweite dieser Tage muß beschäfti-

gungsfrei bleiben. Die Verlegung eines hiernach beschäftigungsfreien Tages auf den vorhergehenden oder folgenden Sonn- oder Feiertag kann vereinbart werden.

§ 28 Weitere Vorschriften

Im übrigen finden auf die Arbeitszeit der Jugendlichen §§ 13, 15, 16 Abs. 1 und § 19 Anwendung. § 20 Abs. 1 Satz 1 und Abs. 2 gilt entsprechend.

Vierter Titel

Vorschriften für die Landwirtschaft

§ 29 Geltungsbereich

Die Vorschriften dieses Titels gelten für die Arbeitszeit der Jugendlichen bei Beschäftigung

1. in der Landwirtschaft einschließlich der gemischten land- und forstwirtschaftlichen Betriebe.
2. in Familienhaushalten, die mit einem landwirtschaftlichen Betrieb des Arbeitgebers verbunden sind, wenn regelmäßig auch Dienste für den landwirtschaftlichen Betrieb geleistet werden.
3. in der Fischerei in Binnengewässern.
4. in Nebenbetrieben der unter Nummern 1 und 3 genannten Wirtschaftszweige, falls sie ausschließlich für den Bedarf des Hauptbetriebes arbeiten.

§ 30 Grenze der Arbeitszeit

Die Arbeitszeit der Jugendlichen darf vom 15. November bis 14. April acht Stunden täglich und 84 Stunden in zwei aufeinanderfolgenden Wochen, in der übrigen Zeit des Jahres neun Stunden täglich und 96 Stunden in zwei aufeinanderfolgenden Wochen nicht überschreiten.

§ 31 Nachtruhe

(1) Nach Beendigung der täglichen Arbeit ist den Jugendlichen eine ununterbrochene Freizeit von mindestens elf Stunden zu gewähren.

(2) Die Freizeit muß die Zeit von 21 bis 6 Uhr einschließen. Sie kann bei jugendlichen Melkern statt dessen die Zeit von 20 bis 5 Uhr einschließen.

§ 32 Frühschluß vor Sonntagen

An Samstagen und am 24. und 31. Dezember dürfen Jugendliche nicht nach 16 Uhr beschäftigt werden. Zwischen 14 und 16 Uhr ist nur die Beschäftigung mit Arbeiten, die auch in dieser Zeit naturnotwendig vorgenommen werden müssen, gestattet.

§ 33 Sonntagsruhe

An Sonn- und gesetzlichen Feiertagen dürfen Jugendliche nur mit Arbeiten, die auch an Sonn- und Feiertagen naturnotwendig vorgenommen werden müssen, bis zu drei Stunden beschäftigt werden. Jeder zweite dieser Tage muß beschäftigungsfrei bleiben.

§ 34 Weitere Vorschriften

Im übrigen finden auf die Arbeitszeit der Jugendlichen §§ 13, 14 Abs. 1 und 4 Satz 1 und § 19 Anwendung. §§ 11, 12, 18 Abs. 5 und § 20 Abs. 1 Satz 1 und Abs. 2 gelten entsprechend.

Fünfter Titel

Vorschriften für die Binnenschiffahrt

§ 35 Arbeitszeit

(1) Auf die Arbeitszeit der Jugendlichen bei Beschäftigung in der Binnenschiffahrt innerhalb der Schiffsmannschaft (§ 21 des Gesetzes betreffend die privatrechtlichen Verhältnisse der Binnenschiffahrt vom 10. Mai 1898 — Reichsgesetzbl. S. 369 — in der Fassung des Gesetzes vom 29. Juli 1936 — Reichsgesetzbl. I S. 581) sowie in der Flößerei innerhalb der Floßmannschaft (§ 17 des Gesetzes betreffend die privatrechtlichen Verhältnisse der Flößerei vom 15. Juni 1895 — Reichsgesetzbl. S. 341) finden § 10 Abs. 1, 3 bis 5, §§ 12, 13, 14 Abs. 1 und 4 Satz 1, §§ 15, 16 Abs. I, § 17 Abs. 1, § 18 Abs. 1 und 5, §§ 19 und 20 Anwendung.

(2) Dem Jugendlichen ist Gelegenheit zu geben, die Berufsschulpflicht durch Besuch einer anerkannten Schifferberufsschule zu erfüllen. Für die Zeit des Schulbesuchs ist dem Jugendlichen Freizeit unter Fortzahlung des Entgelts zu gewähren. War der Jugendliche nach Vollendung des 14. Lebensjahres von mehreren Arbeitgebern in der Binnenschiffahrt oder Flößerei beschäftigt, so hat der letzte Arbeitgeber das Entgelt zu zahlen. Dieser hat gegen die früheren Arbeitgeber einen Anspruch auf Erstattung des fortgezahlten Entgelts in einer Höhe, die der jeweiligen Dauer der Beschäftigung entspricht.

§ 36 Ausnahmen während der Fahrt

Während der Fahrt gilt folgendes:

1. Die nach § 10 Abs. 1 zulässige Arbeitszeit darf um eine halbe Stunde täglich und drei Stunden wöchentlich überschritten werden.
2. Die Ruhepausen brauchen nicht im voraus festzustehen.
3. Die tägliche Freizeit nach § 15 darf auf zehn Stunden verkürzt werden.
4. Im Tidegebiet dürfen Jugendliche über 16 Jahre auch in der Nacht beschäftigt werden.
5. Der Frühschluß (§ 17 Abs. 1) braucht lediglich an den Tagen vor dem Oster-, Pfingst-, Weihnachts- und Neujahrsfest gewährt zu werden. Der Jugendliche ist an diesen Tagen so rechtzeitig, daß er seinen Wohnort noch am selben Tage erreichen kann, spätestens aber um 14 Uhr, von der Arbeit freizustellen.
6. Jugendliche dürfen an 13 Sonn- und gesetzlichen Feiertagen im Kalenderjahr beschäftigt werden. Für jeden Sonn- oder Feiertag, an dem sie beschäftigt worden sind, ist ihnen ein freier ganzer Werktag zu gewähren. Die hiernach im Kalendervierteljahr zustehenden freien Werktage sollen

nach Möglichkeit zusammenhängend gegeben werden. Geschieht dies, so genügt es, wenn die wöchentliche Arbeitszeit im Durchschnitt dieses Vierteljahres die zulässige Dauer nicht überschreitet.

VIERTER ABSCHNITT

Beschäftigungsverbote und -beschränkungen

§ 37 Gefährliche Arbeiten

(1) Die Beschäftigung eines Jugendlichen mit Arbeiten, die seine körperlichen Kräfte übersteigen oder bei denen er sittlichen Gefahren ausgesetzt ist, ist verboten.

(2) Der Bundesminister für Arbeit und Sozialordnung wird ermächtigt, zum Schutze von Leben, Gesundheit und Arbeitskraft sowie zur Vermeidung sittlicher Gefährdung oder einer Beeinträchtigung der körperlichen oder geistigen Entwicklung der Jugendlichen durch Rechtsverordnung mit Zustimmung des Bundesrates die Beschäftigung Jugendlicher in bestimmten Arten von Betrieben oder mit bestimmten Arbeiten, die mit Gefahren für Leben, Gesundheit oder Sittlichkeit verbunden sind, zu verbieten oder zu beschränken. Werden besondere Regelungen für Betriebe des Bundes getroffen, so bedarf es hierzu des Einvernehmens mit dem beteiligten Bundesminister, werden besondere Regelungen für bergbauliche Betriebe getroffen, des Einvernehmens mit dem Bundesminister für Wirtschaft. Das Verbot oder die Beschränkung kann auf Personen, die über 18, aber noch nicht 21 Jahre alt sind, ausgedehnt werden, wenn es zu deren Schutz erforderlich erscheint.

(3) Unabhängig von den auf Grund des Absatzes 2 erlassenen Vorschriften kann die Aufsichtsbehörde die Beschäftigung aller Jugendlichen eines Betriebes oder einer Betriebsabteilung oder einzelner Jugendlicher mit bestimmten Arbeiten verbieten oder beschränken, wenn diese Arbeiten mit Gefahren für Leben, Gesundheit oder Sittlichkeit verbunden sind oder eine Beeinträchtigung der körperlichen oder geistigen Entwicklung befürchten lassen.

§ 38 Akkord- und Fließarbeit

(1) Die Beschäftigung von Kindern und Jugendlichen mit

1. Akkordarbeit und sonstigen Arbeiten, bei denen durch ein gesteigertes Arbeitstempo ein höheres Entgelt erzielt werden kann,
2. Fließarbeit mit vorgeschriebenem Arbeitstempo

ist verboten.

(2) Die Aufsichtsbehörde kann für Jugendliche über 16 Jahre Ausnahmen von der Vorschrift des Absatzes 1 bewilligen, wenn die Art der Arbeit und das Arbeitstempo eine Beeinträchtigung der Gesundheit oder der körperlichen oder geistigen Entwicklung der Jugendlichen nicht befürchten lassen.

§ 39 Verbot der Beschäftigung durch bestimmte Personen

(1) Personen, die die bürgerlichen Ehrenrechte nicht besitzen, dürfen Kinder und Jugendliche nicht beschäftigen sowie im Rahmen eines Beschäftigungsverhält-

nisses im Sinne des § 1 nicht beaufsichtigen, nicht anweisen und nicht zur Beaufsichtigung und Anweisung von Kindern und Jugendlichen verwendet werden. Dasselbe gilt

1. für Personen, die wegen einer Straftat nach § 109 h — im Land Berlin nach § 141 in der Fassung des Zweiten Strafrechtsänderungsgesetzes vom 6. März 1953 (Bundesgesetzbl.I S. 42) —, §§ 170 d, 174 bis 178, 180 bis 184a, 223b des Strafgesetzbuchs oder nach § 66 Abs. 2 dieses Gesetzes verurteilt worden sind, für die Dauer von fünf Jahren seit dem Tage der Entscheidung,
2. für Personen, die wegen einer Straftat nach § 21 des Gesetzes über die Verbreitung jugendgefährdender Schriften vom 9. Juni 1953 (Bundesgesetzbl. I S. 377) oder nach § 13 des Gesetzes zum Schutze der Jugend in der Öffentlichkeit in der Fassung des Gesetzes vom 27. Juli 1957 (Bundesgesetzbl. I S. 1058) wenigstens zweimal verurteilt worden sind, falls der Tag der zweiten Verurteilung nicht mehr als fünf Jahre zurückliegt.

(2) Die nach Landesrecht zuständige Behörde kann denjenigen Personen, die die Pflichten, die ihnen kraft Gesetzes zugunsten der von ihnen beschäftigten, beaufsichtigten oder angewiesenen Kinder und Jugendlichen obliegen, wiederholt oder gröblich verletzt haben oder gegen die Tatsachen vorliegen, die sie in sittlicher Beziehung zur Beschäftigung, Beaufsichtigung oder Anweisung von Kindern und Jugendlichen ungeeignet erscheinen lassen, auf Zeit oder auf die Dauer verbieten, Kinder und Jugendliche zu beschäftigen und sie im Rahmen eines Beschäftigungsverhältnisses im Sinne des § 1 zu beaufsichtigen und anzuweisen.

FÜNFTER ABSCHNITT

Sonstige Pflichten des Arbeitgebers

§ 40 Sorge für Erhaltung von Gesundheit und Arbeitskraft

(1) Wer ein Kind oder einen Jugendlichen beschäftigt, hat bei der Einrichtung und der Unterhaltung der Arbeitsstätte einschließlich der Maschinen, Werkzeuge und Geräte und bei der Regelung der Beschäftigung die erforderlichen Vorkehrungen und Maßnahmen zum Schutze von Leben, Gesundheit und Sittlichkeit der Kinder und Jugendlichen zu treffen.

(2) Der Bundesminister für Arbeit und Sozialordnung wird ermächtigt, zum Schutze von Leben, Gesundheit und Sittlichkeit der Kinder und Jugendlichen durch Rechtsverordnung mit Zustimmung des Bundesrates Vorschriften darüber zu erlassen, welche Vorkehrungen und Maßnahmen in bestimmten Arten von Arbeitsstätten oder bei bestimmten Arbeiten zur Durchführung des Absatzes 1 zu treffen sind; in diese Rechtsverordnungen können auch Vorschriften über das Verhalten der Kinder und Jugendlichen an der Arbeitsstätte zum Schutze von Leben, Gesundheit und Sittlichkeit aufgenommen werden. Werden besondere Regelungen für Betriebe des Bundes getroffen, so bedarf es hierzu des Einvernehmens mit dem beteiligten

Bundesminister, werden besondere Regelungen für bergbauliche Betriebe getroffen, des Einvernehmens mit dem Bundesminister für Wirtschaft.

(3) Unabhängig von den auf Grund des Absatzes 2 erlassenen Vorschriften kann die Aufsichtsbehörde in Einzelfällen anordnen, welche Vorkehrungen und Maßnahmen zur Durchführung des Absatzes 1 zu treffen sind. Soweit die angeordneten Vorkehrungen und Maßnahmen nicht die Beseitigung einer dringenden, das Leben und die Gesundheit bedrohenden Gefahr bezwecken, muß für die Ausführung eine angemessene Frist gelassen werden.

§ 41 Belehrung über Gefahren

(1) Wer Kinder oder Jugendliche beschäftigt, hat diese vor Beginn der Beschäftigung über die Unfall- und Gesundheitsgefahren, denen sie bei der Beschäftigung ausgesetzt sind, sowie über die Einrichtungen und Maßnahmen zur Abwendung dieser Gefahren zu belehren. Er hat die Kinder und Jugendlichen vor der erstmaligen Beschäftigung an Maschinen oder gefährlichen Arbeitsstellen oder mit Arbeiten, bei denen sie mit gesundheitsgefährdenden Stoffen in Berührung kommen, über die besonderen Gefahren dieser Arbeiten sowie über das bei ihrer Verrichtung erforderliche Verhalten zu belehren.

(2) Die Belehrungen sind in angemessenen Zeitabständen zu wiederholen.

§ 42 Häusliche Gemeinschaft

(1) Sind Kinder oder Jugendliche in die häusliche Gemeinschaft des Arbeitgebers aufgenommen, so muß er ihnen angemessene, in sittlicher und gesundheitlicher Beziehung einwandfreie Unterkunft, ausreichende, gesunde Kost und bei Erkrankung, soweit nicht ein Sozialversicherungsträger leistet, bis zur Dauer von sechs Wochen, jedoch nicht über die Beendigung der Beschäftigung hinaus, die erforderliche Pflege und ärztliche Behandlung zuteil werden lassen.

(2) Die Aufsichtsbehörde kann zur Durchführung des Absatzes 1 im Einzelfall anordnen, welchen Anforderungen Unterkunft, Kost und Pflege bei Erkrankung genügen müssen.

§ 43 Züchtigungsverbot

(1) Wer Kinder oder Jugendliche beschäftigt oder im Rahmen eines Beschäftigungsverhältnisses im Sinne des § 1 beaufsichtigt oder anweist, darf sie nicht körperlich züchtigen.

(2) Wer Kinder oder Jugendliche beschäftigt, muß sie vor körperlichen Züchtigungen und Mißhandlungen und vor sittlicher Gefährdung durch andere Beschäftigte und durch Mitglieder seines Haushalts an der Arbeitsstätte und in seinem Hause schützen.

§ 44 Verbot der Abgabe von Alkohol und Tabak

Kindern und Jugendlichen unter 16 Jahren dürfen keine alkoholischen Getränke und Tabakwaren, Jugendlichen über 16 Jahre kein Branntwein und keine überwiegend branntweinhaltigen Genußmittel gegeben werden.

SECHSTER ABSCHNITT

Gesundheitliche Betreuung

§ 45 Ärztliche Untersuchungen

(1) Mit der Beschäftigung eines Jugendlichen darf nur begonnen werden, wenn
1. er innerhalb der letzten zwölf Monate von einem Arzt untersucht worden ist und
2. eine von diesem Arzt ausgestellte Bescheinigung demjenigen, der den Jugendlichen beschäftigen will, vorliegt.

(2) Vor Ablauf des ersten Beschäftigungsjahres hat sich der Arbeitgeber die Bescheinigung eines Arztes darüber vorlegen zu lassen, daß der Jugendliche nachuntersucht worden ist.

(3) Ergibt eine ärztliche Untersuchung, daß ein Jugendlicher hinter dem seinem Alter entsprechenden Entwicklungsstand zurückgeblieben ist, oder werden sonst gesundheitliche Schwächen oder Schäden festgestellt oder lassen sich bei der Untersuchung die Auswirkungen der Berufsarbeit auf die Gesundheit oder Entwicklung des Jugendlichen noch nicht übersehen, so soll der Arzt eine Nachuntersuchung anordnen.

(4) Die Vorschriften des Absatzes 1 gelten nicht für eine nur geringfügige oder eine nicht länger als zwei Monate dauernde Beschäftigung mit leichten Arbeiten, von denen keine gesundheitlichen Nachteile für den Jugendlichen zu befürchten sind.

§ 46 Durchführung der Untersuchungen; Bescheinigungen und Mitteilungen

(1) Die ärztlichen Untersuchungen haben sich auf den Gesundheits- und Entwicklungsstand und die körperliche Beschaffenheit, die Nachuntersuchungen außerdem auf die Auswirkungen der Arbeit auf Gesundheit und Entwicklung des Jugendlichen zu erstrecken.

(2) Den Untersuchungsbefund hat der Arzt schriftlich festzuhalten. Falls er eine Nachuntersuchung angeordnet hat (§ 45 Abs. 3) oder falls er die Gesundheit des Jugendlichen durch die Ausübung bestimmter Arbeiten für gefährdet hält, hat er dies gleichzeitig zu vermerken.

(3) Der Arzt hat den Eltern oder dem Vormund des Jugendlichen das wesentliche Ergebnis der Untersuchung schriftlich mitzuteilen; in der Mitteilung hat er die Anordnung einer etwaigen Nachuntersuchung (§ 45 Abs. 3) und die Arbeiten, durch deren Ausübung er die Gesundheit des Jugendlichen für gefährdet hält, zu vermerken. Er hat außerdem eine für den Arbeitgeber bestimmte Bescheinigung darüber auszustellen, daß die Untersuchung stattgefunden hat, und darin die Arbeiten zu vermerken, durch deren Ausübung er die Gesundheit des Jugendlichen für gefährdet hält.

§ 47 Aufbewahrung der Bescheinigungen

(1) Der Arbeitgeber hat die Bescheinigung aufzubewahren und der Aufsichtsbehörde sowie der Berufsgenossenschaft auf Verlangen zur Einsicht vorzulegen oder

einzusenden. Wechselt der Jugendliche während des Laufes der Nachuntersuchungsfrist (§ 45 Abs. 1 bis 3) den Arbeitgeber, so ist die Bescheinigung dem neuen Arbeitgeber auf dessen Verlangen und Kosten unverzüglich auszuhändigen.

(2) Enthält die Bescheinigung des Arztes einen Vermerk über Arbeiten, durch deren Ausübung er die Gesundheit des Jugendlichen für gefährdet hält (§ 46 Abs. 3), so darf der Jugendliche mit solchen Arbeiten nicht beschäftigt werden, es sei denn, daß die Aufsichtsbehörde die Beschäftigung, gegebenenfalls unter bestimmten Auflagen, im Einvernehmen mit einem Arzt zuläßt.

§ 48 Eingreifen der Aufsichtsbehörde

Die Aufsichtsbehörde hat, wenn die dem Jugendlichen übertragenen Arbeiten Gefahren für seine Gesundheit befürchten lassen, dies dem Personensorgeberechtigten und dem Arbeitgeber mitzuteilen und die ärztliche Untersuchung zu fordern.

§ 49 Freizeit für Untersuchungen

Der Arbeitgeber hat dem Jugendlichen die für die ärztlichen Untersuchungen nach diesem Abschnitt erforderliche Freizeit zu gewähren. Ein Entgeltausfall darf hierdurch nicht eintreten.

§ 50 Kosten der Untersuchungen

Die Kosten der Untersuchungen trägt das Land.

§ 51 Gegenseitige Unterrichtung der Ärzte

(1) Die Ärzte, die Untersuchungen nach diesem Abschnitt vorgenommen haben, müssen, wenn der Personensorgeberechtigte damit einverstanden ist,

1. dem staatlichen Gewerbearzt,
2. dem Arzt, der einen Jugendlichen nach diesem Abschnitt nachuntersucht,

auf Verlangen die Aufzeichnungen über die Untersuchungsbefunde zur Einsicht aushändigen.

(2) Unter den gleichen Voraussetzungen ist der Amtsarzt des Gesundheitsamtes unbeschadet des Absatzes 1 befugt, einem Arzt, der einen Jugendlichen nach diesem Abschnitt untersucht, vertraulichen Einblick in andere in seiner Dienststelle vorhandene Unterlagen über Gesundheit und Entwicklung dieses Jugendlichen zu gewähren.

§ 52 Übergangsvorschriften

(1) Die Vorschriften dieses Abschnittes gelten nicht für Jugendliche, die bei Inkrafttreten dieses Abschnittes bereits 16 Jahre alt sind. Für die übrigen Jugendlichen gelten, sofern sie bei Inkrafttreten dieses Abschnittes bereits beschäftigt werden, die Vorschriften dieses Abschnittes während des ersten Jahres nach Inkrafttreten nur bei einem Wechsel des Arbeitgebers.

(2) Für die ersten zwei Jahre nach Inkrafttreten dieses Abschnittes kann die Aufsichtsbehörde, soweit dies mit der Rücksicht auf Gesundheit und Entwicklung eines Jugendlichen vereinbar ist, Ausnahmen von allen oder einzelnen Vorschriften dieses Abschnittes bewilligen.

§ 53 Ermächtigungen

(1) Der Bundesminister für Arbeit und Sozialordnung wird ermächtigt, durch Rechtsverordnung mit Zustimmung des Bundesrates und, soweit besondere Regelungen für bergbauliche Betriebe getroffen werden, im Einvernehmen mit dem Bundesminister für Wirtschaft

1. zur Herbeiführung einer gleichmäßigen und wirksamen gesundheitlichen Betreuung Vorschriften über die Durchführung der ärztlichen Untersuchungen und über die für die Aufzeichnungen der Untersuchungsbefunde, die Bescheinigungen und Mitteilungen zu verwendenden Vordrucke zu erlassen,
2. zur Abwendung von Gesundheitsgefahren vorzuschreiben, daß Personen, die über 18, aber noch nicht 21 Jahre alt sind und die in einem Beschäftigungsverhältnis im Sinne des § 1 stehen, in bestimmten Arten von Betrieben oder mit bestimmten Arbeiten, die gesundheitsgefährlich sind, nur beschäftigt oder weiterbeschäftigt werden dürfen, wenn sie vorher ärztlich untersucht worden sind, und daß die Vorschriften dieses Abschnittes ganz oder teilweise auch auf diese ärztlichen Untersuchungen Anwendung finden.

(2) Die Landesregierungen können zur Vereinfachung der Abrechnung durch Rechtsverordnung Pauschbeträge für die Kosten der ärztlichen Untersuchung im Rahmen der geltenden Gebührenordnungen festsetzen.

SIEBENTER ABSCHNITT

Durchführung des Gesetzes

Erster Titel

Aushänge und Verzeichnisse

§ 54 Auslage des Gesetzes; Aushang über die Arbeitszeit

Wer regelmäßig mindestens einen Jugendlichen als Lehrling, Anlernling, Arbeiter, Angestellten, Praktikanten oder Volontär beschäftigt, hat

1. einen Abdruck dieses Gesetzes und der auf Grund dieses Gesetzes erlassenen Rechtsverordnungen, mit Ausnahme der in § 58 Abs. 2 genannten und der Vorschriften, die Wirtschaftszweige anderer Art betreffen, an geeigneter Stelle im Betrieb zur Einsicht auszulegen oder auszuhängen,
2. einen Aushang über Beginn und Ende der regelmäßigen täglichen Arbeitszeit und der Ruhepausen der Jugendlichen an sichtbarer Stelle im Betrieb anzubringen.

§ 55 Verzeichnis der Jugendlichen

Der Arbeitgeber ist verpflichtet, ein Verzeichnis der jugendlichen Lehrlinge, Anlernlinge, Arbeiter, Angestellten, Praktikanten und Volontäre unter Angabe von

Namen, Vornamen, Tag und Jahr der Geburt, Wohnort und Wohnung zu führen und darin zu vermerken

1. Tag des Beginns der Beschäftigung des Jugendlichen,
2. den gewährten Urlaub.

§ 56 Sonstige Verzeichnisse

Wer einen Jugendlichen als Lehrling, Anlernling, Arbeiter, Angestellten, Praktikanten oder Volontär beschäftigt, ist verpflichtet, ein Verzeichnis der an Samstagnachmittagen nach § 17 Abs. 2 sowie an Sonn- und Feiertagen nach § 18 Abs. 2 und 3 und § 36 Nr. 6 beschäftigten Jugendlichen zu führen und bei jedem die ihm nach § 17 Abs. 4, § 18 Abs. 4 und § 36 Nr. 6 gewährten Freizeiten unverzüglich zu vermerken.

§ 57 Sondervorschriften für Familienhaushalte und landwirtschaftliche Betriebe

(1) Statt der in §§ 54 bis 56 vorgeschriebenen Aushänge und Verzeichnisse sind für die im Familienhaushalt mit hauswirtschaftlichen Arbeiten beschäftigten Jugendlichen in einem Verzeichnis, gesondert für jeden Jugendlichen, zu vermerken

1. Name, Vorname, Tag und Jahr der Geburt, Wohnort und Wohnung,
2. Tag des Beginns der Beschäftigung,
3. Beginn und Ende der regelmäßigen täglichen Arbeitszeit,
4. der gewährte Urlaub.

(2) Die Vorschriften des Absatzes 1 gelten auch für Betriebe und Haushalte der in § 29 genannten Art, in denen regelmäßig nicht mehr als fünf Arbeitnehmer beschäftigt werden.

(3) Wer Jugendliche im Familienhaushalt mit hauswirtschaftlichen Arbeiten beschäftigen will, hat dies bei Beginn der Beschäftigung der Aufsichtsbehörde schriftlich anzuzeigen.

§ 58 Einsicht in die Verzeichnisse; einheitliche Form

(1) Den beteiligten Jugendlichen sowie der Betriebs- oder Personalvertretung ist auf Verlangen Einsicht in die Verzeichnisse nach §§ 55, 56 und 57 Abs. 1 und 2 zu gewähren.

(2) Die Landesregierungen können durch Rechtsverordnung allgemein oder für einzelne Arten von Betrieben oder Arbeiten eine einheitliche Form für die Verzeichnisse vorschreiben und die Verbindung der Verzeichnisse nach §§ 55 und 56 untereinander oder mit dem Aushang nach § 54 Nr. 2 anordnen. Sie können zulassen, daß statt der Verzeichnisse Karteien geführt werden und daß die Eintragungen in den Lohnlisten oder der Lohnkartei gemacht werden.

§ 59 Auskunft; Vorlage der Verzeichnisse

(1) Der Arbeitgeber ist verpflichtet, der Aufsichtsbehörde auf Verlangen

1. die zur Erfüllung der Aufgaben dieser Behörde erforderlichen Angaben wahrheitsgemäß und vollständig zu machen,

2. die Verzeichnisse gemäß §§ 55 bis 57, die Unterlagen, aus denen Namen, Beschäftigungsart und -zeiten der Jugendlichen sowie Lohn- und Gehaltszahlungen ersichtlich sind, und alle sonstigen Unterlagen, die sich auf die nach Nummer 1 zu machenden Angaben beziehen, zur Einsicht vorzulegen oder einzusenden.

(2) Die Verzeichnisse und Unterlagen sind mindestens bis zum Ablauf von zwei Jahren nach der letzten Eintragung aufzubewahren.

Zweiter Titel

Aufsicht

§ 60 Aufsichtsbehörden

(1) Die Aufsicht über die Ausführung der Vorschriften dieses Gesetzes und der auf Grund dieses Gesetzes erlassenen Vorschriften obliegt den von den Landesregierungen bestimmten Behörden (Aufsichtsbehörden). Die Landesregierungen können durch Rechtsverordnung die Aufsicht über die Ausführung der für die Beschäftigung in Familienhaushalten geltenden Vorschriften auf gelegentliche Revisionen beschränken.

(2) Die Aufsichtsbehörden haben dieselben Befugnisse und Obliegenheiten wie nach § 139b der Gewerbeordnung die dort genannten besonderen Beamten. Das Grundrecht der Unverletzlichkeit der Wohnung (Artikel 13 des Grundgesetzes) wird insoweit eingeschränkt.

§ 61 Entfernung Jugendlicher durch die Aufsichtsbehörde

Werden Kinder oder Jugendliche entgegen §§ 7, 37, 39, 45 oder entgegen den auf § 37 gestützten Vorschriften und Anordnungen beschäftigt, so kann die Aufsichtsbehörde die Entfernung dieser Kinder oder Jugendlichen nach den landesrechtlichen Bestimmungen erzwingen. Die Grundrechte der Freiheit der Person (Artikel 2 Abs. 2 Satz 2 des Grundgesetzes) und der Unverletzlichkeit der Wohnung (Artikel 13 des Grundgesetzes) werden insoweit eingeschränkt.

§ 62 Ausnahmen aus Gründen des Gemeinwohls

Die von den Landesregierungen bestimmten Behörden können weitergehende Ausnahmen von den Vorschriften dieses Gesetzes, als dieses Gesetz vorsieht, bewilligen, wenn es das Gemeinwohl dringend fordert. Dies gilt nicht für §§ 16 und 31.

§ 63 Ausnahmebewilligungen

(1) Ausnahmen, zu deren Bewilligung die Behörden nach diesem Gesetz oder den auf Grund dieses Gesetzes erlassenen Vorschriften befugt sind, sind zu befristen und können mit Auflagen und Bedingungen verbunden werden. Sie können jederzeit widerrufen werden.

(2) Ausnahmen können nur bewilligt werden für einzelne Beschäftigte, einzelne Betriebe oder einzelne Betriebsabteilungen.

(3) Ist eine Ausnahme für einen Betrieb oder eine Betriebsabteilung bewilligt worden, so hat der Arbeitgeber hierüber an sichtbarer Stelle im Betrieb oder in der Betriebsabteilung einen Aushang anzubringen.

Dritter Titel

Ausschüsse für Jugendarbeitsschutz

§ 64 Bildung der Ausschüsse

(1) Bei der von der Landesregierung bestimmten obersten Landesbehörde wird ein Ausschuß für Jugendarbeitsschutz gebildet. Der Vorsitzende des Ausschusses wird von der obersten Landesbehörde bestimmt.

(2) Dem Ausschuß müssen mindestens angehören

1. drei bis fünf Vertreter der Arbeitgeber und dieselbe Zahl von Vertretern der Arbeitnehmer; sie werden von den im Land wirkenden Arbeitgeberverbänden und Gewerkschaften vorgeschlagen und vom Vorsitzenden berufen,
2. je ein Vertreter eines Landesarbeitsamtes, eines Landesjugendamtes und der für das Gesundheitswesen zuständigen obersten Landesbehörde,
3. ein Arzt, ein Berufsschullehrer und ein Vertreter des Landesjugendringes; sie werden vom Vorsitzenden berufen.

(3) Der Vorsitzende des Ausschusses kann weitere Mitglieder berufen. Mindestens zwei Mitglieder müssen Frauen sein.

§ 65 Aufgaben der Ausschüsse

(1) Der Ausschuß wirkt aufklärend über Sinn und Inhalt dieses Gesetzes.

(2) Die oberste Landesbehörde gibt in Angelegenheiten von besonderer Bedeutung dem Ausschuß Gelegenheit zur Stellungnahme.

ACHTER ABSCHNITT

Straftaten und Ordnungswidrigkeiten

§ 66 Straftaten

(1) Der Arbeitgeber, der vorsätzlich

1. den Vorschriften der § 7, 8 Abs. 2 oder § 9 Abs. 1 oder 2 über die Beschäftigung von Kindern,
2. den Vorschriften des § 37 Abs. 1 über gefährliche Arbeiten oder des § 38 Abs. 1 über Akkord- und Fließarbeit,
3. den auf Grund des § 37 Abs. 2 Satz 1 oder 3 erlassenen Vorschriften, soweit die Vorschriften ausdrücklich auf diese Strafbestimmungen verweisen,

zuwiderhandelt, wird mit Gefängnis bis zu einem Jahr und mit Geldstrafe oder mit einer dieser Strafen bestraft.

(2) Wer durch eine der in Absatz 1 bezeichneten Handlungen das Kind, den Jugendlichen oder im Falle des Absatzes 1 Nr. 3 die Person, die noch nicht 21 Jahre alt ist, gewissenlos in ihrer Arbeitskraft oder Gesundheit schwer gefährdet, wird mit Gefängnis nicht unter drei Monaten bestraft.

(3) Wer eine der in Absatz 1 bezeichneten Handlungen fahrlässig begeht, wird mit Geldstrafe bestraft.

§ 67 Ordnungswidrigkeiten und Straftaten

(1) Ordnungswidrig handelt der Arbeitgeber, der vorsätzlich oder fahrlässig

1. den Vorschriften des § 5 Abs. 1, § 10 Abs. 1 bis 4 oder § 11 Abs. 1 über die Grenzen der Arbeitszeit, des § 13 Abs. 1 Satz 2 oder 3 über die Berufsschule, des § 14 Abs. 1 oder 2 über die Ruhepausen, des § 15 über die tägliche Freizeit, des § 16 Abs. 1 bis 4 über die Nachtruhe, des § 16 Abs. 5 Satz 4, § 17 Abs. 4 oder § 18 Abs. 4 über die sonstige Freizeit, des § 17 Abs. 1 oder 3 über den Frühschluß vor Sonntagen, des § 18 Abs. 1 oder 2 Satz 3 über die Sonntagsruhe oder des § 20 Abs. 2 Satz 1 über den Ausgleich für Mehrarbeit,
2. den Vorschriften des § 19 Abs. 1 Satz 1, Abs. 2 Sätze 1 bis 3 oder Abs. 4 Satz 2 oder 3 oder § 22 Nr. 1, 3 Satz 1 oder 3, Nr. 4 Satz 1 oder Nr. 5 über den Urlaub, soweit sie nicht die Vergütung betreffen,
3. den Vorschriften des § 24 über die Arbeitszeit, § 25 über die Ruhepausen, § 26 Satz 1 über den freien Nachmittag oder § 27 Abs. 1 oder 2 Satz 1 oder 2 über die Sonntagsruhe im Familienhaushalt,
4. den Vorschriften des § 30 über die Arbeitszeit, § 31 über die Nachtruhe, § 32 über den Frühschluß vor Sonntagen oder § 33 über die Sonntagsruhe in der Landwirtschaft,
5. den Vorschriften des § 36 Nr. 1, 3, 5 Satz 2 oder Nr. 6 Satz 2 über die Grenzen der Arbeitszeit, die tägliche Freizeit, den Frühschluß vor Sonntagen und die sonstige Freizeit in der Binnenschiffahrt,
6. den Vorschriften des § 44 über die Abgabe von Alkohol und Tabak an Kinder und Jugendliche,
7. einer Anordnung der Aufsichtsbehörde nach § 8 Abs. 3 Satz 2, § 14 Abs. 4 Satz 2, § 37 Abs. 3 oder § 42 Abs. 2

zuwiderhandelt.

(2) Die Ordnungswidrigkeit kann, wenn sie vorsätzlich begangen ist, mit einer Geldbuße bis zu 5000 Deutsche Mark, wenn sie fahrlässig begangen ist, mit einer Geldbuße bis zu 1000 Deutsche Mark geahndet werden.

(3) Wer vorsätzlich eine der in Absatz 1 bezeichneten Handlungen begeht und dadurch das Kind oder den Jugendlichen in seiner Arbeitskraft oder Gesundheit gefährdet, wird mit Gefängnis bis zu einem Jahr und mit Geldstrafe oder mit einer dieser Strafen bestraft. Ebenso wird bestraft, wer vorsätzlich die Tat aus Gewinnsucht begeht oder sie wiederholt, obwohl er durch die Aufsichtsbehörde wenigstens zweimal schriftlich aufgefordert worden war, sie zu unterlassen.

(4) Wer in den Fällen des Absatzes 3 Satz 1 die Gefahr fahrlässig herbeiführt, wird mit Gefängnis bis zu drei Monaten oder mit Geldstrafe bestraft.

§ 68 Ordnungswidrigkeiten

(1) Ordnungswidrig handelt der Arbeitgeber, der vorsätzlich oder fahrlässig

1. der Vorschrift des § 8 Abs. 4 Satz 2 über den Beginn der Beschäftigung eines Kindes,
2. der Vorschrift des § 14 Abs. 3 Satz 1 oder 3 über die Aufenthaltsräume und den Aufenthalt während der Pausen,
3. der Vorschrift des § 20 Abs. 1 Satz 2 über die Anzeige von Notfällen,
4. der Vorschrift des § 41 Abs. 1 über die Gefahrenbelehrung,
5. den Vorschriften des § 45 Abs. 1 oder 2 über die ärztliche Untersuchung, des § 47 über die Aufbewahrung und Aushändigung der ärztlichen Bescheinigung und über die Beschäftigung oder des § 49 Satz 1 über die Freizeit,
6. den Vorschriften der §§ 54 bis 57 oder des § 63 Abs. 3 über Aushänge, Auslagen, Verzeichnisse und Anzeigen oder des § 58 Abs. 1 oder § 59 über die Einsicht, Aufbewahrung und Vorlage der Verzeichnisse und über die Auskunft,
7. den auf Grund des § 40 Abs. 2 Satz 1 erster Halbsatz, § 53 Abs. 1 Nr. 2 oder § 58 Abs. 2 Satz 1 erlassenen Vorschriften, soweit die Vorschriften ausdrücklich auf diese Bußgeldbestimmung verweisen,
8. einer Anordnung der Aufsichtsbehörde nach § 40 Abs. 3 Satz 1 oder
9. einer Anordnung, die von der zuständigen Behörde auf Grund einer nach § 37 Abs. 2 Satz 1 oder 3, § 40 Abs. 2 Satz 1 erster Halbsatz, §§ 53 oder 58 Abs. 2 erlassenen Rechtsvorschrift getroffen wird, wenn die Rechtsvorschrift für den Fall der Zuwiderhandlung gegen die Anordnung ausdrücklich auf diese Bußgeldvorschrift verweist,

zuwiderhandelt.

(2) Ordnungswidrig handelt, wer vorsätzlich oder fahrlässig

1. der Vorschrift des § 39 Abs. 1 über Beschäftigung, Beaufsichtigung und Anweisung durch bestimmte Personen oder
2. einem Verbot der zuständigen Behörden nach § 39 Abs. 2 zuwiderhandelt.

(3) Die Ordnungswidrigkeit kann, wenn sie vorsätzlich begangen ist, mit einer Geldbuße bis zu 1000 Deutsche Mark, wenn sie fahrlässig begangen ist, mit einer Geldbuße bis zu 500 Deutsche Mark geahndet werden.

§ 69 Straftaten und Ordnungswidrigkeiten von Vertretern und Beauftragten

(1) Die Strafdrohungen der §§ 66 und 67 Abs. 3 und 4 sowie die Bußgelddrohungen des § 67 Abs. 1 und § 68 gelten auch für den gesetzlichen Vertreter des Arbeitgebers sowie für die vertretungsberechtigten Gesellschafter von Personen-

gesellschaften und die Mitglieder der zur gesetzlichen Vertretung berufenen Organe von juristischen Personen, welche Kinder oder Jugendliche beschäftigen.

(2) Hat der Arbeitgeber die Erfüllung von Pflichten, die ihm dieses Gesetz oder die auf Grund dieses Gesetzes erlassenen Vorschriften auferlegen, einem Angehörigen seines Betriebes ausdrücklich übertragen, so trifft, wenn der Betriebsangehörige den in den §§ 66 bis 68 bezeichneten Vorschriften oder Anordnungen zuwiderhandelt, diesen die Strafe oder Geldbuße.

(3) Begeht ein Beauftragter im Sinne des Absatzes 2 eine durch dieses Gesetz mit Strafe oder Geldbuße bedrohte Handlung, so kann gegen den Inhaber des Betriebes oder, falls der Inhaber eine juristische Person oder eine Personengesellschaft des Handelsrechts ist, gegen diese eine Geldbuße verhängt werden, wenn der Inhaber oder der zur gesetzlichen Vertretung Berechtigte wenigstens fahrlässig seine Pflicht zur sorgfältigen Auswahl des Beauftragten oder seine allgemeine Aufsichtspflicht verletzt hat und der Verstoß hierauf beruht. Die Geldbuße darf in den Fällen des § 66 und des § 67 Abs. 3 und 4 den Betrag von 5000 Deutsche Mark nicht übersteigen. In den Fällen des § 67 Abs. 1 und des § 68 darf sie nicht höher sein als die für die fahrlässige Begehung der Zuwiderhandlung angedrohte Geldbuße.

NEUNTER ABSCHNITT

Verwandte Kinder und Jugendliche

§ 70 Begriff

Verwandte Kinder und Jugendliche im Sinne dieses Gesetzes sind Kinder und Jugendliche, die

1. von einem Elternteil beschäftigt werden, dem die Sorge für die Person des Kindes oder des Jugendlichen zusteht,
2. vom Vormund beschäftigt werden, falls er mit dem Kinde oder dem Jugendlichen bis zum dritten Grade verwandt ist.

§ 71 Ausnahmen

(1) Bei Beschäftigung verwandter Kinder und Jugendlicher finden §§ 12, 13 Abs. 3, § 18 Abs. 5, § 19 Abs. 6, § 20 Abs. 2 Satz 2, §§ 39, 42, 43 Abs. 1, §§ 44, 54 bis 56 und 66 bis 69 keine Anwendung.

(2) Verwandte Kinder über zwölf Jahre dürfen mit leichten Arbeiten beschäftigt werden, wenn die Beschäftigung gelegentlich ist oder nur kurze Zeit dauert und wenn die Arbeiten für Kinder geeignet sind. Die Beschäftigung bei den in § 8 bezeichneten Veranstaltungen richtet sich ausschließlich nach § 8.

(3) Die Aufsichtsbehörde teilt jeden erheblichen Verstoß gegen eine Vorschrift dieses Gesetzes oder eine auf Grund dieses Gesetzes erlassene Rechtsverordnung, der sich gegen verwandte Kinder oder Jugendliche richtet, alsbald dem Jugendamt mit. Polizeiliche oder ordnungsbehördliche Zwangsmittel dürfen bei Beschäftigung verwandter Kinder und Jugendlicher nicht angewendet werden.

ZEHNTER ABSCHNITT

Schlußvorschriften

§ 72 Änderung von Rechtsvorschriften

(1) § 8 Abs. 2 Buchstabe b des Mutterschutzgesetzes vom 24. Januar 1952 (Bundesgesetzbl. I S. 69) erhält folgende Fassung:

„b) von den Frauen unter 18 Jahren über acht Stunden täglich und 80 Stunden in der Doppelwoche."

(2) § 13 Abs. 3 des Gesetzes über die Arbeitszeit in Bäckereien und Konditoreien vom 29. Juni 1936 (Reichsgesetzbl. I S. 521) in der Fassung des § 30 Abs. 9 Nr. 4 des Jugendschutzgesetzes vom 30. April 1938 (Reichsgesetzbl. I S. 437) erhält folgende Fassung:

„(3) Für die Beschäftigung von Kindern und Jugendlichen unter 18 Jahren in den in § 1 genannten Betrieben gelten die Vorschriften des Jugendarbeitsschutzgesetzes vom 9. August 1960 (Bundesgesetzbl. I S. 665)."

(3) In § 80 des Bundesbeamtengesetzes in der Fassung vom 18. September 1957 (Bundesgesetzbl. I S. 1338) wird der Schlußpunkt durch ein Komma ersetzt und folgendes angefügt:

„3. der Vorschriften des Jugendarbeitsschutzgesetzes vom 9. August 1960 (Bundesgesetzbl. I S. 665) auf Beamte unter 18 Jahren."

§ 73 Urlaubsvorschriften der Länder

Die Urlaubsvorschriften der Länder werden wie folgt geändert:

1. Baden-Württemberg:

Im Landesgesetz über Mindesturlaub für Arbeitnehmer vom 13. Juli 1949 (Badisches Gesetz -und Verordnungsblatt S. 289) werden in § 3 Abs. 1 die Worte „für jugendliche Arbeitnehmer bis zum vollendeten sechzehnten Lebensjahr vierundzwanzig Arbeitstage, für jugendliche Arbeitnehmer bis zum vollendeten achtzehnten Lebensjahr achtzehn Arbeitstage" gestrichen; § 3 Abs. 3 und 4 Satz 1 Halbsatz 2 wird aufgehoben.

Im Gesetz Nr. 711 zur Regelung des Mindesturlaubs in der privaten Wirtschaft und im öffentlichen Dienst vom 6. August 1947 in der Fassung der Gesetze Nr. 735 vom 6. April 1949 und Nr. 743 vom 3. April 1950 (Regierungsblatt der Regierung Württemberg-Baden 1947 S. 78, 1949 S. 57, 1950 S. 30) werden in § 2 Abs. 1 Satz 1 die Worte „für Jugendliche unter achtzehn Jahren vierundzwanzig Arbeitstage" und in § 2 Abs. 3 Satz 2 die Worte „bei Jugendlichen nicht und" gestrichen; § 2 Abs. 2 Satz 2 wird aufgehoben.

In der Verordnung Nr. 727, Dritte Verordnung zur Durchführung des Gesetzes zur Regelung des Mindesturlaubs in der privaten Wirtschaft und im öffentlichen Dienst, vom 26. Mai 1948 in der Fassung der Verordnung Nr. 738 vom 14. Juni 1949 (Regierungsblatt der Regierung Württemberg-Baden 1948 S. 76, 1949 S. 154) wird § 3 Abs. 2 aufgehoben; in § 6 Abs. 2 Satz 2 werden die Worte „bezw. 8 v. H." gestrichen.

2. Bayern:

Im Urlaubsgesetz vom 11. Mai 1950 in der Fassung des Gesetzes vom 8. November 1954 (Bereinigte Sammlung des bayerischen Landesrechts IV S.583) werden Artikel 4 Abs. 2 und 3, Artikel 5 Abs. 2 und Artikel 7 Abs. 1 Satz 2 aufgehoben.

3. Berlin:

Im Urlaubsgesetz vom 24. April 1952 in der Fassung des Gesetzes vom 22. Dezember 1952 (Gesetz -und Verordnungsblatt für Berlin 1952 S. 297, 1953 S. 1) wird § 1 Abs. 2 aufgehoben; in § 2 werden die Worte „(sofern sie nicht dem Jugendschutzgesetz unterliegen)" gestrichen.

4. Bremen:

Im Urlaubsgesetz vom 4. Mai 1948 in der Fassung der Gesetze vom 25. April 1949 und 21. Januar 1950 (Gesetzblatt der Freien Hansestadt Bremen 1948 S. 67, 1949 S. 71, 1950 S. 23) werden in § 3 Abs. 1 die Worte „für Jugendliche unter achtzehn Jahren vierundzwanzig Arbeitstage" gestrichen; § 3 Abs. 3 wird aufgehoben.

5. Hessen:

Im Urlaubsgesetz vom 29. Mai 1947 in der Fassung des Gesetzes vom 26. August 1950 (Gesetz -und Verordnungsblatt für das Land Hessen 1947 S. 33, 1950 S. 165) wird § 2 Abs. 2 aufgehoben.

6. Niedersachsen:

Im Urlaubsgesetz vom 10. Dezember 1948 (Niedersächsisches Gesetz- und Verordnungsblatt S. 179) werden in § 2 Abs. 1 die Worte „jüngere Arbeitnehmer mindestens vierundzwanzig Werktage" gestrichen.

In der Verordnung zur Durchführung des Urlaubsgesetzes vom 26. Juli 1949 (Niedersächsisches Gesetz- und Verordnungsblatt S. 180) wird in II „Zu § 2 Abs. 1" der Absatz 3 aufgehoben.

7. Rheinland-Pfalz:

Im Landesgesetz zur Regelung des Urlaubs vom 8. Oktober 1948 (Gesetz- und Verordnungsblatt derLandesregierungRheinland-Pfalz S.370) wird § 2 aufgehoben.

8. Saarland:

In der Verfügung Nummer 47—65 über das Urlaubswesen vom 18. November 1947 (Amtsblatt des Saarlandes S. 704) in der Fassung der Verordnung vom 16. August 1950 (Amtsblatt des Saarlandes S. 788) werden in Artikel 2 Abs. 2 Satz 1 die Worte „Für Arbeitnehmer und Lehrlinge, welche das 18. Lebensjahr noch nicht vollendet haben, erhöht sich die Mindestdauer des Urlaubs auf zwei Arbeitstage" gestrichen und hinter den Worten „21 Jahren" die Worte „erhöht sich die Mindestdauer des Urlaubs" eingefügt.

In der Verordnung zur Entlohnung der in Gartenbaubetrieben beschäftigten Arbeitnehmer vom 30. Juli 1951 (Amtsblatt des Saarlandes S. 1184) werden in § 18 Abs. 1 Satz 2 die Worte „bis zum vollendeten 18. Lebensjahr zwei Arbeitstage pro Monat" gestrichen.

In der Verordnung zur Festsetzung der Lohn- und Arbeitsbedingungen in den landwirtschaftlichen Betrieben vom 30. November 1951 (Amtsblatt des Saarlandes S. 1482) werden in § 10 Abs. 1 Satz 2 die Worte „bis zum vollendeten 18. Lebensjahr zwei Arbeitstage pro Monat“ gestrichen.

§ 74 Geltung in Berlin

Dieses Gesetz gilt nach Maßgabe des § 13 Abs. 1 des Dritten Überleitungsgesetzes vom 4. Januar 1952 (Bundesgesetzbl. I S. 1) auch im Land Berlin. Rechtsverordnungen, die auf Grund dieses Gesetzes erlassen werden, gelten im Land Berlin nach § 14 des Dritten Überleitungsgesetzes.

§ 75 Sonderbestimmungen für das Saarland

Wird in diesem Gesetz auf Bestimmungen verwiesen, die im Saarland nicht gelten, so treten innerhalb des Saarlandes die entsprechenden saarländischen Bestimmungen an ihre Stelle.

§ 76 Inkrafttreten; Aufhebung von Rechtsvorschriften

(1) Dieses Gesetz tritt am 1. Oktober 1960 in Kraft, die §§ 45 bis 53 jedoch erst am 1. Oktober 1961.

(2) Am 1. Oktober 1960 treten folgende Vorschriften außer Kraft, soweit dies nicht bereits geschehen ist:

1. Jugendschutzgesetz vom 30. April 1938 (Reichsgesetzbl. I S. 437) mit Ausnahme des § 24 Abs. 1, 2, 4 und 5 und des § 26, soweit diese Vorschriften zur Durchführung der auf Grund von § 20 Abs. 1 des Jugendschutzgesetzes erlassenen Beschäftigungsverbote und -beschränkungen dienen,
2. Ausführungsverordnung zum Jugendschutzgesetz vom 12. Dezember 1938 (Reichsgesetzbl. I S. 1777) mit Ausnahme der Nummer 52 und, soweit zur Durchführung der auf Grund des § 20 Abs. 1 des Jugendschutzgesetzes erlassenen Beschäftigungsverbote und -beschränkungen erforderlich, der Nummern 66 und 67,
3. Jugendurlaubsverordnung vom 15. Juni 1939 (Reichsgesetzbl. I S. 1029),
4. Verordnung über die Beschäftigung Jugendlicher in bergbaulichen Betrieben vom 20. Januar 1939 (Reichsgesetzbl. I S. 97),
5. Gewerbeordnung §§ 106 und 120 c,
6. Niedersächsisches Arbeitsschutzgesetz für Jugendliche vom 9. Dezember 1948 (Niedersächsisches Gesetz- und Verordnungsblatt S. 179) in der Fassung der Gesetze vom 16. Mai 1949 (Niedersächsisches Gesetz- und Verordnungsblatt S. 116) und vom 21. Juni 1951 (Bundesgesetzbl. I S. 399) mit Ausnahme des § 9,
7. Verordnung zur Durchführung des Niedersächsischen Arbeitsschutzgesetzes für Jugendliche vom 26. Juli 1949 (Niedersächsisches Gesetz- und Verordnungsblatt S. 176) mit Ausnahme der Nummern 19 bis 25 und 33,

8. Württemberg-Hohenzollernsches Gesetz zur Änderung des Jugendschutzgesetzes vom 6. August 1948 (Regierungsblatt für das Land Württemberg-Hohenzollern S. 103),
9. Württemberg-Hohenzollernsche Verordnung zur Änderung der Ausführungsverordnung zum Jugendschutzgesetz vom 19. April 1949 (Regierungsblatt für das Land Württemberg-Hohenzollern S. 186),
10. Berliner Verordnung zum Jugendarbeitsschutzgesetz vom 25. November 1949 (Verordnungsblatt für Groß-Berlin S. 446),
11. Saarländisches Jugendarbeitsschutzgesetz (Regelung der Arbeitszeit der Jugendlichen und der in Ausnahmefällen beschäftigten Kinder) vom 7. Dezember 1949 (Amtsblatt des Saarlandes 1950, S. 69),
12. Erste Ausführungsverordnung zum Saarländischen Jugendarbeitsschutzgesetz vom 10. März 1951 (Amtsblatt des Saarlandes S. 549).

(3) Am 1. Oktober 1961 treten außer Kraft § 9 des Niedersächsischen Arbeitsschutzgesetzes für Jugendliche vom 9. Dezember 1948 (Niedersächsisches Gesetz- und Verordnungsblatt S. 179) und Nummern 19 bis 25 der Verordnung zur Durchführung des Niedersächsischen Arbeitsschutzgesetzes für Jugendliche vom 26. Juli 1949 (Niedersächsisches Gesetz- und Verordnungsblatt S. 176).

(4) Ab 1. Oktober 1960 finden § 3 der Anordnung zur Vereinheitlichung der Erziehungsbeihilfen und sonstigen Leistungen an Lehrlinge und Anlernlinge in der privaten Wirtschaft vom 25. Februar 1943 (Reichsarbeitsblatt I S. 164) in der Fassung der Anordnung über die Belohnung besonders tüchtiger Lehrlinge und Anlernlinge in der privaten Wirtschaft vom 5. August 1944 (Reichsarbeitsblatt I S. 289) und die entsprechenden Vorschriften der Länder auf Jugendliche keine Anwendung.

(5) Die auf Grund des § 20 Abs. 1 des Jugendschutzgesetzes oder des § 120e der Gewerbeordnung erlassenen Vorschriften bleiben unberührt. Sie können durch Vorschriften auf Grund der Ermächtigungen in § 37 Abs. 2 und § 40 Abs. 2 geändert oder aufgehoben werden.

(6) Verweisungen auf Vorschriften, die nach den Absätzen 2 bis 4 außer Kraft treten, gelten als Verweisungen auf die entsprechenden Vorschriften dieses Gesetzes oder der auf Grund dieses Gesetzes erlassenen Rechtsverordnungen.

Das vorstehende Gesetz wird hiermit verkündet.

Bonn, den 9. August 1960

Der Bundespräsident
Lübke

Für den Bundeskanzler
Der Bundesminister für Verkehr
Seebohm

Der Bundesminister für Arbeit und Sozialordnung
Blank

Abkürzungsverzeichnis

aaO	am angegebenen Ort
amtl. Begr.	amtliche Begründung = Begründung des Regierungsentwurfs zum JArbSchG (Anhang 10)
Anh.	Anhang
ArbG	Arbeitgeber
ArbN	Arbeitnehmer
AP	„Arbeitsrechtliche Praxis" (Nachschlagwerk des Bundesarbeitsgerichts)
ArbSch	„Arbeitsschutz" (Fachteil des Bundesarbeitsblattes für den technischen, medizinischen und sozialen Arbeitsschutz)
ARS	Arbeitsrechtssammlung (Entscheidungen vor 1945)
Art.	Artikel
Aufl.	Auflage
AusfVO	Ausführungsverordnung
Arb.R.Blattei	Arbeitsrechtsblattei vom Forkel-Verlag
Aussch.Ber.	schriftlicher Bericht des Ausschusses für Arbeit (Anhang 11)
AVAVG	Gesetz über Arbeitsvermittlung und Arbeitslosenversicherung
AZO	Arbeitszeitordnung vom 30. 4. 1938 (RGBl. I S. 445)
Bäck.AZG	Gesetz über die Arbeitszeit in Bäckereien und Konditoreien in der Fassung vom 30. 4. 1938
BArbBl.	„Bundesarbeitsblatt"
BAG	Bundesarbeitsgericht
Bayer. ObLG	Bayerisches Oberstes Landesgericht
Betr.	„Der Betrieb" (Wochenschrift für Wirtschaftsrecht und Arbeitsrecht)
BB	„Der Betriebsberater"
BBG	Bundesbeamtengesetz
Bek.	Bekanntmachung
BVG	Betriebsverfassungsgesetz vom 11. 10. 1952 (BGBl. I S. 681)
BGB	Bürgerliches Gesetzbuch
BGBl.	Bundesgesetzblatt
BMA	Bundesminister für Arbeit und Sozialordnung
BGHSt.	Bundesgerichtshof, Entscheidungssammlung in Strafsachen
BR	Bundesrat
BSozG	Bundessozialgericht
BT	Deutscher Bundestag
DJZ	Deutsche Juristenzeitung
Drucks.	Drucksache
DRZ	Deutsche Rechtszeitschrift
DVO	Durchführungsverordnung
Erl.	Erlaß

GastG	Gaststättengesetz
Gew.Arch.	Gewerbearchiv
GewO	Gewerbeordnung
GG	Grundgesetz für die Bundesrepublik Deutschland
GuVBl.	Gesetz- und Verordnungsblatt
HAG	Heimarbeitsgesetz vom 14. 3. 1951 (BGBl. I S. 191)
HdwO	Gesetz zur Ordnung des Handwerks (Handwerksordnung) vom 17. 9. 1953 (BGBl. I S. 1411)
HGB	Handelsgesetzbuch
h. A.	herrschende Ansicht
IAO	Internationale Arbeitsorganisation
i. d. F.	in der Fassung
JArbSchG	Gesetz zum Schutz der arbeitenden Jugend (Jugendarbeitsschutzgesetz) vom 9. 8. 1960 (BGBl. I S. 665)
JGG	Jugendgerichtsgesetz
JSchG 38	Jugendschutzgesetz vom 30. 4. 1938 (RGBl. I S. 437)
JR	Juristische Rundschau
JSchG öff.	Gesetz zum Schutz der Jugend in der Öffentlichkeit in der Fassung vom 27. 7. 1957 (BGBl. I S. 1058)
JW	Juristische Wochenschrift
JWG	Jugendwohlfahrtsgesetz
Jug.Url.VO	Jugendurlaubsverordnung vom 15. 6. 1939 (RGBl. I S. 1029)
KG	Kammergericht
KiSchG	Kinderschutzgesetz
KrAZO	Verordnung über die Arbeitszeit in Krankenpflegeanstalten vom 13. 2. 1924 (RGBl. I S. 66)
KSchG	Kündigungsschutzgesetz
Lad.Schl.G	Gesetz über den Ladenschluß nach dem zweiten Änderungsgesetz vom 14. 11. 1960 (17. 7. 1957), BGBl. I S. 845; I S. 722.
LAG	Landesarbeitsgericht
MDR	Monatsschrift für Deutsches Recht
Min.Bl.	Ministerialblatt
Min.Erl.	Ministerialerlaß
MSchG	Gesetz zum Schutz der erwerbstätigen Mutter (Mutterschutzgesetz) vom 24. 1. 1952 (BGBl. I S. 69)
NJW	Neue Juristische Wochenschrift
OLG	Oberlandesgericht
OVG	Oberverwaltungsgericht
OwiG	Gesetz über Ordnungswidrigkeiten vom 25. 3. 1952 (BGBl. I S. 177)
PersVG	Personalvertretungsgesetz vom 5. 8. 1955 (BGBl. I S. 477)
Prot.	Protokoll
RArbBl.	Reichsarbeitsblatt
RAG	Reichsarbeitsgericht
RAM	Reichsarbeitsminister
RdA	„Recht der Arbeit"
Rd.Erl.	Runderlaß
RdJ	Recht der Jugend
RechtsVO	Rechtsverordnung
Reg.Entw.	Regierungsentwurf zum Jugendarbeitsschutzgesetz, Deutscher Bundestag, 3. Wahlperiode, Drucks. 317

RGBl.	Reichsgesetzblatt
RGSt	Reichsgericht, Entscheidungssammlung in Strafsachen
Reger	Entscheidungen der Gerichte und Verwaltungsbehörden auf dem Gebiet der inneren Verwaltung, begründet von Reger, herausgegeben von Oschey
RVO	Reichsversicherungsordnung
RWM	Reichswirtschaftsminister
SeemG	Seemannsgesetz
SJZ	Süddeutsche Juristenzeitung
StGB	Strafgesetzbuch
StRegVO	Strafregisterverordnung vom 17. 2. 1934 (RGBl. I S.140)
StTilgG	Gesetz über beschränkte Auskunft aus Strafregistern und Tilgung von Strafvermerken vom 9. 4. 1920 (RGBl. 11, 507)
TVG	Tarifvertragsgesetz vom 9. 4. 1949 in der Fassung vom 11. 1. 1952 (BGBl. I S. 19)
VO	Verordnung
Vorl. LandarbeitsO	Vorläufige Landarbeitsordnung vom 24. 1. 1919 (RGBl. I S. 111)
VwGO	Verwaltungsgerichtsordnung vom 21. 1. 1960 (BGBl. I S. 17)

Literaturverzeichnis

Baumbach-Duden	Handelsgesetzbuch
Beitzke	Familienrecht, 4. Auflage
Boldt	Das Recht des Bergmanns
Bulla	Mutterschutzgesetz, Kommentar 1954
Denecke	Arbeitszeitordnung, Kommentar, 4. Auflage 1958
Dersch	Die Urlaubsgesetze 1954
Dersch-Volkmar	Arbeitsgerichtsgesetz 1955
Dietz	Kommentar zum Betriebsverfassungsges. 3. Aufl.
Enneccerus-Nipperdey	Lehrbuch des bürgerlichen Rechts, 14. Auflage
Eyermann-Fröhler	Kommentar zur Handwerksordnung 1953
Fitting-Kraegeloh	Betriebsverfassungsgesetz, Kommentar, 5. Auflage
Forsthoff	Lehrbuch d. Verwaltungsrechts, 5. Auflage 1956
Herschel-Stephany	Jugendarbeitsschutzgesetz, Taschenausgabe
Herschel-Steinmann	Kündigungsschutzgesetz, 4. Auflage
Hueck-Nipperdey	Lehrbuch des Arbeitsrechts, 6. Auflage 1959
Kaskel-Dersch	Arbeitsrecht, 5. Auflage
Klinger	Verwaltungsgerichtsbarkeit, 2. Auflage
Kremer	Kommentar zum Jugendschutzgesetz, 3. Auflage
Landmann-Rohmer	Gewerbeordnung, Kommentar, 11. Auflage 1956
von Mangold	Kommentar zum Bonner Grundgesetz 1951
Maus	Urlaubsgesetz für Niedersachsen
Maus	Handbuch des Arbeitsrechts
Molitor	Verl. Landarbeitsordnung, 2. Auflage 1952
Nikitch	Arbeitsrecht, 2. Auflage 1955
Nipperdey	Arbeitsrecht, Sammlung der wichtigsten in Gesamtdeutschland, in der Bundeserpublik, in den Ländern und in Berlin geltenden arbeitsrechtlichen Vorschriften, 5. Auflage
Nipperdey-Mohnen-Neumann	Der Dienstvertrag, Sonderausgabe von Staudinger, Kommentar zum BGB 1958
Palandt	Bürgerliches Gesetzbuch, 19. Auflage
Rohlfing-Kiskalt	Gewerbeordnung, Kommentar, 2. Auflage 1958
Rotberg	Kommentar zum Ges. über Ordnungswidrigkeit
Sartorius	Verfassungs- und Verwaltungsgesetze der Bundesrepublik
Siebert	Jugendschutzgesetz vom 30. 4. 1938, Kommentar 1943
Schnorr von Carolsfeld	Arbeitsrecht, Lehrbuch, 2. Auflage
Schulte-Langforth	Jugendarbeitsschutzgesetz, Erläuterungsbuch 1960
Schwarz	Strafprozeßordnung, Gerichtsverfassungsrecht und Nebengesetze
Schwarz	Strafgesetzbuch und Nebengesetze
Thumser	Kommentar zum Jugendarbeitsschutzgesetz 1960

Einführung

I. Das Gesetz zum Schutz der arbeitenden Jugend vervollständigt die Reihe der sozialpolitischen Gesetze der Bundesrepublik. Es dient der Verwirklichung des in Art. 20 GG normierten Grundsatzes des sozialen Bundesstaates. Es ist Arbeitsschutzrecht im Sinne von Art. 74 Ziff. 12 GG, das als Gegenstand der konkurrierenden Gesetzgebung nun einer weiteren Gesetzgebungsbefugnis der Länder entzogen ist (Art. 72 GG). Es ist an die Stelle des Jugendschutzgesetzes vom 30. 4. 1938 (RGBl. 1, 437) und der zum Teil sehr unterschiedlichen Regelungen in den einzelnen Ländern getreten. Ein Bedürfnis zur bundesgesetzlichen Regelung und einer Reform des Jugendschutzgesetzes 1938 bestand seit langem. Es waren nach Ermittlungen am 30. 9. 1955 über 200000 Jugendliche in Wirtschaftszweigen beschäftigt, die nicht der Geltung des JSchG 38 unterlagen (Hauswirtschaft, Land-, Forst-, Jagdwirtschaft, Binnenschiffahrt und Heimarbeiter). Nur zum Teil hatten sie einen arbeitszeitrechtlichen Schutz, der auch für die übrigen 1,8 Millionen in der Wirtschaft beschäftigten Jugendlichen unvollkommen war. Nach der amtlichen Begründung erschien die bisherige Arbeitszeit von 48 Stunden in der Woche in Anbetracht der gesteigerten Arbeitsintensität mit den Anforderungen an Konzentration und Schnelligkeit für den Jugendlichen nicht mehr angemessen. Das Fehlen einer laufenden gesundheitlichen Betreuung aller Jugendlichen, unzureichende Urlaubsdauer, Zulassung allzu vieler Ausnahmen, unwirksame Strafandrohungen und die Rechtszersplitterung machten eine Reform erforderlich. Es ging daher am 26. 4. 1951 vom Bundestag an die Bundesregierung der Auftrag,

> „zum Zwecke der einheitlichen Regelung des Jugendarbeitsschutzrechts im Bundesgebiet den Entwurf eines Gesetzes alsbald dem Bundestag vorzulegen, das den sozialen Notwendigkeiten und den wirtschaftlichen Erfordernissen der Gegenwart Rechnung trägt“ (vgl. Protokoll der 139. Plenarsitzung).

II. Die geschichtliche Entwicklung des Jugendarbeitsschutzrechtes bis zu diesem Gesetz ist aufs engste mit dem Arbeitsschutzrecht verknüpft. Der Jugendschutz war Ausgangspunkt der modernen Arbeitsschutzgesetzgebung.

a) Zu Beginn der Industrialisierung am Anfang des 19. Jahrhunderts war im Wirtschafts- und Arbeitsleben die „Idee vom freien Spiel der Kräfte“ vorherrschend. Da der Fabrikarbeiter nun doch wirtschaftlich abhängig war und nicht als gleichberechtigter und gleich starker Partner im Wettbewerb handeln konnte, mußte diese Auffassung zu Mißständen führen, an denen auch der Staat nicht achtlos vorübergehen konnte. Vor allem die gesundheitlichen Schäden der Kinder- und Nachtarbeit führten zu einem der damaligen Zeitauffassung widersprechenden Eingriff in die eben gewonnene Gewerbefreiheit durch das preußische Regulativ über die Beschäftigung jugendlicher Arbeiter in Fabriken vom 9. 3. 1839 (GS S. 156). Ihm lag ein Bericht des Generalleutnants von Horn zugrunde, laut dem der Rekrutennachwuchs in den Industriebezirken „wohl infolge der Nachtarbeit der Fabrikkinder" nicht mehr zu stellen war. Das erste Arbeitsschutzgesetz brachte das Verbot der Beschäftigung von Kindern unter 9 Jahren in Fabriken und Bergwerken. Es beschränkte die Arbeitszeit der Jugendlichen bis zu 16 Jahren auf 10 Stunden, führte Pausen ein und verbot die Nachtarbeit.

Am 17. 1. 1845 erging die Allgemeine Preußische Gewerbeordnung. Sie traf Bestimmungen zum Schutz der Lehrlinge und eine Regelung über die Befugnis zum Halten von Lehrlingen. Der Ortspolizei wurde aufgetragen, darauf zu achten, daß bei Beschäftigung und Behandlung der Gesellen und Lehrlinge die gebührende Rücksicht auf Gesundheit und Sittlichkeit genommen wurde.

Mit der Preußischen Verordnung vom 9. 2. 1849 wurden Gewerberäte errichtet und ihnen Überwachungsbefugnisse, eventuelle Festsetzung der täglichen Arbeitszeit übertragen. Diese Verordnung sah auch schon die Festsetzung einer Höchstarbeitszeit für bestimmte Gewerbezweige vor.

1853 kam das Verbot der Beschäftigung von Kindern unter 12 Jahren, für die 12- bis 14jährigen wurde die Arbeitszeit auf 6 Stunden beschränkt und die fakultative Fabrikinspektion eingerichtet (Gesetz vom 16. 5. 1853 GS S. 225).

In den anderen deutschen Ländern waren inzwischen ähnliche Bestimmungen ergangen. Die Gewerbeordnung vom 21. 6. 1869 (BGBl. S. 245) brachte die Zusammenfassung der bisherigen Bestimmungen vorerst für den Norddeutschen Bund, später für das ganze Reich.

Die Gewerbeordnung erfuhr in der Folgezeit mehrere Änderungen. Das Gesetz vom 17. 7. 1878 (RGBl. S. 199) führte die Gewerbeaufsicht zwingend ein und schuf die Möglichkeit des Verbotes, jugendliche Arbeiter mit gefährlichen Arbeiten zu beschäftigen oder es von Bedingungen abhängig zu machen. Das Arbeiterschutzgesetz vom 1. 6. 1891 (RGBl. S. 261) erweiterte das Beschäftigungsverbot für Kinder bis zum 13. Lebensjahr, verstärkte die Sonntagsruhe und schrieb die Arbeitsordnung vor. Das Kinderschutzgesetz vom 30. 3. 1903 (RGBl. S. 113) enthält die Zusammenfassung der bisherigen Bestimmungen und mehrere Beschäftigungsverbote für fremde und eigene Kinder, vornehmlich hinsichtlich einzelner Gewerbebetriebe und in zeitlicher Hinsicht.

b) Nach dem ersten Weltkrieg wurden durch die Demobilisierungsverordnungen vom 23. 11. 1918, 17. 12. 1918 und 18. 3. 1919 (RGBl. S. 1334; S. 1436 und S. 315) der Achtstundentag, vorgeschriebene Pausen und arbeitsfreie Zeiten eingeführt.

Art. 122 der Reichsverfassung von Weimar bestimmte: „Die Jugend ist gegen Ausbeutung sowie gegen sittliche, geistige oder körperliche Verwahrlosung zu schützen."

In der Folgezeit wurden in einzelnen Gesetzen noch Schutzbestimmungen für Jugendliche aufgenommen. Es erging die VO über die Arbeitszeit vom 21. 12. 1923 (RGBl. 1, 1249) (AZO), die VO vom 23. 11. 1918 — und später — das Gesetz über die Arbeitszeit in Bäckereien und Konditoreien vom 29. 6. 1936 (RGBl. I S. 521), das Gesetz über die Heimarbeit vom 23. 3. 1934 (RGBl. I S. 214), bis 1938 im Jugendschutzgesetz vom 30. 4. 1938 (RGBl. I S. 437) die Zusammenfassung und Neuordnung des Kinder- und Jugendschutzes kam.

Das Schutzalter des Jugendlichen wurde grundsätzlich auf 18 Jahre erhöht, die Kinderarbeit, wenn auch mit Ausnahmen, bis zum 14. Lebensjahr verboten. Der Begriff der Wochenarbeitszeit, die Anrechnung der Berufsschulzeit als Arbeitszeit, der Sonnabendfrühschluß, der Urlaubsanspruch wurden u. a. eingeführt.

Die Bestimmungen über Pausen, Nacht- und Sonntagsarbeit wurden erweitert. Es waren aber noch wesentliche Wirtschaftszweige von der Geltung des Jugendschutzgesetzes ausgenommen. Die Jugendurlaubsverordnung vom 15. 6. 1939 (RGBl. I S. 1029) brachte nur die Ausdehnung des Urlaubs, nicht aber der anderen Vorschriften des JSchG auf diese Wirtschaftszweige.

c) Nach dem zweiten Weltkrieg ergingen in Berlin, Niedersachsen, in Württemberg-Hohenzollern und im Saarland besondere Jugendschutzgesetze. Den Urlaub hatten die Länder in besonderen Gesetzen geregelt.

Nun bringt das vorliegende Gesetz wieder die Rechtseinheit. Die Beratung — es lag der Regierungsentwurf, BT 2. Wahlperiode Drucks. 3286, und ein Entwurf der SPD-Fraktion, BT 2. Wahlperiode Drucks. 2429, zugrunde — konnte in der 2. Wahlperiode nicht zu Ende geführt werden. Mit im wesentlichen kaum geänderten Entwürfen berieten dann in der 3. Legislaturperiode der federführende Ausschuß für Arbeit sowie die Ausschüsse für Familien- und Jugendfragen und der Rechtsausschuß. Am 20. 5. 1960 wurde das Gesetz vom Bundestag in der dritten Lesung mit Abänderung des Regierungsentwurfes und des Vorschlages des Ausschusses angenommen. Als der Bundesrat seine Zustimmung verweigerte und den Vermittlungsausschuß anrief (Art. 77 GG), wurde dann am 1. 7. 1960 vom Bundestag der Vorschlag des Vermittlungsausschusses gebilligt. Am gleichen Tage stimmte der Bundesrat zu.

III. Das vorliegende Gesetz bringt gegenüber dem Jugendschutzgesetz 1938 u. a. folgende wesentliche Verbesserungen. Sein Geltungsbereich betrifft nun auch die bisher nicht erfaßten Wirtschaftszweige; lediglich die Seeschiffahrt, für die eine Sonderregelung besteht, und die Beschäftigung eigener Kinder im Familienhaushalt und in der Landwirtschaft sind ausgenommen.

Die Arbeitszeit des Jugendlichen ist auf 40 bzw. 44 Stunden je Woche herabgesetzt, die Ruhepausen sind erhöht. Der Urlaub beträgt statt bisher 12 bzw. 15 Tage nun für alle Jugendlichen 24 Tage und für die im Bergbau Tätigen 28 Tage.

Die Beschäftigung in Akkord- und Fließarbeit ist verboten.

Von besonderer Bedeutung ist die Einführung einer gesundheitlichen Betreuung und Überwachung des Jugendlichen im 6. Abschnitt. Die vorgesehene Untersuchung vor Aufnahme einer Beschäftigung samt der Nachuntersuchung nach einem Jahr wird besonders geeignet sein, den Jugendlichen vor einer seiner Konstitution nicht gemäßen Inanspruchnahme bewahren und somit seinem Schutz und seiner Gesundheit dienen.

Gesetz zum Schutze der arbeitenden Jugend

(Jugendarbeitsschutzgesetz)

Vom 9. August 1960

(BGBl. I S. 665)

Der Bundestag hat mit Zustimmung des Bundesrates das folgende Gesetz beschlossen:

ERSTER ABSCHNITT

Allgemeine Vorschriften

§ 1 Geltungsbereich[1])

(1) Dieses Gesetz gilt für die Beschäftigung[2]) von Kindern und Jugendlichen

1. als Lehrlinge[3]), Anlernlinge[4]), Arbeiter[5]), Angestellte[5]), Praktikanten[6]) und Volontäre[7]),

2. mit sonstigen Dienstleistungen[8]), die der Arbeitsleistung von Lehrlingen, Anlernlingen, Arbeitern und Angestellten ähnlich sind; hierunter fallen nicht gelegentliche geringfügige Hilfeleistungen[9]), die aus Gefälligkeit erwiesen werden,

3. als Heimarbeiter[10]).

(2) Ausgenommen ist

1. eine Beschäftigung, mit der überwiegend Zwecke der Erziehung, der Heilung oder des Schulunterrichts verfolgt werden[11]),

2. die Beschäftigung verwandter Kinder und Jugendlicher (§ 70) im Familienhaushalt[12]) und in der Landwirtschaft (§ 29)[13]).

(3) Das Gesetz gilt nicht für die Beschäftigung auf Kauffahrteischiffen als Besatzungsmitglied im Sinne des § 3 des Seemannsgesetzes vom 26. Juli 1957 (Bundesgesetzbl. II S. 713)[14]).

1. a) Der **räumliche Geltungsbereich** des Gesetzes

Er ergibt sich aus dem Territorialitätsprinzip, da es sich um öffentlich-rechtliche Schutznormen handelt. Das Gesetz gilt im Gebiet der Bundesrepublik und in Berlin (§ 74), — hinsichtlich der Einzelregelung für das Saarland vgl. § 75 —.

Alle in diesem Raum bestehenden Beschäftigungsverhältnisse im Sinne des § 1 werden erfaßt. Deshalb ist die Staatsangehörigkeit sowohl der geschützten Personen wie die des Arbeitgebers, der sie beschäftigt, ohne Bedeutung. Auch auf die Beschäftigung jugendlicher Ausländer tätig bei einem ausländischen Unternehmen in der Bundesrepublik kommt es zur Anwendung; es sei denn, daß der Ausländer das Vorrecht der Exterritorialität besitzt (Mitglieder ausländischer Missionen, Streitkräfte). Für eine Beschäftigung von Deutschen bei ausländischen Streitkräften gilt das Gesetz als arbeitsrechtliche Vorschrift, gemäß Art. 44 Abs. 3 Truppenvertrag (BGBl. 55 S. 321).

Nur die in dem räumlichen Geltungsbereich erfolgende Beschäftigung ist geschützt. Die Beschäftigung eines Deutschen im Ausland, auch nur vorübergehend, durch ein inländisches Unternehmen fällt hinsichtlich der öffentlich-rechtlichen Schutznormen nach dem Territorialitätsprinzip nicht unter das Gesetz (vgl. dazu RAG ARS 17, 401; 19, 3 LAG Düsseldorf AP 1 z. intern. Priv. Recht u. Beitzke i. RdA 51, 134). Es kommen vielmehr dann die im Ausland geltenden, u. U. zwingenden Vorschriften zur Anwendung.

Anders verhält es sich mit den „bürgerlich-rechtlichen Pflichten" (§ 6). Bei ihnen handelt es sich um „zwingendes" Privatrecht. Es kann nicht abgedungen werden. Ob und in welchem Umfange es bei einer Beschäftigung im Ausland Platz greift, richtet sich nach den Regeln des internationalen Privatrechts. Es ist festzustellen, ob auf eine solche Beschäftigung deutsches Privatrecht überhaupt zur Anwendung gelangt (vgl. Nipperdey-Staudinger Vorb. 89 z. § 620, auch Denecke AZO § 1 Anm. 2, Herschel-Steinmann KSchG Anm. 10 vor § 1).

b) Der persönliche Geltungsbereich

Kind und Jugendlicher sind die vom Gesetz schlechthin geschützten Personen (über die Begriffsbestimmung vgl. Anm. zu § 2). Und zwar gleich ob sie männlichen oder weiblichen Geschlechts sind, welche Staatsangehörigkeit, welchen Beruf sie haben, in welchen Familienverhältnissen sie sich befinden, ob es sich um eigene, adoptierte oder Pflegekinder handelt.

Die normierten Pflichten treffen den Arbeitgeber und seine Vertreter und Beauftragten.

Eine Begrenzung des persönlichen Geltungsbereiches ist nicht vorgenommen. Sie ergibt sich nur in sachlicher Hinsicht bei bestimmten Beschäftigungen die ganz oder teilweise von der Geltung des Gesetzes ausgenommen sind (vgl. Abs. 2 u. 3).

c) Der sachliche Geltungsbereich

Er wird durch die Beschäftigung — das Beschäftigungsverhältnis — bestimmt. Entsprechend dem Grundgedanken des Jugendschutzes, dem Heranwachsenden eine ungestörte Entwicklung zu gewährleisten, und ihn vor gesundheitlichen Schäden zu bewahren, ist der Bereich der als schutzbedürftig erachteten Beschäftigung weit gefaßt. Er betrifft nicht nur wie beim sonstigen Arbeitsschutz die Tätigkeiten in abhängiger Stellung als Angestellter, Arbeiter, Lehrling usw.; es soll vielmehr letztlich jede Beschäftigung erfaßt werden, soweit sie eine Dienstleistung zum Inhalt hat, die der in abhängiger Dienststellung ähnlich ist.

Die von Siebert für das JSchG 38 noch für erheblich gehaltene Unterscheidung zwischen faktischem Arbeitsverhältnis und Arbeitsvertrag ist im wesentlichen ohne Bedeutung. Einmal sind die besonderen Gegebenheiten bei Dauerrechtsverhältnissen ohnehin zu berücksichtigen (Nipperdey MDR 57, 127, Nipperdey-Staudinger § 611 Anm. 97); zum anderen wird ein faktisches Verhältnis zumindest noch durch § 1 Abs. 1 Ziff. 2 erfaßt.

Unter Dienstleistungen ist das Erbringen jeglicher Art von Arbeit zu verstehen, soweit sie nicht nur eine „Hilfeleistung" von geringfügiger Art und gelegentlich und aus Gefälligkeit erbracht darstellen.

Anders als nach früherem Recht beschränkt sich der sachliche Geltungsbereich auch nicht mehr auf bestimmte Wirtschaftszweige. Landwirtschaft, Binnenschiffahrt, Hauswirtschaft sind einbezogen. Auch die früher bedeutsame Unterscheidung des Familienbetriebes ist weggefallen.

Der Geltungsbereich ist ein umfassender, er betrifft die Beschäftigung im betrieblichen und im privaten Sektor, auch die im öffentlichen Dienst, soweit privatrechtliche Beziehungen vorliegen.

Ausgenommen ist nur die Seeschiffahrt. Für sie gilt das Seemannsgesetz 1957 (BGBl. II, 713). Die Bestimmungen des JArbSchG finden auch nicht subsidiär Anwendung.

Ebenso ist die Beschäftigung lediglich verwandter Kinder (§ 70) in Haushalt und Landwirtschaft ausgenommen. Schon kraft der elterlichen Verantwortlichkeit und Fürsorge erschien eine besondere Regelung nicht angebracht. Hier können gegen einen Mißbrauch gebotene Maßnahmen u. a. durch Entzug des Sorgerechts, anderweitige Unterbringung (§ 1666 BGB) getroffen werden.

Auch für die Beschäftigung zum Zwecke der allgemeinen Erziehung, Heilung, Schulunterricht dürften die sonst geltenden Vorschriften, insbesondere JWG und §§ 170d, 223b StGB genügen. Einer so zweckbestimmten Tätigkeit steht eine „Dienstleistung" schon wegen des besonderen Zweckes fern. Auch sie unterfällt nicht dem Gesetz.

Für diese ausgenommene Beschäftigung geben auch nicht etwa die im JArbSchG gezogenen Grenzen (Arbeitszeit usw.) den Rahmen einer zulässigen Durchführung dieser Tätigkeit ab.

2. Beschäftigung bedeutet die Übertragung oder Heranziehung zu einer Arbeit (OLG Hamm RdJ 55, 181) der in Ziffer 1 und 2 aufgeführten Art, die das Beschäftigungsverhältnis im Sinne des Gesetzes ergibt. Es kommt für den Begriff Beschäftigung nicht darauf an, von welcher Dauer sie ist. Auch die kurzfristige, vorübergehende Heranziehung zu einer Arbeit gehört dazu. Ebenso, wenn das Kind, der Jugendliche sich selbst zur Arbeit erbietet oder auf Grund familienrechtlicher oder verbandsrechtlicher Bindung zu einer Arbeit verpflichtet ist. Auch es „wird beschäftigt".

Wird dagegen der Jugendliche als „Unternehmer“, also eigenwirtschaftlich tätig, ohne seine Dienste Dritten anzubieten, so unterfällt die dabei entwickelte Tätigkeit nicht dem Gesetz. Es fehlt ein Beschäftigungsverhältnis; er wird nicht „von jemandem“ beschäftigt (so schon für das frühere Recht Siebert § 1 Anm. 22). Einer Einbeziehung dieser Tätigkeit bedarf es auch nicht; sie liegt außerhalb der Grenzen eines Arbeitsschutzes im eigentlichen Sinne, nämlich der fremdbestimmten Arbeit staatlichen Schutz angedeihen zu lassen. Zudem ist hier die Verantwortlichkeit des Sorgeberechtigten gegeben.

Nur wenn die Beschäftigung in einer in Ziffer 1 und 2 aufgeführten Weise erfolgt — als Lehrling usw. — unterfällt sie dem Gesetz (über die Abgrenzung zu anderen Tatbeständen vgl. Anm. 8) und bildet das Verhältnis den Anknüpfungstatbestand (Siebert Einleitung IV). Dabei ist es ohne Belang, ob dieses Verhältnis wirksam begründet ist.

Als erste Gruppe werden bestimmte Rechtsverhältnisse arbeitsrechtlicher Art angeführt. Sie stimmen mit den arbeitsrechtlichen Begriffen (Lehrling usw.) grundsätzlich überein. Die zweite Gruppe erfaßt „ähnliche“ Verhältnisse.

3. Lehrling ist, wer zum Zweck einer geregelten Berufsausbildung in fremdem Dienst beschäftigt wird. Das Lehrverhältnis gehört zu den Ausbildungsverhältnissen und muß von einem Lehrberuf getragen sein. Es hat für die einzelnen Berufe eine besondere Regelung erfahren, auf die im einzelnen zu verweisen ist (Handwerksordnung vom 17. 9. 53, Kaufmännische Lehrlinge § 76ff., HGB, Gewerbl. Lehrlinge § 126ff., GO). Auf Lehrverhältnisse sonstiger Art sind die Vorschriften des HGB und der GO entsprechend anzuwenden. In Betracht kommt jedes Lehrverhältnis, gleich, ob es sich um einen anerkannten Lehrberuf handelt oder nicht (vgl. auch Rd.Erl. RWM vom 22. 10. 38 III SW 18 213/38 und 5. 7. 39).

Mit Begründung des Lehrverhältnisses entstehen die Pflichten nach dem Gesetz. Hat der Lehrvertrag Mängel, so wird er damit nicht ohne weiteres nichtig. Es ist vielmehr die Einwirkung des Mangels auf den Lehrvertrag zu untersuchen (Rohlfing-Kiskalt 2. Aufl. S. 407). Entscheidend ist im einzelnen, ob die Parteien den Willen haben, ein Lehrverhältnis zu begründen. Auch ohne formellen Abschluß liegt es vor, wenn der Jugendliche als Lehrling ausgebildet wird. Bei nicht behebaren Mängeln besteht das Recht zur fristlosen Kündigung (Nikisch S. 709, Schnorr von Carolsfeld S. 147, Rohlfing-Kiskalt § 126b Anm. 4 u. LAG. Stuttgart AP 1 zu § 77 HGB). Es liegt bis dahin eine Beschäftigung als Lehrling vor. Ob das auch für das nichtige und nicht nur fehlerhafte Lehrverhältnis gelten kann (vgl. dazu LAG Bremen BB 59, 1032 und Schnorr von Carolsfeld RdA 59, 216), ist hinsichtlich der Arbeitsschutzpflichten ohne Bedeutung, da dann zumindest eine Beschäftigung nach Ziff. 2 vorliegt.

Da der Arbeitsschutz nur privatrechtliche Verhältnisse betrifft, fällt der Jugendliche in einem öffentlich-rechtlichen Ausbildungsverhältnis nicht darunter (vgl. aber § 80 BBG Anh. 9). Nach dem Bericht des Ausschusses sollte aber auch er erfaßt werden. Soweit § 80 BBG nicht Platz greift, ist eine Ausdehnung auf öffentlichrechtliche Verhältnisse nicht möglich.

4. Das Anlernverhältnis ist wie das Lehrverhältnis ein Ausbildungsverhältnis (LAG Mannheim AP 52 Nr. 138; LAG Frankfurt/Main BB 51, 925 mit Anm. von Siebert). Es unterscheidet sich nur graduell von dem Lehrverhältnis. Der Anlernling wird nur in einem Teil der Arbeiten ausgebildet, die zum Vollberuf des Handwerkers oder Facharbeiters gehören. Eingeführt wurde dieser Begriff durch Ziff. 30, 41 der Ausf.VO zum JSchG 38 und durch den Rd.Erl. des Präsidenten der Reichsanstalt für Arbeitsvermittlung und Arbeitslosenversicherung vom 10. 9. 1938 — II 6416/17 —. Der Anlernling erhält in ein bis zwei Jahren eine planmäßige Berufsausbildung auf einem begrenzten Fachgebiet in einem anerkannten Anlernberuf (vgl. Verzeichnis über Lehr- und Anlernberufe, Arb. R. Kartei Berufsausbildung III).

Ist der Beruf noch nicht anerkannt, so könnte zwar aus dem Prinzip der Vertragsfreiheit auch ein Ausbildungsverhältnis, hier als Anlernverhältnis, begründet werden. Den Parteien muß aber das Fehlen der Anerkennung bewußt sein. Es ist dabei zu prüfen, ob nicht eine Ausnutzung des Lehrlings vorliegt, da zu jeder geordneten Berufserziehung eine planmäßige Ausbildung gehört, zu der auch das Erreichen des Berufszieles durch Anerkennung und Prüfung rechnet, so daß im Zweifel die Vereinbarung unwirksam ist (vgl. auch Nikisch S. 248, Rohlfing-Kiskalt S. 392, Siebert in Arb.R.Blattei Lehrvertrag I, LAG Hamburg AP 52 Nr. 174 m. Anm. von Rohlfing).

Vom Anlernling zu unterscheiden ist der Umschüler. Dieser Begriff hat sich nach 1945 entwickelt. Im allgemeinen wird der Umschüler als Lehrling mit verkürzter Ausbildung angesehen, da er zur Facharbeiterprüfung zugelassen wird (LAG Kiel BB 50, 589 und Rohlfing-Kiskalt S. 393). Sein Vertragsverhältnis kann aber auch wie das eines Arbeiters gestaltet sein und der Ausbildungszweck zurücktreten.

5. Mit der Gruppe der Arbeiter und Angestellten wird der größte Teil der Arbeitnehmer im eigentlichen Sinne erfaßt, nämlich die, „die auf Grund eines Arbeitsvertrages im Dienste eines anderen zur Arbeit verpflichtet sind“.

Arbeiter ist — ohne daß es auf die Bezeichnung ankommt — derjenige Arbeitnehmer, der im Hinblick auf seine Tätigkeit nicht als Angestellter zu betrachten ist (Nipperdey bei Staudinger, Vorb. 234 zu § 611). Eine einheitliche Begriffsbestimmung für den Angestellten fehlt. Er hat weder in der GO noch im HGB oder BGB eine Regelung erfahren. In der Rechtsprechung wird als wesentliches Unterscheidungsmerkmal das Überwiegen einer geistig-gedanklichen Arbeit gegenüber einer mechanischen, mit der Hand geleisteten Tätigkeit gesehen und dabei der Verkehrsanschauung ein entscheidendes Gewicht beigemessen (BAG AP 1 zu § 59 HGB; RAG ARS 36, 139; 40, 37). Der Bestimmung über die Berufsgruppen in der Angestelltenversicherung kommt zunächst lediglich eine versicherungsrechtliche Bedeutung zu. Dagegen werden die Tarifverträge häufig zeigen, ob bestimmte Tätigkeiten als die eines Angestellten nach der im TV zum Ausdruck kommenden Verkehrsanschauung zu betrachten sind (BAG NJW 59, 1004).

Auch hier ist es für den Arbeitsschutz ohne Bedeutung, ob das Arbeitsverhältnis fehlerhaft ist oder nicht. Zu der Beschäftigung als Arbeiter, Angestellter gehört auch die in einem mittelbaren Arbeitsverhältnis (vgl. dazu im einzelnen § 3 Anm. 3).

6. Praktikanten sind solche Personen, die für die Zulassung zur Hochschule oder Fachschule (Polytechnikum) den Nachweis der praktischen Beschäftigung in einem Fertigungsbetrieb ihres erwählten Berufes erbringen müssen (Rd.Erl. RM für Wissenschaft und Erziehung vom 24. 8. 1943). Es handelt sich um ein Berufsausbildungsverhältnis mit dem Ziel der praktischen Vorbildung. Der Praktikant kann aber auch einen Arbeitsvertrag schließen und dabei den Ausbildungszweck erfüllen (Nikisch I S. 723, Hueck-Nipperdey I § 76, Nipperdey bei Staudinger § 611 Anm. 23). Über die Rechtsvorschriften der Ausbildung von Praktikanten vgl. BB 60, 386.

7. Der Volontär will zum Zweck der Ausbildung tätig werden, die er nur als Vorbedingung zu einem anderen Beruf benötigt. Das Volontärverhältnis erstrebt nur einen Teil des Ausbildungsganges des Lehrlings (§ 82a HGB). Wenn auch diese Vorschrift nur das Volontärverhältnis im kaufmännischen Betrieb regelt, kann sie doch auch auf Volontärverhältnisse in gewerblichen Betrieben entsprechend angewandt werden. Wesentliches Merkmal des Volontärverhältnisses ist die Unentgeltlichkeit. Der Gewährung eines Taschengeldes, Kost, Wohnung steht nichts entgegen, solange diese Leistungen den Charakter einer Belohnung — Aufwandsentschädigung — haben und nicht zur Gegenleistung Lohn werden (LAG Bremen AP 50, 142, RAG ARS 27, 76; 21, 69).

8. Der Begriff der sonstigen Dienstleistung ist, entsprechend dem Sinn des Gesetzes, der gesamten organisierten Arbeitsleistung des Kindes und Jugendlichen Schutz angedeihen zu lassen, weit zu verstehen. Er soll eventuell vorhandene Lücken bei den unter Ziff. 1 aufgeführten Rechtsverhältnissen schließen.

Die Dienstleistung muß der Arbeitsleistung eines Lehrlings usw. ähnlich sein. Daraus ergibt sich für die nähere Begriffsbestimmung, daß nur „Arbeitsleistungen“ in Betracht kommen. Sie müssen denen des Lehrlings usw. ähnlich sein, d. h. diesen Rechtsverhältnissen ähnliche Merkmale haben, ohne ihnen gleichzukommen. Das trifft in erster Linie auf die Dienstleistungen zu, die nicht auf Grund arbeitsrechtlicher, sondern familiärer oder verbandsrechtlicher Pflichten erbracht werden. Weiterhin sind damit alle Arbeitsleistungen für einen anderen einbezogen, sofern sie nicht nur gelegentliche geringfügige, aus Gefälligkeit erwiesene Hilfeleistungen darstellen.

Eine familienrechtliche Dienstleistung liegt vor, wenn die Beschäftigung in Erfüllung der Pflichten des § 1617 BGB erfolgt. Danach ist das Kind, solange es dem elterlichen Hausstand angehört und von den Eltern erzogen und unterhalten wird, verpflichtet, in einer seiner Kraft und seiner Lebensstellung entsprechenden Weise den Eltern in ihrem Hauswesen und Geschäft Dienste zu leisten. Kind im Sinne dieser Vorschrift ist auch der Jugendliche. Da die Beschäftigung im Familienhaushalt nach Abs. 2 ausgenommen ist und Dienstleistungen, die der Jugendliche als Lehrling oder Arbeiter im Geschäft der Eltern verrichtet, schon nach Ziff. 1 erfaßt sind, verbleiben für eine weitere Anwendung des Gesetzes ohnehin nur geringe Möglichkeiten. In Betracht kommt vornehmlich die Heranziehung zu beruflichen Arbeiten der Eltern, insbesondere bei Heimarbeit. Dabei sind die Grenzen des

JArbSchG zu wahren. Wenn auch entgegen früherem Recht eine Nichtbeachtung nicht strafbar ist, so hat die Aufsichtsbehörde nach § 71 Abs. 3 zu handeln.

Ebenso greift das Gesetz kraft der gewünschten umfassenden Wirkung Platz, wenn Arbeitsleistungen auf Grund einer verbandsrechtlichen Verpflichtung erbracht werden, wodurch kein Arbeitsverhältnis begründet wird (Nipperdey-Staudinger Vorb. 31 zu § 611); z. B. Mitglieder eines Vereins legen kraft Mitgliedsbeschluß einen Sportplatz an. Dieses trifft aber nur für solche Arbeiten zu, die einer organisierten Arbeit, also der in einem Abhängigkeitsverhältnis, entsprechen. Es ist also ein gewisses Einordnungs- und Anweisungsrecht vorauszusetzen (so schon für das frühere Recht Siebert § 1 Anm. 19). Die Ausübung bloßer Mitgliedschaftsrechte auch bei sonstigen Zusammenschlüssen — Gesellschaften usw. — gehört nicht dazu. Ist dieses doch als eigenwirtschaftliche Tätigkeit zu betrachten, bei der es schon an einem Arbeitgeber im Sinne des § 3 fehlt. Bei allen Dienstleistungen ist aber zu beachten, daß sie denen eines Lehrlings usw. ähnlich sein müssen. Wesentliches Merkmal dafür ist, daß sie „für einen anderen" erfolgen, gleich, ob der Jugendliche nun in dessen Diensten steht oder nicht.

Die selbständige eigenwirtschaftliche Tätigkeit des Jugendlichen unterliegt dagegen der Aufsicht des Erziehungsberechtigten. Schon deshalb unterfällt dem Gesetz nicht die Tätigkeit des Jugendlichen als Unternehmer (vgl. darüber Anm. 2). Leistet das Kind, der Jugendliche allerdings einem Dritten Dienste und liegt darin allein die „unternehmerische Betätigung" — z. B. als Dienstmann oder anderes —, dann ist das Fehlen der Abhängigkeit ohne Bedeutung. Er wird dann von dem Dritten beschäftigt.

Da es sich um Arbeitsleistungen handeln muß, entfallen auch alle die Tätigkeiten und Verrichtungen, die nach der Verkehrsanschauung nicht als solche betrachtet werden, also Sport und Spiel, nicht aber die Handreichungen dazu, etwa der Balljunge beim Tennisspiel. Das gilt auch für Chöre, Kapellen usw. Anders, wenn eine solche Tätigkeit über die bloße Eigenbetätigung hinausgeht und zur Darstellung und Aufführung wird. Soweit die Jugendlichen aber dabei selbst Träger sind, z. B. Orchestervereine, Chöre usw., muß dies als eigenwirtschaftliche Tätigkeit betrachtet werden (vgl. Bem. zu § 8).

Nicht vorauszusetzen ist für den Begriff „ähnliche Dienstleistungen", daß sie entgeltlich erfolgen. Ihre Dauer ist ohne Belang. Auch Arbeitsbereitschaft mit gelegentlichen Handreichungen ist Arbeit (OLG Hamm RdJ 55, 181). Der Begriff der Beschäftigung erfaßt auch Dienstleistungen, die von Erwachsenen aus eigenem Arbeitsverhältnis oder eigener Erwerbstätigkeit an das Kind übertragen werden.

9. Ausgenommen sind Hilfeleistungen. Sie stellen keine unter das Gesetz fallende Dienstleistung — Beschäftigung — dar und haben besondere Bedeutung im Hinblick auf das umfassende Verbot der Kinderarbeit. Unter Hilfeleistung sind primär Handreichungen zu verstehen. Das sind zwar auch Arbeitsleistungen; sie müssen aber von einer Gefälligkeit getragen, also von einer persönlichen — und sei es minimalen — Beziehung beeinflußt sein. Erfolgt die Hilfeleistung zu Erwerbszwecken, so liegt eine Gefälligkeit nicht mehr vor. Eine Belohnung nimmt ihr dagegen diesen Charakter nicht. Sie muß gelegentlich erfolgen, also eine vorübergehende, nicht regelmäßig wiederkehrende Arbeitsleistung, eine Ausnahme sein (vgl. KG im Gew.Arch. 7, 531). Ist die Beschäftigung von vornherein für eine gewisse Dauer gedacht, so kann das Vorhandensein der anderen gesetzlichen Merkmale nicht die Schutzbedürftigkeit des Kindes im ganzen entfallen lassen. Geringfügigkeit liegt vor, wenn die Arbeitsleistung ihrem Umfang nach sich nicht als besondere zeitliche oder körperliche Belastung auswirkt.

Gefälligkeit liegt vor, wenn eine Ernsthaftigkeit zur Verpflichtung der Leistung fehlt (Siebert § 1 Anm. 16).

Nach all diesen Begriffsmerkmalen sollen die üblichen Gefälligkeiten des täglichen Lebens, wie sie vornehmlich Nachbarn erwiesen werden, erfaßt und vom Gesetz ausgeschlossen werden, da ein Arbeitsschutz für sie nicht notwendig erscheint.

10. Gemeint ist die Beschäftigung vornehmlich in der Fürsorgeerziehung und in Heilstätten. Dafür sind die sonstigen Bestimmungen (JWG, StGB) ausreichend. Es gehören dazu die Arbeitsauflagen, die dem Jugendlichen nach dem JGG auferlegt sind. Es fällt aber auch jede sonstige Beschäftigung darunter, soweit sie von dem Zweck der Erziehung und zwar überwiegend getragen ist. In Betracht kommt dafür u. a. die Beschäftigung von Pflegekindern, soweit sie wirklich zum Zweck der Erziehung vorgenommen wird. Tritt dagegen dieser Zweck zurück, dann liegt eine Beschäftigung im Sinne von Ziff. 2 vor.

In Betracht kommt nur die allgemeine Erziehung, nicht die Berufserziehung. Auch der Unterricht im Betrieb gehört dazu, solange er nicht zur Berufsausbildung gehört, und nur, wenn die Teilnahme daran freiwillig ist, z. B. vom Betrieb eingerichtete Abendkurse. Es liegt dann keine Beschäftigung, sondern eine Eigentätigkeit des Jugendlichen vor.

11. Über den Begriff vgl. § 22.

Nur der Heimarbeiter. Der Hausgewerbetreibende und gleichgestellte Personen (§ 1 Abs. 1b und Abs. 2 HAG) gehören nicht dazu.

Sind die Familienangehörigen des Jugendlichen Heimarbeiter und wird er von ihnen beschäftigt, so gilt er selbst als Heimarbeiter, da für ihn nach § 11 Abs. 3 HAG ein Entgeltbeleg auszustellen ist.

Wird der Jugendliche d u r c h einen Hausgewerbetreibenden oder eine gleichgestellte Person beschäftigt, so unterfällt er § 1 Ziff. 1 bzw. 2.

Vgl. im übrigen Vorbem. zu § 22.

Andere arbeitnehmerähnliche Personen könnten nur nach Ziff. 2 unter den Geltungsbereich des Gesetzes fallen. Es wird dabei aber einer dem Lehrling usw. ähnlichen Dienst- und Arbeitsleistung ermangeln.

12. Über den Begriff vgl. Bem. zu § 70. Es gehören nicht dazu die Pflegekinder. Arbeit im Familienhaushalt ist die, die i n und f ü r die Familie im häuslichen Bereich geleistet wird. Lebt das Kind nicht im Haushalt, so ist die Heranziehung zu solchen Arbeiten im elterlichen Haushalt z. B. bei Besuch zulässig, da es sich um

Arbeiten für die Familie handelt. Der Begriff darf auch nicht zu eng verstanden werden. Nicht nur die reine Hauswirtschafts- oder Gartenarbeit kommt in Betracht, sondern alles das, was im Rahmen der Familie oder im häuslichen Kreise erledigt wird (kleine Schreibarbeiten und anderes), nicht aber die volle Beschäftigung z. B. des Familienangehörigen mit Heimarbeit. Zweck dieser Vorschrift ist es, nicht in den engsten Familienbereich einzugreifen, abgesehen davon, daß eine Kontrolle ohnehin nicht möglich erscheint.

13. Über den Begriff vgl. § 29. Nur die Tätigkeit in der Land-, nicht aber in der Forstwirtschaft gehört dazu. Die Beschäftigung in der Landwirtschaft ist im ganzen ausgenommen, nicht etwa nur die gelegentliche und geringfügige Beschäftigung. Über ein Eingreifen der Aufsichtsbehörde vgl. § 71 Abs. 3.

14. Das Jugendarbeitsschutzgesetz gilt dagegen für die Binnenschiffahrt, § 35, 36. Für die Seeschiffahrt kommt es auch nicht subsidiär zur Anwendung.

§ 2 Begriff des Kindes[1]) und des Jugendlichen[2])

(1) Kinder im Sinne dieses Gesetzes sind Personen,

1. die noch nicht oder noch zum Besuch einer Schule mit Vollunterricht verpflichtet sind,

2. die, falls sie der Pflicht zum Besuch einer solchen Schule nicht unterworfen oder von ihr befreit sind, noch nicht 14 Jahre alt sind.

(2) Jugendliche im Sinne dieses Gesetzes sind alle übrigen noch nicht 18 Jahre alten Personen.

1. Um der unterschiedlichen Entwicklung des Heranwachsenden Rechnung zu tragen, wurde von der bisherigen Unterscheidung des Kindes zum Jugendlichen lediglich nach dem Lebensalter abgegangen (14 Jahre JSchG 38; 13 Jahre KiSchG). Nur noch subsidiär ist es von Bedeutung. Die Schulpflicht ist nun die Grenze zwischen Kind und Jugendlichem, und zwar die Volksschulpflicht (Schule mit Vollunterricht), nicht etwa die Pflicht zum Besuch der Berufsschule. Der Volksschulpflicht unterfällt auch der Besuch der Hilfsschule. Die Dauer der Schulpflicht ergab sich früher aus dem Reichsschulpflichtgesetz vom 6. 7. 1938, RGBl. I, 799. Nach dem GG gehört die Regelung des Schulwesens zur ausschließlichen Zuständigkeit der Länder, die zum Teil neue Regelungen getroffen haben. Die Schulpflicht erstreckt sich z. T. über das 14. Lebensjahr hinaus.

Unter Ziff. 1 fallen alle Kinder im noch nicht schulpflichtigen Alter, also die bis 6 Jahre, und die schulpflichtigen, gleich, welchen Alters.

Nicht der Schulpflicht unterworfen sind die Kinder ausländischer Staatsangehöriger und heimatloser Ausländer. Vgl. aber Gesetz über die Rechtsstellung der Ausländer in der Bundesrepublik vom 25. 4. 1951, BGBl. I 269. Befreit sind bildungsunfähige Kinder. Sie gelten mit dem 14. Lebensjahr als Jugendliche. Für geistig und körperlich behinderte Kinder ist die Schulpflicht besonders geregelt.

Ist die Schulpflicht eventuell vor Erreichen des 14. Lebensjahres erfüllt (über die Berechnung vgl. Anm. 2), dann ist er „Jugendlicher“, schon damit er in das Erwerbsleben als Lehrling usw. eintreten kann.

Sonst wird der Begriff des Kindes durch keine anderen Umstände bestimmt, insbesondere greift die früher bedeutsame Unterscheidung zwischen eigenen und fremden Kindern nur noch in wenigen Fällen Platz. Dagegen ist für einzelne Beschäftigungen noch das Lebensalter (12 Jahre § 9, 3 Jahre § 8) von gewisser Bedeutung.

2. Jugendliche sind alle noch nicht 18 Jahre alte Personen, soweit sie nicht Kinder sind. Für die Berechnung gilt § 187 Abs. 2 BGB. Der Tag der Geburt zählt mit. „Noch nicht 18 Jahre“ ist daher der am 1. 11. 59 Geborene bis zum 31. 10. 68. Er vollendet es an diesem Tage um 24.00 Uhr. Beim Jugendlichen tritt noch eine Unterscheidung nach dem Lebensalter ein, z. B. 16. Lebensjahr (§ 10, 16 Abs. 4, 38, 44). Für den über 18 Jahre alten finden u. a. § 13 Abs. 4, 37 Abs. 2 Anwendung.

§ 3 Arbeitgeber[1])

Als Arbeitgeber im Sinne dieses Gesetzes gilt, wer ein Kind oder einen Jugendlichen gemäß § 1 Abs. 1 beschäftigt[2])[3]).

1. Der geläufige Begriff des Arbeitgebers ist hier nicht nur im rein arbeitsrechtlichen Sinn zu verstehen. Er ist entsprechend dem Geltungsbereich des Gesetzes erweitert, das nicht nur Arbeitsverhältnisse, sondern auch Beschäftigungsverhältnisse sonstiger Art erfaßt (vgl. § 1 Anm. 1c, 2 u. 8). Das im Entwurf vorgeschlagene und als Oberbegriff gedachte Wort „Beschäftigter“ hat der Bundestag in zweiter Lesung abgelehnt.

Arbeitgeber im arbeitsrechtlichen Sinne ist der Dienstberechtigte, der das Forderungsrecht auf die in abhängiger Stellung zu erbringende Dienstleistung hat (Nipperdey-Staudinger § 611, Anm. 49), also der Lehrherr, der Betriebsinhaber, da es auf eine gewerbliche Betätigung nicht ankommt, aber auch jeder andere Dienstberechtigte. Es muß sich lediglich um abhängige Dienste, um einen Arbeitsvertrag handeln (z. B. Privatsekretärin, Hausangestellte usw.).

Der Betriebsinhaber braucht dagegen nicht mit dem Eigentümer des Betriebes identisch zu sein. Es kommt vielmehr darauf an, „auf wessen Rechnung der Betrieb geführt wird, wer das Betriebsrisiko trägt“ (RAG ARS 15, 552). Es ist daher z. B. beim verpachteten Betrieb nicht der Eigentümer, sondern nur der Pächter Arbeitgeber. Dagegen läßt die nur tatsächliche Ausübung von Arbeitgeberaufgaben den Betreffenden noch nicht ohne weiteres zum Arbeitgeber werden. Er ist Vertreter des Arbeitgebers, auch der Handwerker, der einen von der Witwe fortgeführten Betrieb leitet, § 4 HO (Eyermann-Fröhler, Anm. 3). Über die übrigen Fälle des Auseinanderfallens von Arbeitgeberfunktionen vgl. unten 3.

2. Darüber hinaus gilt aber als Arbeitgeber im Sinne des JArbSchG auch derjenige, der ein Kind oder einen Jugendlichen beschäftigt. Gemeint ist damit eine Beschäftigung nach § 1 Abs. I Nr. 2 (vgl. Anm. 2 u. 8 zu § 1). Es kommt nicht mehr

darauf an, ob eine abhängige Stellung, ein Arbeitsvertrag vorliegt. Auch ohne ein solches Verhältnis gilt derjenige, der den Jugendlichen zu Arbeiten der dort aufgeführten Art heranzieht, als Arbeitgeber; auch die Eltern, soweit nicht § 70 Platz greift, Verwandte, Zwischenmeister (§ 2 Abs. III HAG) und jeder andere, der das Kind zu einer Beschäftigung heranzieht. Es ist aber hierbei zu beachten, „für wen die Beschäftigung erfolgt" und wer das Kind, den Jugendlichen tatsächlich heranzieht. Die im Auftrag eines Dritten vorgenommene Beschäftigung eines Kindes macht den Dritten zum Arbeitgeber.

Erfolgt die Heranziehung zur Erfüllung verbandsrechtlicher Pflichten (vgl. Anm. 8 zu § 1), so ist der Verband bzw. sein gesetzlicher Vertreter (Vorstand) Arbeitgeber i. S. d. Gesetzes.

3. Steht der Jugendliche in einem Arbeitsverhältnis, wird dann aber auf Grund eines Dienstbeschaffungsvertrages von einem Dritten beschäftigt, dann ist auch dieser kraft der Weisungsgebundenheit Arbeitgeber hinsichtlich der aus dieser Funktion sich ergebenden Pflichten, soweit er nicht als Beauftragter anzusehen ist. Über Jugendliche als Arbeitgeber vgl. § 1 Anm. 2.

Anders dagegen, wenn die Arbeitgeberfunktionen, nämlich Dienstleistungsanspruch und Weisungsrecht, auseinanderfallen, d. h. verschiedenen Personen zustehen. Es kommen dann die allgemeinen Regeln des Arbeitsrechts zur Anwendung. Für juristische Personen öffentlichen und privaten Rechts ist diese und das Organ Arbeitgeber auch im Sinne dieses Gesetzes. Bei einer Personengesamtheit — OHG, Kommandit-Ges., Gesellschaft des bürgerlichen Rechts — haftet diese wie die vertretungsbefugten Gesellschafter für die Innehaltung des Gesetzes (vgl. auch § 69 u. RAG ARS 15, 551).

Für den Gesamthafenbetrieb vgl. BAG AP 1 GesamthafenbetriebsG und Wiebel RdA 53, 291.

Im übrigen ist aber hier zu beachten, daß beim Vorhandensein mehrerer Arbeitgeber kraft Aufspaltung der Funktionen sich aus der jeweiligen Funktion auch die Haftung der entsprechenden gesetzlichen Pflicht ergibt. So ist der Gesamthafenbetrieb z. B. haftbar für Beachtung des § 45. Für die Arbeitszeitvorschriften ist der jeweilige Hafenbetrieb verantwortlich.

Das muß aber auch in sonstigen Fällen gelten, in denen das Weisungsrecht und somit eine Erfüllung der Fürsorge nicht nur kraft Auftrag einem anderen obliegt als dem, dem Dienste geschuldet werden, insbesondere bei Abstellung, Leiharbeitsverhältnis und sonstigen mittelbaren Arbeitsverhältnissen.

§ 4 Begriff der Arbeitszeit[1])

(1) Tägliche Arbeitszeit[2]) ist die Zeit vom Beginn bis zum Ende der Arbeit ohne die Ruhepausen[3]) (§ 14). Wochenarbeitszeit[4]) ist die Arbeitszeit von Montag bis einschließlich Sonntag[4]).

(2) Als Arbeitszeit gilt im Bergbau[5]) unter Tage die Schichtzeit. Sie wird gerechnet vom Beginn der Seilfahrt bei der Einfahrt bis zu ihrem Wiederbeginn bei der

Ausfahrt oder vom Eintritt des einzelnen Beschäftigten in das Stollenmundloch bis zu seinem Wiederaustritt.

1. Die tägliche Arbeitszeit betrifft die am Werktag und, anders als in der AZO, die — wenn auch nur als Ausnahmefall (§ 16, 24, 29) — am Sonntag zu leistende Arbeit. Der Begriff Arbeitszeit stimmt sonst mit dem der AZO (§ 2 Abs. 1) überein. Er betrifft die Zeit, die der Beschäftigte am Tage zur Leistung von Arbeit zur Verfügung steht und stehen muß (Denecke § 2 Anm. 1, RAG ARS 12, 297).

Dazu gehört nicht nur die Zeit, während der er die volle Arbeit leistete, sondern auch die der sogenannten Arbeitsbereitschaft (BAG AP 2, 3 zu § 7 AZO, RAG ARS 38, 457). Darunter ist eine im wesentlichen beobachtende Tätigkeit zu verstehen, während der der Beschäftigte wohl an der Arbeitsstelle zwar anwesend sein muß, aber nicht eine volle, nach außen hin in Erscheinung tretende Arbeitsleistung zu erbringen hat. Es handelt sich um „Zeiten wacher Achtsamkeit im Zustand der Entspannung“ (BAG AP 5 zu § 7 AZO, Denecke § 7 Anm. 6).

Davon zu unterscheiden ist die bloße Bereitschaft. Sie ist keine Arbeitszeit. Sie liegt vor, wenn Arbeitsleistungen irgendwelcher Art nicht zu verlangen und nicht zu erbringen sind, der Beschäftigte in der Gestaltung seiner Zeit und seines Aufenthaltes frei ist und lediglich eine Erreichbarkeit sichergestellt wird, um eine Aufnahme der Tätigkeit in dringenden Fällen herbeizuführen (RAG ARS 38, 24, Denecke § 7 Anm. 6). — Rufbereitschaft —.

Ob während der Arbeitszeit nun von der Tätigkeit tatsächlich Gebrauch gemacht wird, ist für den Begriff der Arbeitszeit ohne Bedeutung. Auch Zeiten des Nichttätigseins und Unterbrechungen der Arbeit rechnen dazu, da ja zu dieser Zeit der Beschäftigte dem Betrieb zur Erfüllung der Arbeit zur Verfügung steht (Denecke § 2 Anm. 3). Es darf sich dabei nur nicht um eine bloße Bereitschaft — Rufbereitschaft — handeln. Ist für eine solche Zeit der Aufenthalt an bestimmter Stelle vorgeschrieben, so kann dafür eine Vergütungsverpflichtung entstehen (vgl. BAG AP 3 und 5 zu § 7 AZO = RdA 58, 360, BB 58, 595 und Betr. 59, 1031).

2. Auf die Arbeitszeit ist aber die Unterrichtszeit samt Pausen in der Berufsschule „anzurechnen“ gemäß § 13 Abs. 2 (vgl. § 13 Anm. 5). Ebenso gehören zu ihr die sogenannten Vor- und Abschlußarbeiten, wie sie in § 5 AZO aufgeführt sind, der nur für Erwachsene die Verlängerung der Arbeitszeit ermöglicht. Zeiten der Instandhaltung, Reinigung der Betriebsmittel und Räume, vorbereitende Arbeiten, Zuendebedienen der Kundschaft und anderes sind in die Arbeitszeit einzurechnen.

Anders dagegen ist es mit den in der Sphäre des Beschäftigten liegenden und von ihm zu treffenden Vorbereitungen der geschuldeten Tätigkeit wie Weg zum Betrieb, Umkleiden, Empfang von Werkzeugen. Ihre Anrechnung als Arbeitszeit hängt von der betrieblichen Ordnung und den Gegebenheiten ab, insbesondere ob der Beginn der Arbeitszeit mit Aufnahme der eigentlichen Arbeit oder bereits mit Betreten des Betriebes festgesetzt ist (Denecke § 2 Anm. 5).

Der Hin- und Rückweg von der Wohnung zum Betrieb gehört in keinem Fall zur Arbeitszeit (vgl. auch BAG AP 1 zu § 2 TOA = BB 57, 928). In der Regel gilt das auch für den Hin- und Rückweg von der Wohnung zur Arbeit am anderen Ort, selbst wenn hierfür besonderes Wegegeld gezahlt wird (RAG ARS 44, 234, Nipperdey-Staudinger Anm. 124 zu § 611). Anders, wenn die Wegezeit vertraglich oder tariflich in die Arbeitszeit einberechnet wird oder der Beschäftigte vom Betrieb aus erst zu einer angewiesenen Arbeitsstätte geht oder sonstige Gänge in Verbindung mit dem Weg von und nach Haus verrichten muß. Dann endet die Arbeitszeit mit Erledigung des Auftrags.

Für Landarbeit ist die Wegezeit ausdrücklich in § 4 Vorl. Landarbeitsordnung vom 24. 1. 1919, RGBl. S. 119, geregelt. Danach ist der Weg vom Hof zur Arbeit und umgekehrt in die Arbeitszeit einzurechnen. Das gleiche muß gelten, wenn der Weg zur Arbeitsstätte erheblich weiter ist als der Weg von der Wohnung zum Betrieb, während andererseits eine Zeitersparnis bei kürzerem Weg nicht dem Arbeitnehmer zugute kommt (Siebert § 3 Anm. 7).

Die Festlegung des Beginns und des Endes der täglichen Arbeitszeit erfolgt nach § 56 BVG im Wege der Mitbestimmung des Betriebsrates, sonst durch Vereinbarung. Ihre Lage und Dauer ist damit bestimmt. Fehlt eine solche Festlegung, dann gilt der Ortsgebrauch oder die Übung.

Nach § 54 ist ein Aushang darüber anzubringen.

3. Ruhepausen sind nicht einzurechnen. Ruhepausen sind im voraus festliegende Unterbrechungen der Arbeitszeit für bestimmte Zeiten, während der der Beschäftigte nicht zur Arbeit herangezogen werden darf und sich auch dazu nicht bereitzuhalten braucht (RAG ARS 12, 297, Denecke § 2 Anm. 10). Die Arbeitsunterbrechung hat mindestens 15 Minuten zu betragen, um als Pause zu gelten (§ 14). Es muß auch eine wirkliche Freistellung von der Arbeit vorliegen. Die Einnahme von Frühstück „nebenbei" stellt keine Pause dar (RAG ARS 37, 462), ebenso nicht die aus dem Arbeitsablauf sich ergebenden Unterbrechnungen technischer Art, selbst wenn sie regelmäßig und von vornherein festliegend auftreten (Denecke § 2 Anm. 12).

Vgl. im übrigen Bem. zu § 14.

4. Die Wochenarbeitszeit umfaßt die von Montag bis einschließlich Sonntag zu leistende bzw. geleistete Arbeit. Damit soll ein Ausgleich und eine Berücksichtigung eventueller Sonntagsarbeit gewährleistet sein, wie es zuerst bei der Verordnung über die Arbeitszeit in den Krankenanstalten vorgenommen wurde. Da die Tage von Montag bis Sonntag die Wochenarbeitszeit bestimmen, ist eine Verrechnung der Arbeitszeit nach einem anderen Zeitraum, auch wenn er sieben Tage umfaßt, z. B. von Sonnabend bis Freitag, unzulässig. Dieser Zeitraum ist auch für die Verrechnung eventueller Mehrarbeit maßgebend, während sonst für die Lohnberechnung der betriebsübliche Zeitraum gewählt werden kann.

5. Für den Bergbau ist die Schichtzeit Grundlage der Berechnung der Arbeitszeit. Es ist die für Erwachsene geltende Regelung des § 2 Abs. II AZO übernommen worden. Sie gilt nur für die Beschäftigung unter Tage; für über Tage kommt nur Abs. 1 zur Anwendung. Über die Begriffsbestimmungen vgl. Boldt: Das Recht des Bergmanns § 9 S. 160.

§ 5 Arbeitszeit bei mehreren Beschäftigungen[1][5]

(1) Wird ein Jugendlicher von mehreren Personen beschäftigt[2], so dürfen die Beschäftigungen zusammen die zulässige Dauer der Arbeitszeit nicht überschreiten[3].

(2) Wird ein Jugendlicher mit mehreren Arten von Arbeiten beschäftigt[4], für die verschiedene Vorschriften gelten, so finden diejenigen Vorschriften über die Arbeitszeit, die für die überwiegend ausgeübte Beschäftigung gelten, auf die gesamte Beschäftigung Anwendung[4].

1. Diese Vorschrift entspricht dem für Erwachsene geltenden Grundsatz des § 2 Abs. 3 AZO. Es soll die Innehaltung der für einen Jugendlichen überhaupt als tragbar angesehenen Arbeitszeit sichergestellt werden, was im Falle einer Beschäftigung durch mehrere Personen (Abs. 1) oder mit mehreren Arten von Arbeiten (Abs. 2) nicht ohne weiteres gewährleistet ist.

2. Eine Beschäftigung durch mehrere Personen liegt vor, wenn mehrere unter den Geltungsbereich des Gesetzes fallende Beschäftigungsverhältnisse (vgl. darüber Anm. zu § 1) zu gleicher Zeit — am Tage oder in der Woche — bestehen. Steht der Jugendliche nun in einem Arbeitsverhältnis und betätigt sich weiterhin noch eigenwirtschaftlich oder arbeitet noch in der väterlichen Landwirtschaft oder im elterlichen Haushalt, so kommt § 5 nicht zur Anwendung. Ebensowenig fallen neben einem Beschäftigungsverhältnis erbrachte gelegentliche geringfügige, als Gefälligkeit erwiesene Dienstleistungen darunter. Da nur die tatsächliche Beschäftigung und eine daraus folgende Überschreitung der Arbeitszeit Gegenstand der Regelung ist, wird eine Beschäftigung während des Urlaubs des Jugendlichen durch einen anderen Arb. Geb. von § 5 nicht erfaßt, trotzdem ein Doppelarbeitsverhältnis besteht (vgl. noch über die sonstigen Pflichten bei einem Doppelarbeitsverhältnis BAG AP 1 zu § 611 BGB Doppelarbeitsverhältnis).

3. Eine Beschäftigung durch mehrere Personen in mehreren Beschäftigungsverhältnissen ist nur möglich, wenn dadurch nicht die gesetzlich zulässigen Höchstarbeitszeiten und die Arbeitszeitgrenzen der §§ 10 bis 20 überschritten werden. Beschäftigt ein Arb. Geb. einen Jugendlichen nicht voll, also nicht für die zulässige tägliche oder wöchentliche Arbeitszeit, so trifft ihn eine Erkundigungspflicht, ob und in welchem Umfang der Jugendliche noch anderweitig tätig ist. Sonst liegt zumindest ein fahrlässiges Zuwiderhandeln nach § 67 Ziff. 1 vor. Ebenso wird derjenige, der einen Jugendlichen außerhalb der üblichen Arbeitszeiten beschäftigt, z. B. nach 18.00 Uhr oder an einem arbeitsfreien Sonnabend (Sonnabendnachmittag darf ein Jugendlicher unter 16 Jahren nicht beschäftigt werden), damit rechnen müssen, daß der Jugendliche in einem anderen Beschäftigungsverhältnis steht. Das Verbot betrifft nicht nur eine tägliche, sondern auch die Wochenarbeitszeit.

Bei einer Doppelbeschäftigung ist noch der Lage der Arbeitszeit besondere Aufmerksamkeit zu widmen. Es dürfen dadurch nicht die Freizeit des § 15, die Nachtruhe des § 16 und der Frühschluß des § 17 beeinträchtigt werden. Insoweit müssen die

Beschäftigungsverhältnisse hinsichtlich der Schutzbestimmungen als Einheit betrachtet werden, wenn der Zweck des Gesetzes — Gesundheitsschutz — gewährleistet sein soll. Endet z. B. die Arbeit bei dem ersten Arbeitgeber um 20.00 Uhr und beginnt bei dem zweiten Arbeitgeber am nächsten Morgen um 6.00 Uhr, so ist § 15 verletzt.

4. Das sind Arbeiten, die an verschiedenen Arbeitsstellen desselben Arbeitgebers verrichtet werden, z. B. eine Beschäftigung als Hilfe in dessen Privathaushalt in den Vormittagsstunden und als Hilfsarbeiter im Gewerbebetrieb am Nachmittag. Bei einer solchen Beschäftigung kommen die Zeitvorschriften in ihrer Gesamtheit in Betracht, die für den überwiegenden Teil der Tätigkeit gelten. Abzustellen ist es dabei auf die Art des Beschäftigungsverhältnisses und die Tätigkeit, die ihm das Gepräge gibt, nicht etwa auf die am jeweiligen Tag oder in der Woche eventuell unterschiedlich zu leistenden Tätigkeiten. Auch bei einer vorübergehenden, selbst eine gewisse Zeit andauernden „Abstellung" zur Hilfsarbeit in dem Privathaushalt des Arb. Geb. bleibt es für die Hilfsarbeiterin bei den für den Gewerbebetrieb geltenden Zeitvorschriften, solange ihr Geschäftsverhältnis nicht als „umgewandelt" anzusehen ist.

In Betracht kommen aber nur Tätigkeiten, für die nicht nur verschiedene Vorschriften hinsichtlich der Arbeitszeit gelten, sondern die vor allem auch diesem Gesetz unterliegen. Wird ein verwandtes Kind im Familienhaushalt und im Geschäft der Eltern beschäftigt, so kann, solange im Geschäft eine Überschreitung der nach §§ 10ff. zulässigen Arbeitszeit nicht eintritt, bei zusätzlicher Beschäftigung im Haushalt nur durch Entzug des Sorgerechts eingeschritten und von der Möglichkeit des § 71 Abs. 3 (vgl. dort) durch die Aufsichtsbehörde Gebrauch gemacht werden. Eine Anwendung des § 5 und eine eventuelle Ahndung nach § 67 Ziff. 1 ist ausgeschlossen (a. A. Thumser § 5 Anm. 2, der die Wirkung des Geltungsbereichs außer acht läßt). Entfällt doch auch nicht die Anwendung der Zeitvorschriften dieses Gesetzes, wenn der Jugendliche „überwiegend" im Familienhaushalt beschäftigt wird.

Bei Heimarbeitern ist ausdrücklich eine Zeitreglung nicht getroffen. Da aber die Ausgabe der Arbeiten für bestimmte Zeiten erfolgt und die Arbeitsmenge so festzusetzen ist, daß sie von vergleichbaren jugendlichen Betriebsarbeitern in der üblichen Arbeitszeit bewältigt werden kann (§ 11 Abs. 2 HAG), kann eine Teilbeschäftigung im Betrieb nur erfolgen, wenn die Arbeitszeitgrenzen des § 10 nicht überschritten sind. Es handelt sich zwar um mehrere Arten von Arbeiten, für die aber dieselben Zeitgrenzen gelten und denen dann durch Verringerung der Heimarbeit bei einer solchen Beschäftigung Rechnung zu tragen ist.

5. Zuwiderhandeln gegen Abs. 1 wird nach § 67 Ziff. 1 bzw. Abs. 3 und 4 geahndet.

Bei Zuwiderhandeln gegen Abs. 2 liegt ein Verstoß gegen die entsprechenden Zeitvorschriften vor. Über deren Ahndung vgl. Bem. zu den entsprechenden Bestimmungen.

§ 6 Bürgerlich-rechtliche Pflichten[1])

Die Pflichten, die nach diesem Gesetz und den auf Grund dieses Gesetzes erlassenen Vorschriften[2]) dem Arbeitgeber obliegen, gelten zugleich als seine Pflichten gegenüber dem Beschäftigten aus dem Arbeitsverhältnis[4]), soweit sie geeignet sind, den Gegenstand einer arbeitsvertraglichen Vereinbarung zu bilden[3]).

1. Das Arbeitsschutzrecht ist öffentliches Recht. Es statuiert öffentlich-rechtliche, dem Staat gegenüber bestehende Pflichten, die vornehmlich den Arbeitgeber treffen und dem Schutz des Arbeitnehmers dienen. Ihre Beachtung wird durch staatliche Organe, hier die Aufsichtsbehörden des § 60, überwacht, ihre Verletzung wird unabhängig von dem Willen der betroffenen und geschützten Personen nach § 67ff. geahndet. U. U. kann ihre Erfüllung im Wege des staatlichen Zwanges durchgesetzt werden (§ 61).

Demgegenüber stehen die bürgerlich-rechtlichen Pflichten. Das sind die Pflichten. die der einzelnen Rechtspersönlichkeit im Verhältnis zu anderen gleichberechtigten Rechtssubjekten des privaten Rechts obliegen. Ihre Beachtung und Durchführung ist dem einzelnen überlassen.

Nun besteht zwischen den öffentlich-rechtlichen Arbeitsschutznormen und dem privaten Arbeitsvertragsrecht eine Verbindung dergestalt, daß auch letzteres „Schutz"bestimmungen für den Arbeitnehmer enthalten kann und gesetzliche Bestimmungen, die das private Arbeitsvertragsrecht regeln, ebenfalls dem Schutz des Arbeitnehmers dienen. Sie sind meist als zwingendes Recht gestaltet (vgl. insbesondere § 4 TVG, die Kündigungsschutzbestimmungen des KSchG, des SchwerbeschG und MuSchG sowie § 618 BGB). Sie verlieren damit aber noch nicht den Charakter von Bestimmungen, die die privatrechtlichen Beziehungen gleichberechtigter Rechtssubjekte regeln. Dagegen folgt aus dem Zweck des öffentlichrechtlichen Arbeitsschutzes, daß er auch Auswirkung auf die privatrechtlichen Beziehungen hat und daß seine Beachtung eine privat-rechtliche, hier Fürsorgepflicht ist (herrsch. Ans. vgl. Nipperdey bei Staudinger Vorb. 301 zu § 611 BGB, Nipperdey Festschrift zum 50-jähr. Bestehen des Reichsgerichtes Nr. 427, Hueck-Nipperdey I S. 127, Nikisch S. 412, Herschel BArbBl. 55, 579, Molitor RdA 60, 284 und Schnorr von Carolsfeld S. 260). Nur insoweit beeinflußt das Arbeitsschutzrecht die zivilrechtlichen Beziehungen, **ohne daß** es selbst Inhalt des Arbeitsvertrags wird, dergestalt etwa, daß der öffentlich-rechtliche Anspruch zugleich ein zivilrechtlicher Anspruch des Arbeitnehmers auf ein bestimmtes Tun oder Unterlassen ist, der Arbeitnehmer also unmittelbar einen Anspruch gegen den Arbeitgeber auf Innehaltung dieser Vorschrift erlangt hätte.

Für das JArbSchG wird aber nun durch diese Vorschrift ein unmittelbarer und zwingender Anspruch auf Innehaltung der öffentlich-rechtlichen Pflichten statuiert. Dieses aber nur, soweit sie überhaupt Gegenstand einer privatrechtlichen Pflicht darstellen können. Die Bestimmungen dieses Gesetzes geben nun zugleich privatrechtliche Ansprüche. Als solche unterliegen sie natürlich den sonstigen Regeln des bürgerlichen Rechts, insbesondere kann ihnen ein Verzicht, Verwirkung, mitwirkendes Verschulden u. a. entgegengesetzt werden, soweit ihre zwingende Natur es zuläßt. So kann z. B. einer Schadensersatzpflicht wegen Verletzung der Aufbewahrungspflicht des § 47, die eine Ordnungswidrigkeit darstellt (§ 68 Ziff. 7), eine Verwirkung entgegenstehen, Auch sonst können die Regeln des Schuldrechts von Bedeutung werden. Neben den Anspruch auf Erfüllung tritt der Schadensersatzanspruch wegen Nichterfüllung und u. U. auch der wegen eines Verzugsschadens; z. B. der Urlaub wird erst gewährt nach Ablauf der Frist des § 19 Abs. 4 Satz 3; für den Jugendlichen entsteht dadurch eine Mehrausgabe, weil inzwischen die Eisenbahntarife erhöht worden sind. Es ist nicht mehr wie bisher lediglich die Geltendmachung des Verletzungsschadens nach § 823 Abs. 2 BGB oder wegen Fürsorgepflichtverletzung möglich.

Die bürgerlich-rechtlichen Pflichten werden im allgemeinen als vertragliche Nebenpflichten anzusehen sein, so daß eine Kündigung oder ein „Rücktritt" bei Verletzung ausgeschlossen ist. Als bürgerlich-rechtliche Pflichten sind sie, soweit nicht eine zwingende Natur des Anspruchs gegeben ist, — was meist der Fall ist —, auch abdingbar. z. B. kann vereinbart werden, daß der Jugendliche außerhalb der Arbeitszeit sich der Untersuchung des § 49 unterzieht, wenn ihm dabei die Zeit selbst bezahlt wird.

2. Als bürgerlich-rechtliche Pflichten kommen in Betracht die in diesem Gesetz normierten Pflichten des Arbeitgebers und die Pflichten, die in auf Grund des Gesetzes erlassenen Vorschriften enthalten sind. In erster Linie sind hiermit die Rechts VO gemeint (§ 37 Abs. 2 und § 40).

Zweifel können bestehen, ob auch Anordnungen der Aufsichtsbehörde Gegenstand eines bürgerlich-rechtlichen Anspruchs sein können (so Thumser § 6 Anm. 3). Bei ihnen handelt es sich um Verwaltungsverfügungen — Verwaltungsakte im Sinne von Art. 129 GG (vgl. auch Denecke Einführung III 2). Die Schaffung eines bürgerlich-rechtlichen Anspruchs stellt aber eine Rechtssetzung dar, für die es der Aufsichtsbehörde an der Kompetenz des Art. 80 GG fehlt. Anders dagegen, soweit die Verwaltungsanordnung nur den Umfang eines nach dem Gesetz bestehenden Anspruches bestimmt. Auflagen im Sinne von § 63 Abs. 1 der Aufsichtsbehörde werden daher nie Gegenstand eines bürgerlich-rechtlichen Anspruches sein können (wie hier wohl Schulte-Langforth § 6 Anm. 3).

Als Vorschriften, die nun zugleich bürgerlich-rechtliche Pflichten zum Inhalt haben, kommen primär die öffentlich-rechtlichen Arbeitsschutznormen in Betracht.

Die normierten Zahlungspflichten (Bezahlung von Mehrarbeitsvergütung, der Berufsschulzeit, der Sonntagsarbeit und Urlaubsentgelt, Abgeltung der Freizeitgewährung § 20 Abs. 2) sind ohnehin privatrechtliche Pflichten (vgl. Molitor RdA 60, 284), und zwar zwingendes Privatrecht. Das Kriterium zwischen öffentlich-rechtlichen und privatrechtlichen Schutznormen gibt nicht der Inhalt oder die Zielsetzung einer dem Schutz des Arbeitnehmers dienenden Bestimmung ab, sondern der „Weg der Durchsetzung" ist maßgebend (vgl. Nipperdey bei Staudinger Vorbem. 301 zu § 611). Für diese Zahlungspflichten ist eine Ahndung nach § 67 ebensowenig vorgesehen wie ihre Durchsetzung im Wege des Zwanges. Die allgemeine Überwachung des § 60 ergibt noch nicht eine im Subordinationsverhältnis begründete öffentlich-rechtliche Pflicht.

3. Bei den Pflichten ist ihr Inhalt festzustellen. Sie müssen geeignet sein, den Gegenstand einer arbeitsvertraglichen Vereinbarung zu bilden. Es handelt sich dabei um die positiven Handlungs- oder Unterlassungspflichten, die die Art und den Umfang der Beschäftigung regeln, also Leistungsgegenstand, und zwar gegenüber dem Jugendlichen sein können. — Bei den Abschlußverboten bleibt es daher nur bei den allgemeinen Regeln. — In Betracht kommen dafür vornehmlich die Freizeitansprüche (Pausen, Urlaub, Nachtruhe, Freistellung von der Arbeit), das Verbot der Beschäftigung mit gefährlichen Arbeiten, Akkord- und Fließarbeit, die Pflicht zur Einrichtung und Unterhaltung des Arbeitsplatzes und der Gerätschaften. Es gehört aber nicht dazu die Pflicht zur Einrichtung von Pausenräumen des § 4. Sie betrifft nicht das Einzelarbeitsverhältnis und die dabei gegebene Art und den Umfang der Beschäftigung (ebenso Schulte-Langforth § 6 Anm. 3; ohne nähere Begr. Thumser § 5 Anm. 3). Nur ein dem einzelnen gegenüber obliegendes Tun oder Unterlassen kann „Gegenstand einer arbeitsvertraglichen Vereinbarung" sein. Deshalb kommen auch die Pflichten des 7. Abschnitts nicht ohne weiteres in Betracht, da „das Führen der Verzeichnisse, das Anbringen des Aushanges" der Durchführung des Gesetzes dient und schon aus dieser Zweckbestimmung heraus ungeeignet für eine vertragliche arbeitsrechtliche Vereinbarung erscheint.

4. Nach dem Wortlaut gelten diese Pflichten als privatrechtliche Pflichten „gegenüber dem Beschäftigten aus dem Arbeitsverhältnis". Sie beziehen sich demnach nur auf die Beschäftigungsverhältnisse im Sinne von § 1 Abs. 1 Ziff. 1. Eine Ausdehnung auf sonstige Dienstleistungsverhältnisse wäre nur dann möglich, wenn nicht nur eine der Leistung des Arbeitnehmers ähnliche Arbeitsleistung vorliegt, wie in § 1 Abs. 1 Ziff. 2 gefordert, sondern auch sonstige vertragliche Bindungen bestehen, die einer „Ausfüllung" und Ergänzung bedürfen, was aber in der Regel nur bei den unter § 1 Abs. 1 Ziff. 1 angeführten Beschäftigungsverhältnissen der Fall ist.

ZWEITER ABSCHNITT

Kinderarbeit

§ 7 Verbot der Beschäftigung[1]) von Kindern[2])

Die Beschäftigung von Kindern ist verboten[3])[4])[5]).

1. Über den Begriff der Beschäftigung vgl. § 1 Anm. 2.

2. Vgl. dazu § 2 Anm. 1.

3. Wie bisher ist die Kinderarbeit grundsätzlich verboten. Vom Gesetz nicht betroffen bleiben nur die von der Geltung des Gesetzes ohnehin ausgenommenen Beschäftigungen nach § 1 Abs. 2 (vgl. Anm. 11 bis 13 zu § 1) und die geringfügigen

Gefälligkeitsleistungen, also gelegentliche Besorgungen für Nachbarn u. a., nicht aber z. B. das Austragen von Zeitungen. Im einzelnen § 1 Anm. 9.

Beschränkte Ausnahmen von dem Verbot sind nur bei Veranstaltungen § 8, in der Landwirtschaft § 9 und für verwandte Kinder über 12 Jahre § 71 Abs. 2 gegeben (vgl. die Anm. zu den einzelnen Paragraphen).

Ohne Bedeutung ist es, auf wessen Veranlassung das Kind tätig wird, ob es sich selbst zur Tätigkeit erbietet oder auf Wunsch der Eltern z. B. bei Modevorführungen tätig ist. Haben die Eltern Verpflichtungen gegenüber einer Gemeinschaft zu erfüllen und bedienen sich dazu ihrer Kinder, so liegt ein Beschäftigungsverhältnis auch seitens der Gemeinschaft vor, das nicht etwa durch § 1 Abs. 2 Ziff. 1 getragen wird. Überhaupt trifft das Verbot nicht nur den unmittelbaren Arbeitgeber im Sinne von § 3, sondern auch den, der die Leistung der Dienste (für sich) zuläßt, duldet; z. B. ein Arbeitnehmer bringt sein Kind in den Betrieb mit und läßt sich helfen (RGSt. 11, 304). Eine solche Beschäftigung muß aber mit Wissen des Arbeitgebers erfolgen (RGSt. 41, 244). Vgl. auch § 3 Anm. 2.

Ohne Belang ist es, ob die Beschäftigung entgeltlich oder unentgeltlich erfolgt oder das Kind sie sogar als Vergnügen betrachtet (OLG Breslau Gew.Arch. 8, 7 und KG Gew.Arch. 7, 533).

Das Verbot gilt auch für die Beschäftigung in Notfällen des § 20.

4. Bei Nichtbeachtung des Verbotes sind Zwangsmaßnahmen — Entfernung nach § 61 — zulässig. Gegen Eltern kann dagegen nur nach § 71 Abs. 3 und durch Entziehung des Sorgerechts vorgegangen werden, soweit nicht Bestimmungen des StGB Platz greifen.

5. Die verbotswidrige Beschäftigung ist nach § 66, Abs. 1 Ziff. 1 strafbar.

§ 8 Ausnahmen bei Veranstaltungen [1] [4]

(1) Die Aufsichtsbehörde kann bewilligen [2], daß Kinder über drei Jahre [1] bei Musikaufführungen, Theatervorstellungen und anderen Aufführungen [3] sowie im Ton- und Fernsehrundfunk und bei Filmaufnahmen mit einer gestaltenden Mitwirkung [4] bis zu drei Stunden täglich beschäftigt werden. Das gilt nicht [5] für Varietés, Kabaretts, Tanzlokale, Zirkusse und ähnliche Betriebe, für Werbeveranstaltungen sowie für Vergnügungsparks, Kirmessen, Jahrmärkte und ähnliche Veranstaltungen; jedoch kann die Aufsichtsbehörde bewilligen, daß Kinder über sechs Jahre in einem Varieté oder einem Zirkus mit artistischen Darbietungen [6] bis zu zwei Stunden täglich gemeinsam mit einem Elternteil beschäftigt werden.

(2) Die Beschäftigung der Kinder nach 22 Uhr ist verboten. Nach Beendigung der Beschäftigung ist ihnen eine ununterbrochene Freizeit von mindestens 14 Stunden zu gewähren [7].

(3) Die Beschäftigung gemäß Absatz 1 darf nur auf Antrag des Personensorgeberechtigten [8] oder mit seiner schriftlichen Zustimmung und nur dann bewilligt werden, wenn, abgesehen von der Beschäftigung eines Kindes mit artistischen Dar-

bietungen, kulturelle Belange[9]) die Mitwirkung von Kindern fordern, wenn ausreichende Vorkehrungen[10]) zum Schutze der Gesundheit, zur Vermeidung sittlicher Gefährdung und zur sachkundigen Pflege und Beaufsichtigung der Kinder getroffen sind und wenn das Fortkommen in der Schule nicht beeinträchtigt wird. Die Aufsichtsbehörde regelt[11]), wie lange und zu welcher Zeit das Kind beschäftigt werden darf; sie regelt ferner die Ruhepausen, die Höchstdauer des täglichen Aufenthalts an der Betriebsstätte und die Beschäftigung an Sonn- und gesetzlichen Feiertagen.

(4) Die Bewilligung wird dem Arbeitgeber schriftlich bekanntgegeben. Erst nach Aushändigung des Bewilligungsbescheides[12]) darf mit der Beschäftigung des Kindes begonnen werden[13])[14]).

1. Das Verbot der Kinderarbeit läßt sich nicht in allen Bereichen streng durchführen; vor allem künstlerische Belange erfordern häufig ein Mitwirken von Kindern (Märchenspiele, Kinderrollen in Film und Theater). Es bedurfte daher Ausnahmen, die für bestimmte Veranstaltungen und unter besonderen sachlichen Voraussetzungen zulässig sind.

Weitere Ausnahmen sind nach § 62 möglich.

Unbeschränkt bestehen bleibt das Beschäftigungsverbot für Kinder bis zu 3 Jahren. Die Berechnung des Lebensalters erfolgt nach § 187, Abs. 2 BGB (vgl. § 2 Anm. 2).

2. Da die Ausnahmebewilligung nur eine dem Gesetz unterliegende Beschäftigung betrifft, bedarf ein sonstiges Tätigwerden des Kindes keiner Genehmigung, z. B. Schulaufführungen, Veranstaltungen von Jugendvereinen, Auftreten von Chören, solange keine fremdwirtschaftlicheTätigkeit vorliegt, sind genehmigungsfrei.

Dagegen ist es ohne Belang, wer der Veranstalter ist — auch öffentlich-rechtliche Unternehmungen fallen darunter — und ob die Veranstaltung öffentlich oder privat stattfindet, gewerbsmäßigen oder gemeinnützigen Zwecken dient, solange nur kulturelle Belange die Mitwirkung des Kindes erfordern. Es dürfen nur nicht die Voraussetzungen des § 39 in seiner Person vorliegen. Auch die einmalige Beschäftigung ist genehmigungspflichtig. Dem Schutzcharakter nach sind Ausnahmen eng anzuwenden.

Für die Genehmigung zuständige Behörde ist die des § 60.

3. In Betracht kommende Veranstaltungen sind Musikaufführungen usw. Dazu gehört jede Darbietung von Musik, also Konzert, Chöre, Singspiele. Zur Theatervorstellung gehören Oper, Operette, Schauspiel. Zu anderen Aufführungen rechnen u. a. Ballettvorstellungen, Filmvorführungen, Ausstellungen und Veranstaltungen sonstiger Art, sofern ihnen kulturelle Belange zugrunde liegen; Ton- und Fernsehfunk, nicht aber Werbefunkveranstaltungen gehören dazu.

4. Eine gestaltende Mitwirkung des Kindes liegt vor, wenn das Kind an der Aufführung, an der Darbietung selbst beteiligt, also Darsteller ist, nicht etwa, wenn es nur Hilfsdienste und Nebenarbeiten, die mit der eigentlichen Darbietung nichts zu tun haben, leistet wie z. B. Beschäftigung an der Kindergarderobe, Platzanweisung, Verkauf von Karten usw.; auch nicht etwa Beschäftigung als „Nummerngirl", da eine solche Mitwirkung bis auf seltene Ausnahmefälle nicht von kulturellen Belangen getragen wird.

5. Auch bei Vorliegen sonstiger Voraussetzungen ist die Mitwirkung von Kindern bei Aufführungen in bestimmten Betrieben, Varietés usw., unzulässig. Oft werden diese Veranstaltungen die Mitwirkung des Kindes nicht kraft kultureller Belange notwendig werden lassen. Vor allem soll aber die Eitelkeit des Kindes nicht frühzeitig geweckt und letztlich eine gewisse Schausucht befriedigt werden. Deshalb sind auch Werbeveranstaltungen (Modeschauen, sogenannte Hausfrauennachmittage sowie solche in Vergnügungsparks usw.) ausgenommen, also Veranstaltungen, die mehr der Lustbarkeit dienen, selbst wenn künstlerische Belange vorhanden sind.

Dasselbe muß für Volksfeste, Schützenfeste gelten, sofern sie nicht als Einrichtungen eines gewachsenen kulturellen Brauchtums zu betrachten sind, was regional verschieden sein wird.

6. Zu den artistischen Darbietungen gehört nur die Vorführung selbst, nicht Neben- und Hilfsarbeiten, wohl aber gehören dazu Handreichungen beim Auftreten der Arbeitsgruppe. Die private Ausbildung des Artistenkindes durch die Eltern wird dadurch nicht betroffen (vgl. Bericht des Ausschusses für Arbeit Anh.11). Ein öffentliches Auftreten gehört in der Regel nicht zur Ausbildung. Schon deshalb ist das Kind vor körperlichen und seelischen Belastungen zu schützen. Zumindest eine mehrfache Wiederholung wird genehmigungspflichtig sein.

7. Diese Grenzen sind zwingend. Befreiungen davon können auch nicht von Aufsichtsbehörden genehmigt werden.

Vgl. § 66 Abs. 1. Überschreitung ist strafbar.

8. Über den Personenberechtigten vgl § 1629 und 1626ff. BGB und § 70.

9. Unter kulturellen Belangen ist ein künstlerisches oder wissenschaftliches Bedürfnis für das Mitwirken des Kindes zu verstehen. Sie müssen die Mitwirkung des Kindes erfordern, d. h. ohne Mitwirkung muß eine Beeinträchtigung dieser Belange vorliegen. Wenn dem künstlerischen Bedürfnis in anderer Weise, z. B. durch regietechnische Maßnahmen, Rechnung getragen werden kann, so liegt eine Notwendigkeit nicht vor (Gew. Arch. 24, 134).

10. Es müssen solche Einrichtungen vorliegen, die eine gesundheitliche oder sittliche Gefährdung des Kindes schlechthin ausschließen (§ 120b und c Gew.O.). Dabei ist zu beachten, daß eine dem Alter und der sittlichen und körperlichen Struktur des auftretenden Kindes gemäße Inanspruchnahme erfolgt. Ein Zusammenwirken von Schule, Gesundheits- und Jugendamt wird notwendig sein, und im allgemeinen wird erst nach Anhören dieser Stellen die Genehmigung erteilt werden können.

11. Die Genehmigung muß sich betreffs Dauer und Lage der Arbeitszeit, die höchstens zwei bzw. drei Stunden betragen darf, und Ruhepausen ebenso verhalten wie betreffs der Höchstdauer des Aufenthaltes im Betrieb, die nicht mit der Arbeitszeit übereinstimmt. In Betracht kommt dafür vornehmlich die sogenannte Rufbereitschaft (vgl. § 4 Anm. 2).

Auch Proben sind in die Dauer der Arbeitszeit einzurechnen (vgl. Erl. RArbM vom 12. 12. 38, RArbBl. III S.290). Es gehören aber nicht dazu die vom Kind selbst getroffenen Vorbereitungen, Vorübungen und anderes, worauf der Arbeitgeber keinen Einfluß hat. Aber auch ohne längere Arbeits- oder Anwesenheitsverpflichtung des Kindes ist zur Vermeidung schädlicher Einflüsse der Aufenthalt im Betrieb zu begrenzen. Die Dauer wird von einer aus der Beschäftigung sich ergebenden Notwendigkeit erfolgen (z. B. längeres Warten bei Filmaufnahmen).

Wenn auch eine Beschäftigung an kirchlichen Feiertagen nicht aufgeführt ist, so kann das Wohl des Kindes doch eine Regelung und ein Verbot für solche Tage erfordern.

12. Die Erlaubnis ist eine solche des § 63 und hat den dort aufgestellten Voraussetzungen zu entsprechen. Eine Form für die Erlaubnis ist an sich nicht vorgeschrieben. Sie kann dem Antragsteller auch mündlich erteilt werden. Sie ist aber sowohl zeitlich als auch hinsichtlich des örtlichen Geltungsbereiches zu begrenzen. An sich gilt die Ausnahmegenehmigung für das Gebiet der Bundesrepublik. Dem Wohl des Kindes wird es aber entsprechen, eine örtliche Begrenzung vorzunehmen, da nicht ohne weiteres überprüfbar ist, ob insgesamt und überall die zutreffenden Vorkehrungen, Zuverlässigkeit des Veranstalters und das Fortkommen des Kindes in der Schule, gewährleistet sind.

Bei Nichtbeachtung der Auflagen ist Widerruf nach§ 63 zulässig.

13. Der Beginn der Beschäftigung durch den Arbeitgeber vor Erlaubniserteilung wird als Ordnungswidrigkeit nach § 68 Ziff. 1 geahndet. Bloße Kenntnis des künftig ergehenden Bescheides entlastet nicht. Anderes kann auch nicht gelten, wenn der Bescheid aus dem Machtbereich der Behörde und nicht mehr widerruflich ist, denn erst nach Aushändigung des Bewilligungsbescheides darf mit der Beschäftigung begonnen werden. Er ist deshalb zur Sicherheit des Arbeitgebers ihm schriftlich zu erteilen bzw. ihm vorzulegen. Der Bescheid ist an die Stelle der früheren Arbeitskarte getreten.

14. Die Beschäftigung eines Kindes ohne Erlaubnis der Aufsichtsbehörde ist ein Verstoß nach § 7 und wird nach § 66 Abs. 1 Ziff. 1 geahndet.

Ein Zuwiderhandeln gegen Abs. 2 ist Straftat nach § 66 Abs. 1 Ziff. 1; Verletzung des Abs. 4 Satz 2 ist Ordnungswidrigkeit nach § 68 Abs. 1 Ziff. 1 ;die Nichtbeachtung der Anordnungen der Aufsichtsbehörde nach Abs. 3 Satz 2 stellt eine Ordnungswidrigkeit bzw. Straftat nach § 67 Abs. 1 Ziff. 7 (Abs. 3 und 4) dar.

§ 9 Ausnahmen für die Landwirtschaft[1]))

(1) Kinder über zwölf Jahre dürfen in der Landwirtschaft (§ 29) mit leichten und für Kinder geeigneten Hilfeleistungen[2]) beschäftigt werden. Solche Hilfeleistungen dürfen nicht regelmäßig[3]), sondern nur gelegentlich stattfinden.

(2) Die Kinder dürfen nicht zwischen 18 und 8 Uhr, nicht vor dem Schulunterricht[4]) und nicht an Sonn- und gesetzlichen Feiertagen[4]) beschäftigt werden[5]).

1. Im Reg.Entw. war diese Vorschrift nicht enthalten, und es sollte das Verbot der Beschäftigung fremder Kinder in vollem Umfang in der Landwirtschaft Anwendung finden. Die besonderen Bedürfnisse insbesondere in kleinbäuerlichen Betrieben führten dann zur Aufnahme dieser Vorschrift.

Sie gilt nur für die Beschäftigung fremder Kinder (vgl. § 70), da die der eigenen nach § 1 Abs. 2 Ziff. 2 ohnehin nicht unter das Gesetz fällt. Es bedarf dazu anders als nach § 8 nicht etwa einer Genehmigung.

Über den Begriff der Landwirtschaft vgl. § 29 Anm. 2. Es gehört nicht die Forstwirtschaft dazu.

2. An sich tritt bei einer Erwerbstätigkeit mehr der technische Inhalt des Begriffs „Hilfeleistung", nämlich Handreichungen — Hilfsarbeit — in den Vordergrund. Es kann dabei von dem subjektiven Moment (vgl. § 1 Anm. 9) „helfen wollen, behilflich sein" nicht ohne weiteres gesprochen werden. Nach dem Bericht des Ausschusses für Arbeit (vgl. Anh. 11) ist aber bewußt das Wort „Arbeit" vermieden worden, so daß an sich dem subjektiven Moment ein Vorrang eingeräumt würde. Offensichtlich kann aber damit nur eine Beschränkung in der Art der Heranziehung des Kindes und eine Verstärkung der Begriffe „leicht und für Kinder geeignet" gemeint sein. Die Hilfeleistung braucht nicht von einer persönlichen Beziehung getragen sein, sie kann Hilfsarbeit sein. Dem subjektiven Moment wird allein dadurch Rechnung getragen — und insoweit ist die Ersetzung des Wortes „Arbeit" durch „Hilfeleistung" zu verstehen —, daß eine Notwendigkeit zur Heranziehung des Kindes zu solchen Arbeiten vorliegen muß, aber auch genügend ist, um die Kinder damit zu beschäftigen. Für die Notwendigkeit ist kein strenger Maßstab anzulegen. Es ist vielmehr dabei auf die Bedürfnisse der Landwirtschaft und des einzelnen Betriebes einzugehen.

Die Arbeit braucht auch keine „Hilfsarbeit" im rein technischen Sinne zu sein, sonst könnte das Kind weder bei der Obst- noch bei der Kartoffelernte, den im Bericht genannten Beispielen, eingesetzt werden. Vielmehr muß es sich nur um notwendige, die Mitarbeit des Kindes erfordernde und für das Kind geeignete Arbeiten geringen Schwierigkeitsgrades handeln.

Die Hilfeleistung muß nicht nur objektiv „leicht", also mit geringer körperlicher Anstrengung verbunden und für das Kind geeignet sein, sondern entsprechend dem Grundgedanken des Gesetzes ist sie subjektiv auf das gerade beschäftigte Kind abzustellen. Die Arbeit muß so sein, daß das Kind in seiner körperlichen und geistigen Entwicklung nicht beeinträchtigt wird (vgl. für das frühere Recht Siebert § 5 Anm. 9). Die Arbeit muß seiner Leistungsfähigkeit entsprechen.

Deshalb ist auch das Zeitmaß der Inanspruchnahme zu berücksichtigen. Auch dieses gibt ein Kriterium, ob die Arbeit für das Kind leicht und geeignet ist, ab, denn auch eine objektiv leichte Arbeit — soweit das überhaupt feststellbar ist — kann durch eine längere Inanspruchnahme für das Kind zu einer schweren Arbeit werden. Bei der Art der zuzuteilenden Arbeit ist auch die Möglichkeit eines Unfalls zu beachten; sie kann die Arbeit ungeeignet für ein Kind machen (z. B. Beschäftigung an technischen Geräten).

3. Unter dem Begriff „regelmäßig" ist eine fortlaufende, wiederkehrende, planmäßig erfolgende Beschäftigung zu verstehen. Gelegentliche Hilfeleistungen sind vorübergehende, aus einem akuten Anlaß sich ergebende, die den Charakter einer „Ausnahme" haben. Ist von vornherein eine gewisse Dauer vorgesehen, dann wird sie einer organisierten Arbeit gleichkommen (Gew.Arch. 15, 552). Z. B. Heranziehung eines Kindes während der ganzen Erntezeit (Obst-, Getreide-, Kartoffelernte) ist nicht mehr „gelegentlich". Wohl können aber auch einzelne Arbeitsaufgaben, selbst wenn sie sich über einen längeren Zeitraum erstrecken und eine Notwendigkeit der Heranziehung des Kindes für sie besteht, noch eine Ausnahme darstellen, z. B. ein Kind wird während der Getreideernte zum Hüten des Viehes eingesetzt.

4. Das gilt auch, wenn der Schulunterricht nicht um 8.00 Uhr sondern später beginnt.

Über Sonn- und Feiertage vgl. § 18 Anm. 2. Kirchliche Feiertage fallen nicht darunter.

5. Zuwiderhandeln gegen Abs. 1 oder 2 wird als Straftat nach § 66 Abs. 1 Ziff. 1 geahndet.

DRITTER ABSCHNITT

Arbeitszeit der Jugendlichen

Erster Titel

Allgemeine Vorschriften

Vorbemerkung: Der Dritte Abschnitt regelt die Arbeitszeit, die Mehrarbeit, die Anrechnung der Berufsschulzeit, die Ruhepausen, die Nacht- und Sonntagsarbeit und den Urlaub. Dem JSchG 38 gegenüber enthält er wesentliche Änderungen, unter anderem die Herabsetzung der Arbeitszeit auf 40 bzw. 44 Stunden je Woche statt 48 bzw. 52 Stunden, Verlängerung der Ruhepausen auf eine Stunde und einen Urlaubsanspruch von 24 bzw. 28 Tagen.

Die allgemeinen Vorschriften des Ersten Titels finden nicht eine uneingeschränkte Anwendung bei den unter das Gesetz fallenden Beschäftigungen. Ihr Geltungsbereich ist eingeschränkt (§ 21).

§ 10 Grenze der Arbeitszeit[1])[7])

(1) Die tägliche Arbeitszeit der Jugendlichen darf acht Stunden, die Wochenarbeitszeit[2]) der Jugendlichen unter 16 Jahren 40 Stunden, der Jugendlichen über 16 Jahre 44 Stunden nicht überschreiten[1]).

(2) Die tägliche Arbeitszeit der im Bergbau unter Tage beschäftigten Jugendlichen darf acht Stunden, ihre Arbeitszeit in vier aufeinanderfolgenden Wochen 168 Stunden nicht überschreiten[3]).

(3) Wenn in Verbindung mit Feiertagen an Werktagen nicht gearbeitet wird[4]), damit die Beschäftigten eine längere zusammenhängende Freizeit haben, so darf die ausfallende Arbeitszeit auf die Werktage von fünf zusammenhängenden, die Ausfalltage einschließenden Wochen dergestalt verteilt werden[4]), daß die Wochenarbeitszeit im Durchschnitt dieser fünf Wochen für Jugendliche unter 16 Jahren 40 Stunden, für Jugendliche über 16 Jahre 44 Stunden nicht überschreitet[5].) Die tägliche Arbeitszeit darf hierbei achteinhalb Stunden nicht überschreiten.

(4) Die Arbeitszeit der Jugendlichen darf täglich und wöchentlich die übliche Arbeitszeit der erwachsenen Arbeitnehmer des Betriebs oder der Betriebsabteilung, in der der Jugendliche beschäftigt wird, nicht überschreiten[6]). Das gilt nicht, wenn die übliche Wochenarbeitszeit der erwachsenen Arbeitnehmer weniger als 40 Stunden beträgt.

(5) Die Arbeitszeit, die infolge eines gesetzlichen Wochenfeiertags ausfällt, wird auf die Wochenarbeitszeit angerechnet[4]).

Geltungsbereich: Keine Anwendung findet diese Vorschrift im Familienhaushalt §§ 24, 21, in der Landwirtschaft §§ 34, 21, in der Heimarbeit §§ 22, 21 und in Notfällen § 20.

Für die Binnenschiffahrt gilt sie nur zum Teil (vgl. §§ 35, 36, 21).

1. Diese Vorschrift gibt die Grenzen der täglichen und der wöchentlichen Arbeitszeit. Über den Begriff vgl. Anm. 1 zu § 4. Es handelt sich um eine zeitrechtliche Begrenzung der Höchstdauer der Arbeitszeit, die nichts über den Umfang der vertraglichen Arbeitpflicht besagt.

Eine Verlängerung ist außer in Notfällen (§ 20) nur im Wege der Ausnahmebewilligung nach §§ 11 und 62 möglich.

2. Zur Wochenarbeitszeit gehört auch die am Sonntag. Die Arbeitszeit von 8 Stunden täglich mit Ruhepausen von insgesamt einer Stunde, also eine 9stündige Schicht, und die Wochenarbeitszeit von 40 bzw. 44 Stunden ist auch bei kontinuierlichen Arbeiten zu beachten. Die im JSchG 38 vorgesehene Möglichkeit der Verlängerung ist weggefallen. Vor- und Abschlußarbeiten gehören jetzt zu der Arbeitszeit. Die Berufsschulzeit ist anzurechnen (§ 13).

3. Über den Bergbau vgl. § 4 Abs. 2.

Die Durchführung einer 40- bzw. 44-Stunden-Woche ist im Bergbau nicht möglich. Da eine Schicht dort 8 Stunden beträgt, könnten nur 5 Schichten je Woche gefahren werden, auf die noch die Berufsschulzeit anzurechnen wäre. Teilschichten sind schon aus Sicherheitsgründen nicht durchführbar. Auch fallen sonst zusätzliche Arbeiten (Reparaturarbeiten) an, so daß eine „Zusatzschicht" in 4 Wochen, insgesamt also 21 Schichten verfahren werden können. Nach dem Wortlaut des Gesetzes könnte diese Schicht auch nur in regelmäßigem Abstand verfahren werden, da sonst der Zeitraum von fünf aufeinanderfolgenden Wochen durchbrochen würde (so Schulte-Langforth § 10 Anm. 4). Abgesehen davon, daß das wenig praktikabel ist, muß hier beachtet werden, daß diese Arbeitszeit sich letztlich auf 5 Wochen nur verteilen soll, so daß dem auch Genüge getan ist, wenn insgesamt in einem Zeitraum von 5 Wochen nur 21 Schichten gefahren werden, gleich, welche Lage sie innerhalb dieser 5 Wochen oder der nächsten 5 Wochen haben. Der Zeitraum dient einem „Ausgleich" (vgl. amtl. Begr. Anh. 10) im übrigen vgl. § 30 Anm. 1.

4. Eine andere Verteilung der Arbeitszeit ist nur möglich für die Arbeitsstunden, die wegen einer verlängerten Arbeitsruhe „in Verbindung mit dem Feiertag ausfallen". In Betracht kommen vornehmlich die Zeiten zwischen Weihnachten und Neujahr und zwischen Karfreitag und Ostern. Als Feiertage gelten auch kirchliche Feiertage, die auf einen Werktag fallen, so daß auch vor solchen die Arbeitszeit ausfallen darf und die Möglichkeit der Verlängerung der Arbeitszeit an den übrigen Tagen besteht.

Nicht dazu gehört die wegen eines verlängerten Wochenendes am Samstag ausfallende Zeit. Auch ist die nach § 4 Abs. 2 AZO zulässige anderweitige Verteilung und Verlängerung wegen Betriebsfeiern, Volksfesten usw. nicht mehr möglich.

Eine „Verlegung", bei der aber die Zeitgrenze des Abs. 1 gewahrt bleibt, ist zulässig. Sind z. B. Jugendliche in Betrieben mit Schichtarbeit am Samstag von der Arbeit freigestellt, so kann bei einem Ausfall der Arbeit wegen eines Betriebsfestes am Montag der Jugendliche am Samstag eingesetzt werden, vorausgesetzt, daß an diesem Tage auch sonst die Erwachsenen arbeiten. Dasselbe gilt, wenn vertraglich eine kürzere Arbeitszeit als die des Abs. 1 vereinbart ist.

Nur die „in Verbindung mit einem Feiertag", nicht aber am Feiertag selbst ausfallende Arbeitszeit kann anderweitig verteilt werden. Die am gesetzlichen Feiertag ausfallende Arbeitszeit ist auf die Wochenarbeitszeit anzurechnen (Abs. 5). Vgl. auch RAG ARS 35, 280; 41, 348. Das gilt aber nicht für die an kirchlichen Feiertagen ausfallende Arbeitszeit. Sie kürzt die Wochenarbeitszeit, so daß sie an anderen Tagen innerhalb der Zeitgrenzen nachgeholt werden kann bis zur Erreichung der vollen Wochenstundenzahl.

Fällt der Berufsschultag auf die ausfallende Zeit, so ist eine Verlängerung nicht möglich. Anders, wenn auch die Berufsschule ausfällt.

Die Verlegung der Arbeitszeit unterliegt der Mitbestimmung des Betriebsrates (BAG AP 2 zu § 56 BVG und AP 4 § 611 BGB).

5. Die Verlängerung der täglichen Arbeitszeit um eine halbe Stunde wird im allgemeinen zum Ausgleich führen. Er ist innerhalb von fünf Wochen vorzunehmen. Dabei kann er „vor"gearbeitet oder „nach"gearbeitet werden (vgl. auch Denecke § 4 Anm. 9). Der Ausfalltag muß noch innerhalb dieses Zeitraumes liegen. Fallen in zwei aufeinanderfolgenden Wochen solche Ausfalltage an, so kann der Jugendliche insgesamt 10 Wochen lang die verlängerte Arbeitszeit durch Vorarbeiten des ersten Ausfalltages und Nacharbeiten des zweiten Ausfalltages haben.

6. Das Verbot, daß sowohl die tägliche als auch die wöchentliche Arbeitszeit die der Erwachsenen nicht überschreiten darf, hat primär nur hinsichtlich der Dauer und nur mittelbar für die Lage der Arbeitszeit eine Bedeutung. Ist der Betrieb zur Fünftagewoche übergegangen und ist üblicherweise am Samstag frei, so ist auch der Jugendliche von der Arbeit freigestellt. Unter „üblich" ist aber nur die eingeführte regelmäßige Arbeitszeit, die nach Tarif- oder Arbeitsvertrag zu leisten ist, zu verstehen, nicht aber die gerade auf den Tag fallende. Arbeitsausfälle für Erwachsene führen daher nicht ohne weiteres zu solchen für Jugendliche, solange sie unregelmäßig, also außerhalb der betrieblich vorgesehenen Arbeitszeit stattfinden. Ist es im Betrieb üblich, bei wiederkehrenden Ausfällen (Volksfesten, Karneval u. a.) den sonst freien Samstag zum Arbeitstag werden zu lassen, so gilt auch das für den Jugendlichen (vgl. dazu BAG AP 1 zu § 4 AZO). Eine vorübergehende anderweitige Verteilung der Arbeitszeit für Erwachsene ändert noch nicht ihre übliche Arbeitszeit.

7. Zuwiderhandeln gegen Abs. 1 bis 4 wird nach § 67 Abs. 1 Ziff. 1 als Ordnungswidrigkeit, nach Abs. 3 und 4 als Straftat geahndet.

§ 11 Bewilligung von Ausnahmen durch die Aufsichtsbehörde[1])[7])

(1) Die Aufsichtsbehörde kann für Jugendliche über 16 Jahre mit Ausnahme der im Bergbau unter Tage beschäftigten eine Überschreitung der nach § 10 zulässigen Arbeitszeit um höchstens eine Stunde täglich und drei Stunden wöchentlich bewilligen,

1. wenn in die Arbeitszeit[2]) regelmäßig und in erheblichem Umfang Arbeitsbereitschaft[3]) fällt und aus diesem Grunde die Arbeitszeit für die erwachsenen Beschäftigten verlängert worden ist[4]). oder

2. aus dringenden Gründen des Gemeinwohls[5]) oder wenn andernfalls ein unverhältnismäßiger, auf andere Weise nicht zu verhütender erheblicher Schaden[6]) für den Betrieb eintreten würde.

(2) Die Überschreitung darf in den Fällen des Absatzes 1 Nr. 2 für höchstens 30 Tage im Kalenderjahr bewilligt werden.

Geltungsbereich: Diese Vorschrift findet keine Anwendung für Heimarbeiter (§§ 22, 21); im Familienhaushalt (§§ 28, 21); in der Binnenschiffahrt (§§ 35, 36, 21).

Für die Landwirtschaft ist eine entsprechende Anwendung vorgeschrieben (§§ 34, 21).

1. Mit anderen Zeiten war die Bestimmung im JSchG 38 enthalten. Die Bewilligung von Ausnahmen hat gemäß § 63 zu erfolgen. Sie kann mit Auflagen und Bedingungen versehen werden, was bei diesen Tatbeständen kaum vorkommen kann. Sie ist zu befristen, kann aber im Falle des Abs. 1 erneuert werden. Eine Erneuerung nach Abs. 2 ist nicht möglich, vielmehr verbleibt dann nur die Verlängerung nach § 62. Eine weitere Möglichkeit der Ausnahmebewilligung besteht noch nach § 20.

Aufsichtsbehörde ist die des § 60.

2. Über den Begriff vgl. Anm. zu § 4. Die Bewilligung betrifft daher nur die Arbeitszeiten ohne Ruhepausen. Eine Verlängerung der Ruhepausen könnte nur im Wege der Auflage erfolgen.

3. Über den Begriff der Arbeitsbereitschaft vgl. § 4 Anm. 1 und 2; vgl. weiterhin die Entscheidungen des BAG AP 2, 3 und 5 zu § 7 und AP 1 zu § 13 AZO.

Die Arbeitsbereitschaft muß regelmäßig, also als Regel bei solchen Arbeiten anzusehen sein und nicht etwa auf vorübergehendem und eventuell durch augenblickliche Betriebsverhältnisse bedingtem Ausnahmezustand beruhen.

Erheblicher Umfang bedeutet, daß ein wesentlicher Anteil der zu leistenden Arbeitszeit aus einer solchen Bereitschaft besteht. Ob eine Erheblichkeit vorliegt, ergibt die Art der Arbeit. Ihre Berücksichtigung in Tarifverträgen gibt ein hinreichendes Kriterium.

Im allgemeinen gehört dazu auch eine beobachtende Tätigkeit (Wächter, Apparatewärter), wenn zwischen der nach außen hin in Erscheinung tretenden Tätigkeit Zeiten bloßen Wartens liegen (vgl. Denecke § 7 Anm. 6). Bei ständiger angespannter Beobachtung z. B. im vollautomatisierten Betrieb stellt diese dann die volle Tätigkeit und keine Arbeitsbereitschaft mehr dar.

4. Das Vorliegen einer solchen Arbeitsbereitschaft genügt allein nicht. Es muß auch die Arbeitszeit für Erwachsene entsprechend verlängert sein. Zweifelhaft kann es sein, ob damit eine arbeitszeitrechtliche Verlängerung im Sinne von § 7 AZO gemeint ist. Wäre das der Fall, dann hätte die Vorschrift heute praktisch kaum noch eine Bedeutung, da meist eine kürzere Arbeitszeit eingeführt ist. Von dem „unterschiedlichen Wert“ (Denecke a. a. O.) einer vollen Arbeitszeit zu einer Arbeitsbereitschaft ausgehend, muß eine aus diesem Grunde erfolgte, eventuell tariflich festgelegte Arbeitszeit für Erwachsene, die eine solche Arbeit verrichten, ausreichend sein. Wird doch solchen Arbeiten auch heute noch in Tarifverträgen Rechnung getragen. Ist daher in zulässiger Weise für eine solche Tätigkeit eine längere Arbeitszeit festgesetzt, z. B. 48 statt 45 Stunden für die anderen Arbeitnehmer, so ist die Arbeitszeit für Erwachsene verlängert im Sinne dieser Vorschrift.

Die Verlängerung braucht nicht gerade für diesen Betrieb erfolgt zu sein, wenn in ihm z. B. Erwachsene mit solchen Arbeiten nicht beschäftigt werden. Es ist vielmehr ausreichend, daß es sich um eine Arbeit handelt, die für Erwachsene zu einer Arbeitszeitverlängerung führt und in anderen Betrieben geführt hat (so schon für das frühere Recht Siebert § 11 Anm. 3).

5. Das liegt vor, wenn überbetriebliche Interessen eine Erledigung der Arbeit erfordern, und zwar solche, die nicht nur einem beschränkten Interessenkreis, sondern dem Allgemeinwohl, d. h. der Volkswirtschaft dienen und deshalb die Erledigung nicht nur wünschenswert, sondern notwendig erscheint.

Der Begriff ist aber nicht zu eng auszulegen. Maßstab ist das, was volkswirtschaftlich vernünftig ist. Verderb von Rohstoffen, Lebensmitteln, volkswirtschaftlich nicht zu vertretende Beeinträchtigung bisheriger Arbeitsergebnisse können dringende Gründe des Gemeinwohls sein. Das gilt auch, wenn diese Umstände dem

Betrieb selbst nicht schaden, sofern sie nur einen größeren Kreis der Bevölkerung beeinträchtigen können (z. B. Entladungsarbeiten für eine andere Firma von Lebensmitteln, die für die Versorgung erforderlich sind).

Aber auch die Arbeitsaufgabe selbst, z. B. sozialer Wohnungsbau, termingebundene öffentliche Aufträge mit besonderem öffentlichem Interesse, werden eine Verlängerung der Arbeitszeit rechtfertigen.

Wenn die Mehrarbeit zur Ausbildung des Jugendlichen — z. B. wegen Leistungsrückstandes — erforderlich wäre, ist sie unzulässig. Sie wird nicht etwa durch ein Gemeinwohl getragen, wie es noch in § 11 JSchG 38 angeführt war.

6. Die zweite Alternative trägt den betrieblichen Bedürfnissen Rechnung. Sie stimmt dem Grundgedanken nach mit § 14 Abs. 2 AZO überein. Hier ist Voraussetzung, daß ohne die Verlängerung ein erheblicher Schaden eintreten würde. Dieser braucht nicht wertmäßig ein großer zu sein. Er liegt schon vor, wenn er in Beziehung auf den bei sofortiger Erledigung der Arbeit sich ergebenden Aufwand außer Verhältnis dazu steht, so daß er für den Betrieb nicht mehr tragbar erscheint. Es kommt daher nicht nur ein entgangener Gewinn, sondern auch das Entstehen größerer Kosten durch Unterbrechung der Arbeit in Betracht, wenn diese in keiner Relation zu deren Wert stehen (Denecke § 4 Anm. 5).

Der Schaden kann hier voraussehbar sein. Er muß aber durch „andere", und zwar z u m u t b a r e Maßnahmen nicht vermeidbar sein, z. B. durch Verlängerung der Arbeitszeit für Erwachsene, Heranziehen von Aushilfskräften und anderes. Bei regelmäßig gegebener Notwendigkeit einer Mehrarbeit werden oft zumutbare Maßnahmen zur Vermeidumg getroffen werden können. In Kleinbetrieben ist das nicht immer möglich. Durch diese Vorschrift soll jedenfalls wie in der AZO für Erwachsene die Möglichkeit einer Verlängerung in solchen Fällen gegeben werden, selbst wenn sie mit einer gewissen Regelmäßigkeit vorkommen. Dafür gilt aber hier die zeitliche Beschränkung des Abs. 2.

7. Eine Beschäftigung ohne Genehmigung oder über die Zeitgrenzen der Genehmigung hinaus führt zur Ahndung nach § 67 Abs. 1 Ziff. 1 bzw. Abs. 3 und 4.

§ 12 Mehrarbeitsvergütung[1])

(1) Mit Ausnahme der Fälle des § 11 Abs. 1 Nr. 1 und des § 20 ist den Jugendlichen für Mehrarbeit[2]) außer dem regelmäßigen Arbeitsentgelt[4]) ein Zuschlag von mindestens 25 vom Hundert zu zahlen[3]). Jugendlichen Lehrlingen[5]) und Anlernlingen ist für jede Mehrarbeitsstunde mindestens 1 vom Hundert des monatlichen Entgelts, jedoch nicht weniger als 0,60 Deutsche Mark zu zahlen.

(2) Ist die Mehrarbeit zugleich Sonntagsarbeit[6]), so beträgt der Zuschlag mindestens 75 vom Hundert. Jugendlichen Lehrlingen und Anlernlingen sind für jede derartige Stunde mindestens 2 vom Hundert des monatlichen Entgelts, jedoch nicht weniger als 1,20 Deutsche Mark zu zahlen[6]).

Geltungsbereich: Diese Vorschrift findet keine Anwendung für Heimarbeiter (§§ 22, 21), bei Beschäftigung im Familienhaushalt (§§ 28, 21; über Bezahlung einer Mehrarbeit vgl. Anm. 2 zu § 28). Sie gilt schließlich nicht bei Beschäftigung von verwandten Kindern (§ 71 Abs. 1).

1. Das JSchG 38 gab einen Anspruch auf eine angemessene Vergütung der Mehrarbeit.

Auch die vorliegende Bestimmung dient dem Zwecke des Arbeitsschutzes, nämlich durch eine spürbare finanzielle Belastung des Arbeitgebers eine Mehrarbeit möglichst zu verhindern (vgl. Denecke § 15 Anm. 1). Es handelt sich hier aber nicht um einen öffentlich-rechtlichen Anspruch, sondern einen des Privatrechts, da nur der „Weg der Durchsetzung" eines dem Schutz des Arbeitnehmers dienenden Anspruchs Kriterium sein kann (vgl. Zit. bei Nipperdey-Staudinger Vorb. 301 zu § 611 und Anm. 1 u. 2 zu § 6 sowie Bayer. Oberstes Landesgericht mit weiteren Zitaten in AP 3 zu § 15 AZO = BB 59 S. 1307).

2. Mehrarbeit ist jede über die gesetzlichen Grenzen der regelmäßigen Arbeitszeit des § 10 hinaus geleistete Arbeit. — Ist die Arbeitszeit zulässigerweise nach § 10 Abs. 3 verlängert, so gibt diese die Grenze der Arbeitszeit ab. — Über den Begriff der Mehrarbeit vgl. noch Hinweis in AP 8 zu § 15 AZO und BAG AP 1 zu § 13 AZO.

Nicht als Mehrarbeit gilt etwa die Verlängerung einer z. B. bei Halbtagsbeschäftigung vertraglich vereinbarten kürzeren Arbeitszeit, die sogenannte Überarbeit, solange die gesetzlichen Arbeitszeitgrenzen dabei unberührt bleiben.

Ebenso gilt die Verlängerung der Arbeitszeit nach § 11 Ziff. 1 nicht als Mehrarbeit. Dagegen ist die Arbeit in Notfällen an sich Mehrarbeit. Nur der Vergütungsanspruch ist subsidiär gegenüber dem auf Zeitausgleich (§ 20 Abs. 2).

Ohne Belang ist es aber für die Anwendung der Vorschrift, ob es sich um zulässige oder verbotene Mehrarbeit handelt. Die vom Arbeitgeber angeordnete Überschreitung der Zeitgrenzen, sei es der täglichen Arbeitszeit, sei es der wöchentlichen Arbeitszeit, läßt den Anspruch entstehen.

Die Zulässigkeit einer Mehrarbeit nach diesem Gesetz und die eventuelle Erlaubnis der Aufsichtsbehörde besagt aber noch nichts darüber, ob der Jugendliche auch zur Mehrarbeit herangezogen werden kann (vgl. BAG AP 1 zu § 14 AZO = Betr. 58, 575 = BB 58, 558).

Ein Nachholen von aus betrieblichen Gründen eingelegten Feierschichten ist nicht möglich (RAG ARS 15, 281). Auch ein sonst nach der AZO zulässiges Nachholen von Arbeit (vgl. RAG ARS 46, 195; Denecke BB 51, 783) scheitert an der Begrenzung der täglichen Arbeitszeit, soweit die Verlängerung nicht von § 10 Abs. 3 getragen wird. Sie ist dann verboten und eine zu zahlende Mehrarbeit. Anders, wenn ein sonst freier Nachmittag zur Verfügung steht und zulässigerweise dafür in Anspruch genommen werden kann (vgl. dazu § 10 Anm. 4 und 6).

3. Die festgesetzte Vergütung ist bindender Mindestsatz. Ein Unterschreiten durch Kollektiv- oder Einzelvereinbarungen ist nicht möglich. Eine pauschale Abfindung entfällt, da die Bezahlung „je Stunde“ unabdingbar festgesetzt ist. Sie müßte zudem mindestens diesem Betrag entsprechen und würde somit tatsächlich nur eine ständige Mehrbelastung des Arbeitgebers darstellen.

4. Grundlage der Errechnung ist der regelmäßige Arbeitsverdienst, also der Wochen- bzw. Monatslohn, geteilt durch die Anzahl der regelmäßig zu leistenden Stunden (40 bzw. 44). Zum Lohn gehören auch eventuelle Sachbezüge, die mit dem entsprechenden Wert anzusetzen sind. Sie sind ebenfalls „Entgelt“. Bei schwankendem Einkommen (z. B. Verdienst nach Prozenten) kommt es auf den tatsächlichen, nicht etwa auf den Garantielohn an (RAG ARS 4, 321).

5. Über den Begriff vgl. § 1 Anm. 3 und 4.

Dazu gehören auch die Lehr- und Anlernverhältnisse in nicht anerkannten Lehrberufen, sofern sie überhaupt dann noch als Lehr- bzw. Anlernverhältnis Bestand haben. Meist liegt eine Nichtigkeit des Vertrages vor (LAG Hamburg AP 52, 174, Nikisch S. 248, Rohlfing-Kiskalt S. 392, Siebert Arb.R.Blattei Lehrvertrag I). Hat daher die Vergütung eines solchen unwirksamen Anlernverhältnisses an sich noch Bestand, dann gelten auch diese Sätze, da der Vergütungsanspruch nicht durch die Nichtigkeit des Vertragsverhältnisses berührt wird.

6. Die Arbeit an Sonn- und gesetzlichen Feiertagen ist nach § 18 Abs. 5 mit einem Zuschlag zu vergüten. Ist die Arbeit am Sonntag Mehrarbeit, so kommt der hier aufgeführte erhöhte Zuschlag in Betracht. Er ist nicht etwa zusätzlich zu dem Zuschlag des § 18 Abs. 5 zu zahlen. Ist der Zuschlag zulässigerweise nach § 18 abgedungen, so gilt das nicht für die Sonntagsarbeit, soweit sie Mehrarbeit ist.

Wird an einem Feiertag Mehrarbeit geleistet, so greift ebenfalls der Zuschlag nach § 18 Abs. 5 Platz. Bei Überschreiten der zulässigen Arbeitszeit — es ist kaum denkbar — wäre dann der Zuschlag nach Abs. 1 zu zahlen. Ist der Feiertagszuschlag nach § 18 Abs. 5 abgedungen, so käme nach dem Wortlaut nur der Mehrarbeitszuschlag des Abs. 1 in Betracht, da Abs. 2 ausdrücklich nur für die am Sonntag anfallende Mehrarbeit gilt (gl.A. Schulte-Langforth § 18 Amn. 13; a. A. Thunser § 12 Anm. 15). Das Abdingen eines Zuschlags für Feiertagsarbeit nach § 18 Abs. 5 wird sich aber im Zweifel nur auf die auf den Feiertag verlegte Arbeitszeit und somit auf eine im Rahmen der Wochenarbeitszeit liegende Tätigkeit beziehen, nicht aber eine Mehrarbeit umfassen.

§ 13 Berufsschule[1])[10])

(1) Der Arbeitgeber hat dem Jugendlichen die zur Erfüllung der gesetzlichen Berufsschulpflicht notwendige Zeit zu gewähren[2]). Vor einem vor neun Uhr beginnenden Unterricht darf der Jugendliche nicht beschäftigt werden[3]). An Berufsschultagen, an denen die Unterrichtszeit mindestens sechs Stunden einschließlich der Pausen beträgt, ist er ganz von der Arbeit freizustellen[4]).

(2) Die Unterrichtszeit in der Berufsschule einschließlich der Pausen wird auf die Arbeitszeit angerechnet[5])[7]). Dabei werden Berufsschultage, an denen die Unterrichtszeit mindestens sechs Stunden einschließlich der Pausen beträgt, mit der Arbeitszeit,

die der Jugendliche an diesem Tage ohne den Berufsschulbesuch gehabt hätte, angerechnet, mindestens aber mit der Unterrichtszeit[6])[7]).

(3) Ein Entgeltausfall darf durch den Besuch der Berufsschule nicht eintreten[8]).

(4) Die Vorschriften der Absätze 1 bis 3 finden auf Personen, die über 18 Jahre alt und noch berufsschulpflichtig sind, entsprechende Anwendung[9]).

Geltungsbereich: Diese Vorschrift gilt nicht für Heimarbeiter (§§ 22, 21). Auch in Notfällen nach § 20 ist Freistellung zur Erfüllung der Berufsschulpflicht notwendig. Bei der Beschäftigung verwandter Kinder findet Abs. 3 keine Anwendung.

1. Die Pflicht zur Freistellung für die Erfüllung der gesetzlichen Berufsschulpflicht war schon in dem JSchG 38 enthalten, ebenso die Pflicht zur Fortzahlung des Lohnes. Auch § 127 GewO enthält die Verpflichtung, den Lehrling zum Besuch der Schule anzuhalten.

Die Berufsschulpflicht ergibt sich aus den Landesgesetzen und dem Reichsschulpflichtgestz (vgl. über die einzelnen Bestimmungen Nipperdey Arbeitsrechtl. Gesetzessammlung). Erfüllt wird sie durch den Besuch der jeweils fachlich in Betracht kommenden Berufsschule. Soweit in den einzelnen Ländern eine Befreiung eintritt, weil der an sich Schulpflichtige von sich aus eine Berufs*fach*schule oder *Fach*schule besucht (u. a. Niedersachsen, Rheinland-Pfalz), so kann die dort anfallende Unterrichtszeit nur in der für die Berufsschule geltenden Stundenzahl berücksichtigt werden. Nur insoweit wird sie von der Erfüllung der Berufsschulpflicht getragen.

Für Ausländer besteht kein Schulpflicht, vgl. aber Gesetz über die Rechtsstellung der Ausländer in der Bundesrepublik vom 25. 4. 1951 (BGBl. I 269).

2. Sie umfaßt die Unterrichtszeit und eventuelle Schulveranstaltungen, an denen der Schüler teilzunehmen hat (Wanderungen). Sie werden auf die Arbeitszeit angerechnet. Weiterhin gehören zur notwendigen Zeit der Schulweg und eventuell erforderliche Zeiten zur Einnahme von Mahlzeiten nach Beendigung des Unterrichts vor Aufnahme der Arbeit. Diese werden aber auf die Arbeitszeit nicht angerechnet. Zu der erforderlichen Freizeitgewährung sind auch die nachfolgenden Beschäftigungsverbote zu rechnen.

3. Da der Schulunterricht meist vor 9.00 Uhr beginnt, kommt diesem Beschäftigungsverbot in Betrieben mit frühzeitigem Arbeitsanfang besondere Bedeutung zu. Maßgebend ist der Beginn der Schulstunde. Auch wenn der Jugendliche einen längeren Weg zurücklegen muß, er etwa schon um 8.00 Uhr die Arbeitsstätte zu verlassen hat, um rechtzeitig an dem um 9.00 Uhr beginnenden Unterricht teilnehmen zu können, kann er von 6.00 bis 8.00 Uhr beschäftigt werden, sofern der Unterricht weniger als 6 Stunden dauert.

Über Anrechnung vgl. Anm. 6, 7, über Bezahlung Anm. 8.

4. Die weiterhin vorgeschriebene Freistellung hat zu erfolgen, gleich, ob die Unterrichtszeit mit der Arbeitszeit zusammenfällt oder nicht. Es besteht für einen Tag mit mindestens 6 Stunden Unterricht einschließlich der Pausen ein Beschäftigungsverbot.

5. Anzurechnen ist die Unterrichtszeit einschließlich der Pausen. Unterrichtszeit ist lediglich die Zeit des tatsächlichen Unterrichts bzw. notwendiger Schulveranstaltungen (vgl. Anm. 2). Pausen sind nur die zwischen zwei Unterrichtsstunden liegenden Zeiten, nicht etwa weitergehende Unterbrechungen, z. B. bei geteiltem Unterricht (Vor- und Nachmittagsunterricht). Das sind Pausen, aber keine Schulpausen.

Die Anrechnung der Unterrichtszeit auf die Arbeitszeit begrenzt die Möglichkeit der tatsächlichen Beschäftigung des Jugendlichen so, daß die im Betrieb zu leistende Arbeitszeit zuzüglich der anrechenbaren Unterrichtszeit (vgl. Anm. 2 und 5) nicht die tägliche, aber auch nicht die wöchentliche zulässige Höchstarbeitszeit überschreiten darf. Außer diesem zeitrechtlichen Inhalt begrenzt sie aber auch den vertraglichen Inhalt dergestalt, daß auch die vertraglich vereinbarte Arbeitszeit um die anrechenbare Berufsschulzeit zu kürzen ist oder, wenn möglich, verlängert werden kann.

In der Regel muß bei einer vollen Beschäftigung eine Kürzung der im Betrieb einzuhaltenden Arbeitszeit eintreten (vgl. Beispiel Anm. 6).

Eine weitere zeitrechtliche Beschränkung folgt aus dieser Bestimmung aber nicht. Da die Unterrichtszeit auf die Arbeitszeit nur „anzurechnen" ist, ist sie nicht Arbeitszeit (so schon für das frühere Recht Siebert § 8 Anm. 6b, ebenso Schulte-Langforth § 13 Anm. 3, a. A. Thunser § 13 Anm. 6, der sie als Arbeitszeit „gelten" lassen will. Dann müßte sie aber Einfluß auf Freizeit u. a. haben. Was Th. zurecht verneint). Sie ist für die Vorschriften, die die Lage der Arbeitszeit und deren Freizeitbestimmungen regeln, nicht heranzuziehen und ohne Bedeutung. Es ist daher z. B. nach einem Unterricht von 5 Stunden nicht etwa vor Arbeitsbeginn eine Pause nach § 14 zu gewähren. Ebensowenig kommt es darauf an, ob die Freizeit des § 12 gewahrt bleibt, wenn der Jugendliche, beschäftigt in der Gastwirtschaft oder einem mehrschichtigen Betrieb, bis 22.00 oder 23.00 Uhr tätig ist und der Schulunterricht am nächsten Morgen um 8.00 Uhr beginnt.

6. Der Berufsschulunterricht ist grundsätzlich mit seiner tatsächlichen Dauer anzurechnen. Nur wenn er 6 Stunden und mehr beträgt, aber die betriebliche Arbeitszeit an diesem Tage länger dauert, ist die betriebliche Arbeitszeit die anrechenbare Zeit.

Es ergeben sich nun folgende Möglichkeiten:

1. Bei einer gesetzlichen Arbeitszeit beträgt der Schulunterricht 4 Stunden in der Woche, diese sind auf die Arbeitszeit anrechenbar, so daß eine im Betrieb zu leistende Wochenarbeitszeit für den Jugendlichen unter 16 Jahren von 36 Stunden verbleibt. Die tägliche Arbeitszeit von 8 Stunden darf nicht überschritten werden, so daß nun an 4 Tagen 8 Stunden und an einem Tag 4 Stunden geleistet werden können.

Beginnt die betriebliche Arbeitszeit um 6.00 Uhr und endet mit einer Stunde Pause um 15.00 Uhr, der Schulunterricht beginnt dagegen um 8.00 Uhr, so könnte der Jugendliche zwar nicht vor, aber nach dem Unterricht noch beschäftigt werden, und zwar 4 Stunden. Im allgemeinen werden es aber die betrieblichen Verhältnisse nicht zulassen. Eine andere Festlegung der Arbeitszeit, z. B. von 13.00 bis 17.00 Uhr, bedarf der Zustimmung des Betriebsrates nach § 56 BVG.

2. Bei mindestens 6-stündiger Berufsschulzeit beträgt die Wochenarbeitszeit 40 Stunden für einen solchen Jugendlichen abzüglich der während der Berufsschulzeit anfallenden, an diesem Tage geltenden Arbeitszeit, hier also 8 Stunden, so daß der Jugendliche noch 32 Stunden zu leisten hat. Fällt der Berufsschultag auf einen im Betrieb arbeitsfreien Sonnabend, so beträgt die Wochenarbeitszeit 34 Stunden, da nur die tatsächliche Berufsschulzeit in Anrechnung zu bringen ist. Es wären daher an 4 Tagen 8 Stunden und an einem Tag 2 Stunden zu leisten. Der sechste, ohnehin freie Tag wäre für die Berufsschule. Es ist in diesem Falle nicht etwa ersatzweise ein freier Tag zu gewähren, da das Zusammenfallen von Arbeitszeit und Schulunterricht von 6stündiger Dauer die Arbeitsbefreiung trägt, sonst aber die Regelung mal zugunsten, mal zum Nachteil des Jugendlichen ist. Beträgt nämlich die betriebliche Arbeitszeit am Schultag nur 4 Stunden, so ist die volle Unterrichtszeit, also 6 Stunden, in Abzug zu bringen und die Arbeitszeit an den anderen Tagen um insgesamt 2 Stunden zu kürzen, so daß dem Streben des Gesetzes die Arbeitszeit der Jugendlichen auf 40 Stunden zu begrenzen nun wohl im Wege der vertraglichen Vereinbarung einer 40-Stunden-Woche mit geringerer Bezahlung Rechnung getragen werden wird.

   Das gilt auch, wenn die Berufsschulzeit länger ist als die betriebliche Arbeitszeit. Bei 9-stündigem Schulbesuch verkürzt sich die Wochenarbeitszeit auf 31 Stunden.

   In gleicher Weise errechnet sich die Arbeitszeit für den Jugendlichen über 16 Jahre. Ihre volle Durchführung ist in einem Betrieb mit 5-Tage-Woche also arbeitsfreien Sonnabend nicht möglich.

Zweifel könnten entstehen, ob auch bei bewilligter Mehrarbeit nach § 11 die verlängerte Arbeitszeit bei einer Freistellung des Jugendlichen für einen Unterricht von mindestens 6 Stunden in Anrechnung zu bringen ist oder nur die normale, ohne Ausnahmebewilligung geltende Arbeitszeit, da am Berufsschultag ja die Voraussetzungen für die Ausnahme gar nicht vorliegen. Im allgemeinen wird nun die Ausnahmebewilligung zumindest nach § 11 Ziff. 2 nicht für einen Berufsschultag eingeholt werden und sollte schon von der Aufsichtsbehörde auch für einen solchen Tag nicht bewilligt werden. Bei einer regelmäßigen Verlängerung nach § 11 Ziff. 1 gehört aber auch die Zeit dazu, wenn sie auf den Berufsschultag fällt, da das Gesetz es ausdrücklich auf „diesen" Tag abstellt und die Verlängerung ja auch bei der Wochenarbeitszeit Berücksichtigung findet. Zulässig ist es, wenn die Verlängerung entsprechend § 11 auf einen anderen Tag verlegt wird. Eine Beeinträchtigung des Jugendlichen findet dadurch ebensowenig statt, wie wenn sein Berufsschultag auf einen Samstag fallen würde, denn durch die Anrechnung soll lediglich dem Beschäftigungsverbot des § 13 Abs. 1 Satz 3 Rechnung getragen werden, nicht aber der Jugendliche darüber hinaus von seiner ihm sonst obliegenden und möglichen Arbeitspflicht befreit werden.

Diese gesetzliche Regelung wird im allgemeinen dazu führen, daß der Jugendliche bei der sogenannten 5-Tage-Woche nur noch 3 Tage mit 8 Stunden, den vierten Tag aber häufig nur mit einer verkürzten Arbeitszeit beschäftigt werden kann.

7. Eine Anrechnung entfällt, wenn der Jugendliche dem Schulunterricht von sich aus fernbleibt. Er hat dann diese Zeit eventuell nachzuarbeiten, soweit die zulässige tägliche Höchstarbeitszeit es gestattet.

Die Anrechnung der Berufsschulzeit hat auch bei vertraglich vereinbarter kürzerer Arbeitszeit oder Einführung von Kurzarbeit stattzufinden, da diese Regelung nicht nur einen zeitrechtlichen, sondern auch einen bürgerlich-rechtlichen Anspruch auf Anrechnung dieser Zeit gibt.

Eine zeitrechtliche Bedeutung wird bis auf die Freistellung nach Abs. 1 Satz 2 und 3 nicht mehr vorliegen, da die gesetzliche Höchstarbeitszeit ohnehin nicht überschritten wird. Die in den Beispielen aufgeführten Kürzungen der Arbeitszeit brauchen dann nicht stattzufinden. Es kann auch die ausfallende Arbeitszeit, z. B. der ausfallende Berufsschultag, an anderen Tagen nachgeholt werden. Diese Regelung wirkt sich dann letztlich nur hinsichtlich der Bezahlung aus. Eine solche Handhabung stellt dann nur eine Verlängerung und Erweiterung der vertraglich festgesetzten oder bei eingeführter Kurzarbeit der Arbeitszeit um die Zeit des Unterrichts dar.

Bei einem Doppelarbeitsverhältnis (§ 5) ist von beiden Arbeitgebern die Arbeitszeit zu beachten. Die Bezahlung hat sich nach der jeweils vorzunehmenden Kürzung der geschuldeten Arbeitsstunden zu richten. Ist der Jugendliche für den Berufsschultag vertraglich nicht zur Arbeit verpflichtet, so entfällt eine Pflicht zur Freistellung und somit zur Bezahlung, sofern nicht eine Kürzung der Wochenarbeitszeit eintritt.

8. Da die anrechenbare Berufsschulzeit zur Verkürzung der tatsächlichen Arbeitszeit führt, mußte wie schon im JSchG 38 noch die Frage des Entgeltes geregelt werden. Ein Lohnausfall darf nicht eintreten (vgl. amtl. Begr. [Anh. 10]). Der Jugendliche ist daher so zu bezahlen, als wenn die Berufsschulzeit Arbeitszeit wäre. Bei Wochen- und Monatslohn ist dieser Lohn für die vertraglich geschuldete Arbeitszeit zu zahlen. Der Jugendliche erhält für die anrechenbare Berufsschulzeit den auch sonst geltenden Stundenlohn und nicht etwa den an diesem Schultage ausgefallenen Lohn. Würde doch sonst eine Diskrepanz zwischen Arbeitszeit (tatsächlicher Arbeitszeit plus Unterrichtszeit) und der Bezahlung bestehen. Bei 40stündiger Arbeitszeit je Woche mit tatsächlich geleisteter Arbeitszeit von 32 Stunden und 8 anrechenbaren Berufsschulstunden sind daher 40 Stunden zu bezahlen.

Ein weitergehender Entgeltausfall durch den Besuch der Berufsschule kann auch durch die Beschäftigungsverbote des Abs. 1 an sich nicht eintreten, da die ausfallende Arbeitszeit einer 6-stündigen Berufsschulzeit ohnehin anzurechnen ist und ein weitergehender Schulunterricht wieder zu einer anrechenbaren Zeit führt. Das gilt auch bei einem Verbot der Beschäftigung bei vor 9.00 Uhr beginnendem Unterricht, da sich dadurch wohl für den Schultag, nicht aber für die zu leistende wöchentliche Arbeitszeit eine Verkürzung ergibt. Erst wenn durch besondere Lage der täglichen betrieblichen Arbeitszeit die volle Arbeitszeit in der Woche nicht erreicht wird, also mit anrechenbaren Berufsschulzeiten statt z. B. 40 Stunden nur 38 Stunden tatsächliche Arbeit geleistet wurde, läge ein unmittelbar durch das Beschäftigungsverbot, mittelbar durch den Besuch der Berufsschule eintretender Entgeltsausfall vor. Dieser wäre dann zu bezahlen, da auch der mittelbare Verdienstausfall nach dem Sinne des Gesetzes, den Jugendlichen keinen Verlust durch den Schulbesuch erleiden zu lassen, zu ersetzen wäre (vgl. amtl. Begr., Anh.10). Ein solcher Fall kann aber nur bei einer Fünftagewoche eintreten, wenn in dieser der Berufsschultag liegt und eine 4stündige Arbeitszeit nach der Berufsschule nicht mehr erbracht werden kann und ein Einsatz am Samstag nicht stattfindet.

In gleicher Weise muß nach dem Grundgedanken keinen Entgeltausfall eintreten zu lassen, eine sonst nicht zu berücksichtigende Verkürzung der „Gesamtarbeitszeit“ durch Schulweg usw. dann beachtet werden. Es können nicht etwa die Regeln der Unmöglichkeit (§ 323 BGB) Anwendung finden. Wird in solchen Fällen aber eine entsprechende kürzere Arbeitszeit vereinbart, so steht dem nichts entgegen, soweit es auch sonst zulässig ist.

Hinsichtlich eingeführter Kurzarbeit und vertraglich vereinbarter kürzerer Arbeitszeit vgl. Anm. 7.

Hat der Jugendliche den Schulunterricht versäumt, so ist diese Zeit auf die Arbeitszeit nicht anzurechnen, sondern es kürzt sich auch der Lohn nach den allgemeinen Grundsätzen.

9. In gleicher Weise ist die Berufsschulzeit bei berufsschulpflichtigen Personen, die über 18 Jahre alt sind, anzurechnen. Diese Vorschrift stellt eine Ergänzung der sonstigen zeitrechtlichen Bestimmungen (AZO, Kr.AZO, Bäck.AZG) dar und hat vor allem privatrechtliche Bedeutung. Sie wurde aufgenommen, um den Berufsschulpflichtigen, auch wenn er nicht mehr unter dieses Gesetz fällt, weil er nicht mehr Jugendlicher ist, nicht schlechter zu stellen.

Die vertraglich geschuldete Wochenarbeitszeit verkürzt sich demnach um die Berufsschulzeit; sie ist aber voll zu bezahlen. Der Arb.Geb. kann aber auch im Rahmen der Arbeitszeitgrenzen und der vertraglichen Vereinbarung Erbringung der vollen Arbeitszeit verlangen (die Berufsschulzeit ist „anzurechnen“, solange nicht gesetzliche Zeitgrenzen überschritten werden). Er hat dann diese und die Berufsschulzeit zu bezahlen. Bei einem der AZO unterliegenden Arbeitsverhältnis kann daher der Arb.Geb. den Arbeitnehmer an 5 Tagen der Woche mit je 8 Stunden und bei Verlängerung nach § 7 bis zu 10 Stunden täglich beschäftigen, ohne daß die volle betriebliche Arbeitszeit erreicht wird. Nur am Schultag tritt eine Verkürzung der Arbeitszeit ein. Bei einer anderen Verteilung der Arbeit nach § 4 AZO ist allerdings die am Schultag anfallende und dann an den übrigen Tagen verbleibende Arbeitszeit zu berücksichtigen.

10. Ausnahmen von den Beschäftigungsverboten können bei Vorliegen der Voraussetzung des § 62 erteilt werden. Die Verletzung der Beschäftigungsverbote des Abs. 1 Satz 2 und 3 wird nach § 67 Abs. 1 Ziff. 1 und eventuell nach Abs. 2 und 3 geahndet.

§ 14 Ruhepausen[1])[9])

(1) Den Jugendlichen müssen bei einer Arbeitszeit von mehr als viereinhalb Stunden eine oder mehrere im voraus feststehende Ruhepausen[1]) von angemessener Dauer gewährt werden. Die Ruhepausen müssen mindestens betragen

1. bei mehr als viereinhalb bis zu sechs Stunden Arbeitszeit 30 Minuten,

2. bei mehr als sechs Stunden Arbeitszeit 60 Minuten.

Länger als viereinhalb Stunden hintereinander dürfen die Jugendlichen nicht ohne Ruhepause beschäftigt werden[2]). Als Ruhepausen gelten nur Arbeitsunterbrechungen von mindestens 15 Minuten.

(2) Bei den im Bergbau unter Tage beschäftigten Jugendlichen müssen die Pausen mindestens 30 Minuten betragen;sie brauchen nicht im voraus festzustehen[3]).

(3) In Betrieben und Verwaltungen, in denen regelmäßig mehr als zehn Jugendliche innerhalb der Betriebsstätte beschäftigt werden, sind für den Aufenthalt während der Pausen besondere Aufenthaltsräume[4]) für Jugendliche bereitzustellen[4]). In anderen Betrieben[5]) und Verwaltungen[5]) sollen nach Möglichkeit besondere Aufenthaltsräume oder in der warmen Jahreszeit Plätze im Freien bereitgestellt werden[5]). Der Aufenthalt in Arbeitsräumen[6]) darf den Jugendlichen nur gestattet werden, wenn die Arbeit in diesen Räumen während der Pausen völlig eingestellt ist und auch sonst die notwendige Erholung nicht beeinträchtigt wird. Die Vorschriften der Sätze 1 bis 3 gelten nicht für den Bergbau unter Tage.

(4) Die Aufsichtsbehörde kann, soweit es mit der Schutzbedürftigkeit der Jugendlichen vereinbar ist, aus wichtigen Gründen Ausnahmen von den Vorschriften der Absätze 1 bis 3 bewilligen[7]). Sie kann für einen Betrieb oder eine Betriebsabteilung oder für bestimmte Arbeiten, falls die Schwere der Arbeit oder der sonstige Einfluß der Beschäftigung auf die Gesundheit der Jugendlichen es erwünscht erscheinen läßt, über die Vorschriften der Absätze 1 und 2 hinausgehende Pausen anordnen[8])[9]).

Geltungsbereich: Diese Vorschrift gilt nicht für Heimarbeiter, da § 22 es nicht ausdrücklich bestimmt (§ 21). Ebenso nicht in Notfällen (§ 20).

Eine begrenzte Anwendung findet sie für die Beschäftigung im Familienhaushalt § 25, in der Landwirtschaft § 34 und der Binnenschiffahrt § 35 (vgl. die dort. Anm.). Für den Bergbau kommt Abs. 3 nicht in Betracht.

1. Unter Ruhepausen sind im voraus festliegende Unterbrechungen der Arbeitszeit zu verstehen, während der sich der Jugendliche noch nicht einmal zur Arbeit bereitzuhalten braucht und die freie Verfügung über diese Zeit hat (RAG ARS 12, 297; ARS 25, LAG 7 und Denecke § 2 Anm. 10). Es muß eine vollkommene Arbeitsbefreiung vorliegen. Das ist nicht der Fall, wenn der Jugendliche z. B. nebenbei frühstückt oder während der Pausen zu gelegentlichen Arbeiten herangezogen wird.

Arbeitsunterbrechungen sonstiger Art, insbesondere unvorhergesehene Maschinenschäden u. a. sind keine Pausen. Das gilt auch dann, wenn die Arbeitsunterbrechungen im Produktionslauf im voraus feststehen — d. h. nach bestimmten Arbeitsgängen immer eintreten —, ohne daß dabei der Jugendliche planmäßig von der Arbeit freigestellt ist. Unterbrechungen im Betriebsablauf können auch nicht nachträglich als Pausen deklariert werden, wenn auch die Pause in eine solche Unterbrechung vorverlegt werden kann (RAM vom 5. 12. 38, RArbBl. III 307). Der Zweck der Pause — „Erholung und Entspannung" — muß in jedem Fall gewährleistet sein. Deshalb müssen die Pausen innerhalb der Arbeitszeit und nicht am Anfang oder Ende liegen. Anders bei geteilter Arbeitszeit (von 8—12 und 14—18 Uhr). Hier gilt die Arbeitsunterbrechung als hinreichende Ruhezeit (so auch Denecke § 2 Anm. 10). Das gilt aber nicht bei Arbeitsunterbrechungen von längerer Dauer, da dann von geteilter Arbeitszeit nicht mehr die Rede sein wird (vgl. noch BAG AP 2 zu § 611 BGB Lohnanspruch = Betr. 55, 314).

Da der Jugendliche über die Pausen frei verfügen soll, kann er auch nicht wie nach dem JSchG 38 zu körperlichen Übungen gezwungenermaßen herangezogen werden. Die im Fernsprechdienst eingeführten Sportübungen gehören zur Arbeitszeit. Anders, wenn der Jugendliche freiwillig damit die Pausen ausfüllt.

Für die Festsetzung des Beginns und Endes der Pausen gilt das Mitbestimmungsrecht des Betriebsrates § 56 I a BVG.

Über die Pausen ist ein Aushang anzubringen (§ 54 Ziff. 2).

2. Spätestens nach 4½-stündiger Arbeitszeit ist die Ruhepause einzulegen. Die Unterrichtszeit in der Berufsschule ist auf die Arbeitszeit nur „anzurechnen" (vgl. amtl. Begründung Anh. 10). Sie ist daher keine Arbeitszeit und ist für die Pausenregelung nicht heranzuziehen. Es sind daher besondere Pausen nach dieser Vorschrift bei Arbeiten vor Beginn des Unterrichts oder nach dem Unterricht vor Beginn der Arbeit nicht zu gewähren (vgl. aber § 13 Anm. 2).

Auch die Dauer der Pausen bestimmt sich nur nach der betrieblichen Arbeitszeit und nicht etwa nach den nun anrechenbaren Zeiten. Der Jugendliche wird dadurch auch nicht beeinträchtigt, da die für den Schulunterricht erforderlichen Zeiten der Entspannung durch die Schulpausen gewährleistet sind (vgl. im übrigen dazu Bem. zu § 13). Die vorgeschriebene Mindestpause von 30 bzw. 60 Minuten kann in mehrere Pausen mit einer Mindestdauer von 15 Minuten aufgeteilt werden. Über Ausnahmegenehmigung vgl. Anm. 7.

3. Für den Bergbau unter Tage braucht kraft der besonderen Verhältnisse die Pause nicht im voraus festzustehen. Sie ist auch in die Arbeitszeit einzurechnen (§ 4). Sie hat die gleiche Dauer (30 Minuten) wie für die Erwachsenen nach § 12 AZO.

4. Um den Jugendlichen vor ungeeigneten Einflüssen Erwachsener zu bewahren (vgl. 120c GewO), sind nun anders als im JSchG 38 besondere Aufenthaltsräume für Jugendliche bereitzustellen. Eine unbedingte Pflicht dazu besteht für die Betriebsstätten, in denen mehr als zehn Jugendliche beschäftigt werden, und zwar regelmäßig. Betriebsstätte ist nicht gleich Betrieb zu setzen. Gemeint ist der arbeitstechnische Zusammenschluß an einem Arbeitsort, der auch nur ein Betriebsteil (Lehrwerkstätte, Zweigfabrik) sein kann. Der Begriff „regelmäßig" — wohl zuerst in § 133h GewO gebraucht — entspricht dem im sonstigen Arbeitsrecht. Die Anzahl ist nicht durch Abzählen zu ermitteln (RAG ARS 10, 506), sondern in Betracht kommt nur die Zahl der „normalerweise" Beschäftigten. Vorübergehende Schwankungen bleiben unberücksichtigt (RAG ARS 24, 172). Bei Saisonbetrieben gibt die „Saison" die Grundlage der Anzahl der normalerweise beschäftigten Jugendlichen (vgl. auch § 134i GewO und 105d GewO). Anders nur, wenn der Betrieb während des ganzen Jahres arbeitet und nur zu bestimmten Zeiten ein „saisonbedingter" Arbeitsanfall eintritt.

Für eine eventuelle Ausnahmegenehmigung nach Abs. 4 wird dabei die Dauer der Saison ebensowenig außer acht zu lassen sein wie der Umstand, ob in jeder Saison Jugendliche in dieser Anzahl beschäftigt werden.

„Besondere" Aufenthaltsräume „für Jugendliche" sind solche, die den Jugendlichen, gesondert von den Erwachsenen und von dem Arbeitsraum, für die Pausen zur Verfügung stehen. Eine anderweitige Benutzung während der sonstigen Zeiten ist zulässig, solange die Bestimmung des Raumes zum Aufenthalt der Jugendlichen während der Pausen nicht beeinträchtigt wird. Er muß räumlich dafür geeignet sein, ausreichende Größe, Licht usw. haben und dementsprechend ausgestattet sein, also heizbar (§ 120d GewO) und mit Tisch und Sitzgelegenheit zur Einnahme von Mahlzeiten versehen sein; Dinge, die heute keine Schwierigkeiten bereiten (vgl. auch Richtlinien des RAM für Aufenthalts-, Pausen- und Waschräume vom 10. 10. 38; Arb. Bl. 3, 241). Näheres kann durch Rechtsverordnung geregelt werden (§ 41).

5. Für Betriebe mit einer geringeren Anzahl von Jugendlichen besteht keine gesetzliche Pflicht zur Schaffung besonderer Räume. Es liegt nur eine Empfehlung, ein dringender Hinweis zur Erstellung solcher Räume vor. Nach § 120d GewO kann das Gew.Aufs.A ohnehin für Betriebe Anordnungen treffen.

6. Eine solche Pausengestaltung kommt nur in Betracht für Betriebe mit mehr als 10 beschäftigten Jugendlichen, bei Vorliegen einer Ausnahmegenehmigung nach Abs. 4 oder bei kleineren Betrieben, in denen andere Möglichkeiten nicht vorhanden sind. Den Erfordernissen „völlige Einstellung der Arbeit" — keine Beeinträchtigung der Erholung (Staub, Hitze und sonstige Einwirkungen) — ist in jedem Fall zur Vermeidung einer Ahndung als Ordnungswidrigkeit (§ 68 Abs. 1 Ziff. 2) Rechnung zu tragen.

7. Ausnahmebewilligungen durch die Aufsichtsbehörde (vgl. § 60) setzen einen wichtigen betrieblichen Grund voraus, der je nach Art der gewünschten Ausnahme einen unterschiedlichen Gehalt haben wird. Für Befreiung von einer vorherigen Festlegung der Pausen wird ein anderer Maßstab anzulegen sein als für deren Verkürzung. Abzuwägen sind die betrieblichen Bedürfnisse, denen als Notwendigkeit in anderer zumutbarer Weise kaum oder nur mit Beeinträchtigung Rechnung getragen werden kann, mit dem von der gesetzlichen Norm abweichenden Schutzbedürfnis des Jugendlichen. Ist insgesamt eine Beeinträchtigung nicht ohne weiteres gegeben, z. B. auf 10 Minuten verkürzte, aber die volle Zeit erreichende Ruhepausen, dürften an den wichtigen Grund nicht allzu große Anforderungen gestellt werden. Durch die Möglichkeit der Ausnahme soll den Eigenarten bestimmter Betriebe Rechnung getragen und die Handhabung flexibel gestaltet werden (vgl. auch amtl. Begründung Anh. 10). Es muß sich aber tatsächlich um eine Ausnahme handeln. Sie ist auch zu befristen. Ihre Erteilung erfolgt nach § 60 (vgl. dort). Sie ist im Betrieb auszuhängen.

Weitere Ausnahmen sind nach § 62 aus Gründen des Gemeinwohls möglich.

8. Hier wird der Aufsichtsbehörde die Befugnis zu einer weitergehenden Pausenregelung gegeben — nicht aber eine weitere Anordnungsbefugnis hinsichtlich der Aufenthaltsräume des Abs. 3, der ausdrücklich ausgenommen ist, und für die nur die Möglichkeit nach § 40 besteht. Die Pausenregelung braucht nicht nur die gefährlichen Arbeiten (§ 37 Abs. 2 und 3) zu betreffen, sondern auch sonstige schwere, den Jugendlichen anstrengende Arbeiten, die es erwünscht, d. h. zur Vermeidung der Gefahr einer Schädigung notwendig erscheinen lassen, die Pausen zu verlängern. Die Befürchtung einer Gefahr muß objektiv gerechtfertigt sein. Es kommt keine Ausnahme für den einzelnen Beschäftigten, sondern nur für bestimmte Arbeiten in Betracht.

Die verlängerte Zeit ist nicht etwa auf die Arbeitszeit anzurechnen (and. Ansicht Schulte-Langforth § 15 Anm. 8). Eine solche Anordnung würde zu einer tatsächlichen Verkürzung der Arbeitszeit führen und wäre nicht von der „Ermächtigung" in dieser Vorschrift getragen. Sie würde auch über die Grenzen arbeitsschutzrechtlicher Maßnahmen hinausgehen, einen Eingriff in die Lohnzahlungspflicht bedeuten und § 4 I verletzen.

9. Zuwiderhandlungen gegen die Vorschriften des Abs. 1 und 2 werden nach § 67 Ziff. 1 als Ordnungswidrigkeit (Straftat nur im Falle des § 67 Abs. 3 und 4) geahndet, die Verletzung von Abs. 3 nach § 68 Abs. 1 Ziff. 2 (Ordnungswidrigkeit) und ein Nichtbeachten der Pausenordnung gemäß Abs. 4 Satz 2 nach § 67 Abs. 1 Ziff. 7.

§ 15 Tägliche Freizeit[1])[3])

Nach Beendigung der täglichen Arbeit ist den Jugendlichen eine ununterbrochene Freizeit[1]) von mindestens zwölf Stunden zu gewähren[2])[3]).

Geltungsbereich: Diese Vorschrift gilt nicht bei Beschäftigung in Notfällen § 20, in Heimarbeit §§ 22, 21 und in der Landwirtschaft § 31.

Für die Binnenschiffahrt besteht noch die Ausnahme des § 36 Abs. 1 für die Beschäftigung während der Fahrt, sonst gilt sie uneingeschränkt. Die früheren

Ausnahmen für das Gaststätten- und Beherbergungsgewerbe sowie für Bäckereien sind aufgehoben.

1. Freizeit ist der Zeitraum, der zwischen zwei Arbeitstagen — zwei Schichten — liegt. Sie bedeutet die völlige Freistellung von jeder Arbeitsverpflichtung für den Zeitraum von 12 Stunden. Auch nur eine kurze Heranziehung zu einer Zwischenarbeit ist unzulässig, selbst wenn der Jugendliche sich dazu freiwillig erbietet.

Die Freizeit beginnt mit Beendigung der täglichen Arbeitszeit und endet mit der Wiederaufnahme am nächsten Tage. Für ihre Lage ist die Nachtruhe nach § 16 zu beachten.

2. Der Arbeitgeber hat die Freizeit zu gewähren. Bei mehreren Beschäftigungen (§ 5) haben beide Arbeitgeber für die Innehaltung der Freizeit so zu sorgen, daß dem Jugendlichen überhaupt eine ununterbrochene Erholungszeit von 12 Stunden verbleibt. Damit kann allein dem Sinn der Regelung „ununterbrochene Entspannung" Rechnung getragen werden. Anders, wenn dem Arbeitgeber die zweite Beschäftigung unbekannt ist. Wie der Jugendliche die Freizeit verbringt, ist ohne Belang. Freiwillige Teilnahme an Werksveranstaltungen, Unterricht u. a. beeinträchtigt sie nicht. Er kann sich sogar auf dem Fabrikgelände aufhalten (so auch Denecke § 12 Anm. 1). Die Berufsschulzeit wird auf die Arbeitszeit nur angerechnet. Sie ist nicht Arbeitszeit, braucht daher bei Festlegung der Freizeit auch nicht beachtet zu werden.

3. Ausnahmebewilligungen sind nur nach § 62 aus Gründen des Gemeinwohls möglich. Verstoß gegen die Freizeitgewährung ist eine Ordnungswidrigkeit nach § 67 Ziff. 1 (vgl. über Verschulden OLG Hamm AP 2 zu § 12 AZO = BB 57, 149).

§ 16 Nachtruhe[1])[7])

(1) Jugendliche dürfen nicht in der Nachtzeit von 20 bis 6 Uhr beschäftigt werden[1]).

(2) In Gast- und Schankwirtschaften[2]) und im übrigen Beherbergungswesen[2]) dürfen Jugendliche über 16 Jahre bis 22 Uhr beschäftigt werden[2]).

(3) In den unter das Gesetz über die Arbeitszeit in Bäckereien und Konditoreien vom 29. Juni 1936 (Reichsgesetzbl. I S. 521) fallenden Betrieben[3]) dürfen männliche Jugendliche über 16 Jahre, wenn es ihre Berufsausbildung erfordert, in der Nachtzeit beschäftigt werden, soweit nach dem Gesetz vom 29. Juni 1936 die Herstellung von Bäcker- und Konditorwaren während der Nachtzeit erlaubt ist[3]).

(4) In mehrschichtigen Betrieben[4]) dürfen Jugendliche über 16 Jahre in regelmäßigem ein- oder zweiwöchentlichem Wechsel bis 23 Uhr beschäftigt werden.

(5) Die Aufsichtsbehörde kann bewilligen[5]), daß Jugendliche bei Musikaufführungen, Theatervorstellungen und anderen Aufführungen sowie bei Direktsendungen im Ton- und Fernsehrundfunk und bei Filmaufnahmen mit einer gestaltenden Mitwirkung bis 23 Uhr beschäftigt werden. Dies gilt, mit Ausnahme von Jugendlichen,

die mit artistischen Darbietungen gemeinsam mit einem Elternteil beschäftigt werden, nicht für Varieté-, Kabarett- und Revueveranstaltungen, bei denen Jugendlichen gemäß § 5 des Gesetzes zum Schutze der Jugend in der Öffentlichkeit in der Fassung des Gesetzes vom 27. Juli 1957 (Bundesgesetzbl. I S. 1058) die Anwesenheit nicht gestattet werden darf, sowie für Veranstaltungen im Sinne der zu § 8 des Gesetzes zum Schutze der Jugend in der Öffentlichkeit erlassenen Rechtsverordnungen. Die Beschäftigung darf nur bewilligt werden, wenn ausreichende Vorkehrungen zum Schutze der Gesundheit und zur Vermeidung sittlicher Gefährdung getroffen sind. Nach Beendigung der Beschäftigung ist den Jugendlichen eine ununterbrochene Freizeit von mindestens 14 Stunden zu gewähren[5]).

(6) Die Aufsichtsbehörde kann bewilligen, daß Jugendliche in Betrieben, in denen die Beschäftigten in außergewöhnlichem Grade der Einwirkung von Hitze ausgesetzt sind, in der warmen Jahreszeit bereits ab 5 Uhr beschäftigt werden[6]).

Geltungsbereich: Diese Vorschrift gilt nicht für die Beschäftigung in Notfällen § 20, in Heimarbeit §§ 22, 21, in der Landwirtschaft §31 Abs. 2, §21. Für die Binnenschiffahrt besteht die Ausnahme nach § 36 Ziff. 4.

1. Die Vorschrift spricht gleich der früheren Regelung das grundsätzliche Verbot jeder Nachtarbeit aus. Die Ausnahmen von Abs. 2 bis 5 bedeuten tatsächlich nur eine Verlegung der Nachtruhe, deren Dauer schon nach § 15 gewahrt bleibt. Da nur die Beschäftigung während dieser Zeit verboten ist, wird eine freiwillige Teilnahme an zusätzlichem Werkunterricht, Sport, Spiel, Betriebsfesten, Werksaufführungen nicht betroffen. Das gilt auch für die Berufsschulzeit, die nur auf die Arbeitszeit angerechnet wird, nicht Arbeitszeit ist (vgl. § 13 Anm. 4), so daß eine Beschäftigung bis 23.00 Uhr stattfinden kann, selbst wenn der Schulunterricht um 8.00 Uhr am nächsten Tag beginnt.

2. Dazu gehören auch Kantinen, Speisewirtschaften, Milchbars, Eisdielen (VO vom 6. 7. 32, RGBl. 1, 739), also alle die Betriebe, die im offenen Lokal den Ausschank von Getränken oder Speisen betreiben (über den Begriff vgl. Gaststättengesetz vom 28. 4. 30). Ohne Belang ist es, ob der Betrieb gewerbsmäßig geführt wird oder nicht. Auch entsprechende Einrichtungen der Wohlfahrtsverbände (Speiseküchen) fallen darunter.

Das gilt auch für das Beherbergungsgewerbe. Es gehören deshalb auch Jugendherbergen, Hütten und nicht nur Hotels, Hospize, Fremdenheime usw. dazu. Die Beschäftigung braucht nicht dem unmittelbaren Zweck „Beherbergung" zu dienen, sondern erfaßt auch das Hilfspersonal und Hilfstätigkeit, solange die Beschäftigung für den Betriebszweck erfolgt, nicht aber z. B. das im Privathaushalt tätige Personal eines Hoteliers.

Die Zulässigkeit der verlängerten Beschäftigung von Jugendlichen über 16 Jahre — für die Jüngeren verbleibt es entgegen dem früheren Recht bei der Regelung des Abs. 1 — kommt aber nur für den erlaubterweise geführten Betrieb in Betracht. Durch diese Vorschrift soll besonderen und berechtigten Bedürfnissen dieses Gewerbezweiges Rechnung getragen werden. Ein berechtigtes Bedürfnis entfällt aber bei einem unerlaubt geführten Betrieb (so schon für das frühere Recht Siebert § 14 Anm. 4c). Vgl. auch die amtliche Begründung (Anh. 10).

3. Unter das Gesetz vom 29. 6. 36 fallen nur die Herstellungsbetriebe. Über den Geltungsbereich vgl. § 1 (Anh. 5).

Über das Nachtbackverbot vgl. § 5 (Anh. 5).

Liegt eine Befreiung vom Nachtbackverbot vor (§ 9 und 10 des Gesetzes vom 29. 6. 36), so ist hier auch die Herstellung als nach dem Gesetz erlaubt anzusehen (soweit nach dem Gesetz ......). Bei einer eventuell zulässigen Beschäftigung in einem solchen Betrieb an Sonn- und Feiertagen bedarf es für den Jugendlichen der Genehmigung nach § 19 Abs. 3 (vgl. dort). In jedem Fall muß aber die Beschäftigung nach 20.00 Uhr und ab 4.00 Uhr von dem Erfordernis der Berufsausbildung getragen sein. Sie kommt daher nur bei Berufsausbildungsverhältnissen in Betracht, nicht für Hilfsarbeiter. Eine der Berufsausbildung und dem Werdegang — Berufserziehungsbild — nicht entsprechende Beschäftigung — dabei ist aber der Erziehungszweck nicht außer acht zu lassen — ist unzulässig und stellt eine Ordnungswidrigkeit dar (§ 67, I Ziff. 1). Z. B. wird im allgemeinen das Austragen von Waren nicht der Berufsausbildung dienen.

4. Nicht erforderlich ist es, daß der gesamte Betrieb in mehreren Schichten arbeitet. Ausreichend muß es sein, wenn in selbständigen Betriebsteilen Schichtarbeit regelmäßig eingeführt ist. Vgl. LAG Kiel AP 3 zu § 611 BGB Lohnzuschläge und BAG AP 4 zu gleicher Vorschrift mit berechtigter ablehnender Stellungnahme von Denecke. Für die Dauer der Schicht ist § 10 zu beachten, für den Wechsel § 15. Es wird sich deshalb fast immer eine unterschiedliche Schichtzeit für Erwachsene und Jugendliche ergeben.

5. Hier bedarf es zu einer Beschäftigung nach 20.00 Uhr der ausdrücklichen Genehmigung durch die Aufsichtsbehörde (§ 60); über deren Inhalt und Form vgl. Erläuterungen zu § 63.

Diese Vorschrift enthält die Ergänzung des § 8 für Jugendliche. Die Art der Veranstaltung stimmt im wesentlichen mit § 8 Abs. 1 Satz 1 überein (vgl. die Anm. dazu).

Nur bei Ton- und Fernsehfunk muß es sich um „direkte" Sendungen, also nicht um Aufnahmen auf Band handeln. Die „Besserstellung" des Jugendlichen gegenüber dem Kind ist nur scheinbar. weil dafür die Arbeitszeit anders als im § 8 nicht begrenzt ist. Die Mitwirkung des Jugendlichen braucht auch anders als im § 8 nicht von kulturellen Belangen getragen zu sein, sie muß aber gestaltender Art sein. Deshalb ist hier auch die Mitwirkung des Jugendlichen beim Werbefunk möglich. Es muß sich aber um eine Mitwirkung handeln, die nicht Nebentätigkeiten erfaßt; anders nur, wenn die Nebentätigkeit mit der Mitwirkung in unmittelbarem Zusammenhang steht und zu ihr gehört (vgl. dazu § 8 Anm. 4). Weitere Voraussetzung für die Genehmigung ist, daß die Mitwirkung nicht gegen das Gesetz zum Schutz der Jugendlichen in der Öffentlichkeit verstößt, was bei Varieté, Kabarett usw. der Fall ist (vgl. dazu § 5 und 8 des angeführten Gesetzes in Anhang 4 und die dazu ergangene VO vom 2. 4. 59, BGBl. I, 240 über Catcher- und sonstige Veranstaltungen).

Soweit für eine solche Veranstaltung dem Jugendlichen die Teilnahme erlaubt ist (§ 5 des Ges. vom 27. 7. 57), kann die Genehmigung nach dieser Vorschrift erteilt werden.

Anders als für das Kind in § 8 kommt es nur noch für die Ausnahmegenehmigung auf die Wahrung der Gesundheit des Jugendlichen und Vermeidung einer sittlichen Gefährdung an, nicht aber auf die Auswirkung seiner beruflichen Fortentwicklung, die trotzdem mit zu prüfen und zu beachten sein wird. Vor Erteilung der Genehmigung werden die Art der Veranstaltung, die betrieblichen Verhältnisse und die Vertrauenswürdigkeit des Veranstalters ebenso zu prüfen sein wie der Einfluß auf die Gesundheit, abgestellt auf die Person des Jugendlichen (§§ 40 und 45).

Keiner Genehmigung bedarf aber nunmehr die Beschäftigung des Jugendlichen, der mit seinen Eltern mit artistischen Darbietungen auftritt.

6. Auch die letzte Ausnahmebewilligung betrifft den Jugendlichen schlechthin und unterscheidet nicht mehr nach dem Lebensalter. Hiermit soll den besonderen, letztlich auch im Interesse des Jugendlichen liegenden betrieblichen Bedürfnissen Rechnung getragen werden. Ob die Voraussetzungen vorliegen, ist im einzelnen Fall zu prüfen. Dabei sind die nach § 40 erforderlichen Maßnahmen von besonderer Bedeutung.

7. Über die Anfechtbarkeit der Verweigerung der Genehmigung vgl. Anm. zu § 63.

Verletzung dieser Vorschriften wird als Ordnungswidrigkeit nach § 67 Abs. 1 und bei Vorliegen der Voraussetzung des § 67 Abs. 3 und 4 als Straftat geahndet.

§ 17 Frühschluß vor Sonntagen[1])[18])

(1) An Samstagen und am 24. und 31. Dezember dürfen Jugendliche unter 16 Jahren nicht nach 14 Uhr beschäftigt werden[2]). Dasselbe gilt für Jugendliche über 16 Jahre in einschichtigen Betrieben.

(2) Die Vorschriften des Absatzes 1 finden, soweit am Beschäftigungsort eine Beschäftigung Jugendlicher am Samstagnachmittag in den betreffenden Wirtschaftszweigen üblich ist[3]), keine Anwendung auf das Verkehrswesen[4]), auf Ausbesserungswerkstätten für Kraftfahrzeuge[5]), auf Gast- und Schankwirtschaften und das übrige Beherbergungswesen[6]), auf Konditoreien[7]), auf das Friseurhandwerk[8]), auf Krankenpflegeanstalten[9]), auf Musikaufführungen[10]), Theatervorstellungen und andere Aufführungen, auf den Ton- und Fernsehrundfunk[11]) und auf Filmaufnahmen[11]), auf offene Verkaufsstellen[12]), auf den Marktverkehr[13]) und auf Handreichungen beim Sport[14]), sie finden ferner keine Anwendung auf den Bergbau[15]), soweit die Jugendlichen bei der Förderung einschließlich der mechanischen Aufbereitung beschäftigt werden.

(3) Mindestens zwei Samstagnachmittage in jedem Monat müssen beschäftigungsfrei bleiben[16]).

(4) Jugendliche, die auf Grund des Absatzes 2 beschäftigt werden, sind an einem anderen Tage derselben oder der folgenden Woche ab 14 Uhr von der Arbeit freizustellen[17]).

Geltungsbereich: Diese Vorschrift findet keine Anwendung für Heimarbeiter §§ 22, 21, im Familienhaushalt §§ 26, 21, in der Landwirtschaft §§ 32, 21 sowie in Notfällen § 20.

Für die Binnenschiffahrt gilt nicht Abs. 2 bis 4 (§§ 35, 21 Abs. 1 nur mit Ausnahme während der Fahrt § 36 Ziff. 5).

1. Die Regelung des Frühschlusses am Samstag vor Sonntagen — nicht etwa gesetzlichen oder kirchlichen Feiertagen — und am 24. und 31. Dezember stimmt weitgehend mit der des JSchG 38 überein und ist in den Betrieben heute ohnehin weitgehend üblich. Sie gilt jetzt auch für die 14 bis 16 Jahre alten Jugendlichen in mehrschichtigen Betrieben. Es ist daher eine Beschäftigung an diesen Tagen nach 14.00 Uhr allein noch für den über 16 Jahre alten Jugendlichen (über die Berechnung des Lebensalters vgl. Anm. 2 zu § 2) in einem mehrschichtigen Betrieb möglich. Er ist von den gesamten Bestimmungen des Frühschlusses schlechthin ausgenommen. Sonst ist eine Beschäftigung nur noch als Ausnahme nach Abs. 2—4 zulässig.

2. Der Frühschluß ist zwingend vorgeschrieben, um dem Jugendlichen eine längere Freizeit am Wochenende zu gewährleisten. Ausnahmen können nur nach § 62 aus Gründen des Gemeinwohls bewilligt werden.

Er greift auch dann Platz, wenn die Wochenarbeitszeit durch sonstigen Arbeitsausfall nicht erreicht wird. Bei einem arbeitsfreien Samstag können auch nicht etwa die Zeiten ab 14.00 Uhr als ausfallende Arbeitszeit im Sinne des § 10 Abs. 3 Anrechnung finden, da der Samstagnachmittag ohnehin arbeitsfrei zu sein hat.

3. Den besonderen Bedürfnissen einzelner Wirtschaftszweige wird durch ein Ausnahmen in Abs. 2 Rechnung getragen. Sie kommen ohne Unterschied auf den ein- oder mehrschichtigen Betrieb zur Anwendung. Voraussetzung ist aber für die im ersten Satz angeführten Wirtschaftszweige, daß eine Beschäftigung am Samstagnachmittag bereits üblich sein muß. Da schon das JSchG 38 für den Einschichtbetrieb den Frühschluß eingeführt hatte und Ausnahmen für einzelne Wirtschaftszweige nur bei Üblichkeit zulässig waren, muß es sich letztlich um eine jahrzehntelange Handhabung handeln, wenn die Beschäftigung noch möglich sein kann. Das ist aber in den angeführten Betriebsarten im allgemeinen der Fall. Für Mehrschichtbetriebe kommt es dagegen für den Jugendlichen bis 16 Jahre nur auf die bei Inkrafttreten dieses Gesetzes bestehende Üblichkeit an. Wenn es auch hierbei auf den Wirtschaftszweig abgestellt ist, so sind doch eventuell bestehende regionale Unterschiede zu berücksichtigen.

Bestand eine Übung lediglich für den 24. und 31. Dezember, an Samstagen aber nicht, so bleibt es dabei (so schon für das frühere Recht Siebert § 17 Anm. 7).

Ändert sich die Übung bei Erwachsenen, so ist dies für den Jugendlichen ohne Einfluß, da die Beschäftigung von Jugendlichen schon jetzt üblich sein muß. Besteht aber eine Üblichkeit Ausfalltage am Samstag nachzuholen, so ist eine in diesem Rahmen erfolgende Beschäftigung zulässig.

4. Dazu gehören die Gewerbezweige, die die Beförderung von Waren, Personen, Nachrichten zu Lande, zu Wasser und in der Luft betreiben, aber auch die entsprechenden Büro- und Hilfsbetriebe, Schiffsmakler, Reisebüros (OLG Königsberg Gew.Arch. 29, 247),) nicht aber Autofahrschulen (Bayr. OLG Gew.Arch. 28, 107) oder Wach- und Schließgesellschaft.

Auch die Land-, Boden- und Hilfsbetriebe der Seeschiffahrt gehören zum Verkehrsgewerbe. Nach § 1 ist nur die Beschäftigung von Besatzungsmitgliedern auf Kauffahrteischiffen ausgeschlossen. Dasselbe gilt für die Binnenschiffahrt (vgl. § 35 und oben unter Geltungsbereich).

5. Es gehören dazu aber nicht wie früher Werkstätten für Fahrräder. Bei Gemischtbetrieben kommt es auf die Unterscheidung nicht an.

6. Vgl. Anm. 2 zu § 16.

7. Nur Konditoreien; das sind Betriebe, die Konditorwaren herstellen. Die übrigen Betriebe des Gesetzes über die Arbeitszeit in Bäckereien und Konditoreien (vgl. Anh. 5) fallen nicht darunter.

8. Dazu gehören auch die in Kaufhäusern unterhaltenen Abteilungen.

9. Als solche gelten nach § 1 Abs. 2 der VO über die Arbeitszeit in den Krankenpflegeanstalten vom 13. 2. 24 (RGBl. 1, 66) „öffentliche und private Anstalten, in denen Kranke und Sieche versorgt werden, ständiger ärztlicher Aufsicht oder sachkundiger Pflege bedürfen, ferner Entbindungsanstalten, Säuglingsheime und Irrenanstalten“. Die nach dieser VO gegebene Unterscheidung zwischen der Arbeitszeit des Pflegepersonals in dem dort gebrauchten Sinn der Verrichtung von Arbeiten, die unmittelbar der Versorgung der Kranken dienen, und der Arbeitszeit des anderen Personals greift nicht Platz. Sie wird aber eine Bedeutung im Hinblick auf die Üblichkeit haben, da in nicht als gemeinnützig anerkannten Krankenanstalten nur das Pflegepersonal dieser VO, die anderen aber der AZO unterstanden.

10. Vgl. § 8 Anm. 3 und § 16 Anm. 5.

11. Auch Werbefunk. Nur Filmaufnahmen, nicht etwa Filmvorführungen.

12. Das sind die nach § 1 Ladenschlußgesetz (vgl. Anh. 8) angeführten. Im Gegensatz dazu steht das ambulante Gewerbe § 42a ff. GewO und Gewerbe nach § 55ff. GewO.

13. Das sind Messen, Jahres- und Wochenmärkte (vgl. im übrigen § 64ff. GewO).

14. Das sind die Hilfeleistungen als Balljunge bei Tennis und Golf und sonstige arbeitsmäßige Handreichungen.

15. Auch der Bergbau mußte in dem angeführten Umfang aus dem Frühschluß kraft seiner Sonderheit ausgenommen werden. Auf eine Üblichkeit kommt es hierbei nicht an. Der Jugendliche muß aber bei der Förderung und mechanischen Aufbereitung, nicht etwa an anderen Stellen beschäftigt sein.

16. Zwei Samstage müssen im Monat in jedem Fall frei bleiben. Der Arbeitgeber kann sie frei bestimmen. Bei ohnehin freiem Samstag (z. B. weil es sich um einen gesetzlichen Feiertag handelt) gehört dieser dazu, da nicht eine „Freigabe" für zwei Samstage verlangt wird, sondern nur an zwei bzw. drei Samstagnachmittagen je Monat als Ausnahme nach Abs. 2 gearbeitet werden darf. Das muß auch im Fall einer in der Person des Jugendlichen liegenden Arbeitsverhinderung gelten.

Da der Jugendliche über 16 Jahre in Mehrschichtbetrieben ohnehin nicht unter den Frühschluß fällt, bezieht sich dieser Absatz nur auf die vorher aufgeführten Ausnahmen und enthält nicht etwa das Postulat, daß für jeden Jugendlichen, der am Samstagnachmittag beschäftigt werden darf, zwei Nachmittage beschäftigungsfrei zu bleiben haben. Diese Bestimmung war noch im Regierungsentwurf — allerdings mit einem Samstag — in Abs. 2 selbst aufgeführt. Die Fassung als besonderer Absatz erfolgte nicht zur Erweiterung des Personenkreises, also auf den Jugendlichen über 16 Jahre im Mehrschichtbetrieb, sondern „um die Bedeutung, daß diese Samstage frei bleiben müssen, herauszustellen". Vgl. Ausschußbericht Anh. 11. Deshalb kommt der besonderen Erwähnung des Abs. 2 in Abs. 4 keine selbständige Bedeutung zu. Sie ist schon im Regierungsentwurf enthalten, besagt also nichts über eine etwaige andere Ansicht des Gesetzgebers (ebenso Thumser § 17 Anm. 22).

17. Bei der Freistellung ist die Höchstwochenarbeitszeit des § 10 zu beachten, so daß sie in der Regel in derselben Woche vorzunehmen ist. Deshalb kann auch die Freistellung zu Zeiten anrechenbaren Berufsschulunterrichts nicht erfolgen.

18. Nach § 56 ist ein Verzeichnis über die Beschäftigung an Samstagnachmittagen und über die Freizeitgewährung zu führen (vgl. dort Anm.). Nichtbeachtung wird als Ordnungswidrigkeit nach § 68 Abs. 1 Ziff. 6 geahndet.

Zuwiderhandeln gegen Abs. 1—4 ist Ordnungswidrigkeit bzw. Straftat nach § 67 Abs. 1 Ziff. 1 Abs. 2 und 3.

§ 18 Sonntagsruhe[1])[12])

(1) An Sonn- und gesetzlichen Feiertagen[2]) dürfen Jugendliche nicht beschäftigt werden.

(2) Zulässig[3]) ist die Beschäftigung Jugendlicher in Gast- und Schankwirtschaften und im übrigen Beherbergungswesen[4]), in Krankenpflegeanstalten sowie im Marktverkehr[4]). Zulässig ist außerdem die Beschäftigung Jugendlicher bei Musikaufführungen, Theatervorstellungen und anderen Aufführungen sowie bei Direktsendungen im Ton-, Fernsehrundfunk, soweit die Jugendlichen gestaltend mitwirken[5]), dies gilt mit Ausnahme von Jugendlichen, die mit artistischen Darbietungen[6]) gemeinsam mit einem Elternteil beschäftigt werden, nicht für Varieté-, Kabarett- und Revueveranstaltungen, bei denen Jugendlichen gemäß § 5 des Gesetzes zum Schutze der Jugend in der Öffentlichkeit in der Fassung des Gesetzes vom

27. Juli 1957 (Bundesgesetzblatt I S. 1058) die Anwesenheit nicht gestattet werden darf, sowie für Veranstaltungen im Sinne der zu § 8 des Gesetzes zum Schutze der Jugend in der Öffentlichkeit erlassenen Rechtsverordnungen. Mindestens jeder zweite Sonntag muß beschäftigungsfrei bleiben[7]). Ferner dürfen Jugendliche in Verkaufsstellen an den Verkaufssonntagen vor Weihnachten gemäß § 13 des Gesetzes über den Ladenschluß vom 28. November 1956 (Bundesgesetzbl. I S. 875) in der Fassung des Gesetzes vom 17. Juli 1957 (Bundesgesetzbl. I S. 722) während der Zeiten beschäftigt werden, in denen die Beschäftigung Erwachsener gestattet ist[8]).

(3) Aus dringenden Gründen des Gemeinwohls oder wenn andernfalls ein unverhältnismäßiger, auf andere Weise nicht zu verhütender Schaden für den Betrieb eintreten würde, kann die Aufsichtsbehörde für insgesamt sechs Sonn- oder Feiertage im Kalenderjahr, jedoch für höchstens zwei Sonntage hintereinander, eine Beschäftigung Jugendlicher über 16 Jahre bewilligen[9]).

(4) Jugendliche, die auf Grund der Absätze 2 und 3 an Sonn- und Feiertagen beschäftigt werden, sind, wenn die Beschäftigung bis zu vier Stunden dauert, an einem der vorangehenden oder der folgenden sechs Werktage ab 14 Uhr, wenn sie länger als vier Stunden dauert, an einem ganzen der vorangehenden oder der folgenden sechs Werktage von der Arbeit freizustellen[10]). Steht einem Jugendlichen sowohl nach Satz 1 als auch nach § 17 Abs. 4 ein freier Nachmittag zu, so ist statt dessen ein ganzer Werktag freizugeben. Im übrigen darf die Freizeit nach Satz 1 nicht an dem Tage des Frühschlusses gemäß § 17 gewährt werden.

(5) Für Sonn- und Feiertagsarbeit ist den Jugendlichen ein Zuschlag von mindestens 50 vom Hundert zum regelmäßigen Arbeitsentgelt zu zahlen. Für jugendliche Lehrlinge und Anlernlinge beträgt der Zuschlag für jede Stunde mindestens eins vom Hundert des monatlichen Entgelts, jedoch nicht weniger als 0,60 Deutsche Mark. Durch Tarifvertrag können die Zuschläge und Mindestentgelte abgedungen oder anderweitig festgesetzt werden. Für die Bezahlung von Sonntagsarbeit, die zugleich Mehrarbeit ist, bewendet es bei den Vorschriften des § 12 Abs. 2[11]).

Geltungsbereich: Diese Vorschrift findet keine Anwendung für Heimarbeiter §§ 22, 21, im Familienhaushalt §§ 27, 21; für die Landwirtschaft gilt nur Abs. 5 entsprechend (§§ 34, 33, 21, vgl. noch § 9 Abs. 2); für die Binnenschiffahrt Abs. 1 und 5 (§§ 35, 21) mit Ausnahme während der Fahrt (§ 36, 6). Für die Beschäftigung verwandter Kinder kommt Abs. 5 nicht in Betracht (§ 71, 1).

1. Schon im § 105b GewO war ein Verbot der Sonn- und Feiertagsarbeit für einzelne Witschaftszweige enthalten. Die Sonntagsruhe gilt wie schon nach dem JSchG 38 für alle Jugendlichen ohne Unterschied des Lebensalters. Die Ausnahme für Jugendliche über 16 Jahre in kontinuierlichen Betrieben ist weggefallen.

2. Das sind Neujahr, Karfreitag, Ostermontag, 1. Mai, Christi Himmelfahrt, Pfingstmontag, Tag der deutschen Einheit (17. Juni) sowie der 1. und 2. Weihnachtsfeiertag. In Betracht kommen auch Bußtag, der in Bayern nur in Gemeinden mit überwiegend protestantischer Bevölkerung gilt, Allerheiligen, Mariä Himmelfahrt, Fronleichnam und Heilige Drei Könige (vgl. Übersicht bei Nipperdey AR 250). Es gehören nicht dazu die sonstigen kirchlichen Feiertage.

Der Sonn- und Feiertag dauert von 0.00 bis 24.00 Uhr.

Die in § 105b GewO für Betriebe mit regelmäßiger Tag- und Nachtschicht vorgesehene Verschiebung des Beginns der Sonntagsruhe auf frühestens 18.00 Uhr des vorangehenden Samstags und spätestens 6.00 Uhr des Sonntags ist auch hier möglich soweit sie §§ 16, 17 zulassen (so schon für das frühere Recht Siebert § 18 Anm. 3), denn durch die Sonntagsruhe soll nur eine ununterbrochene Ruhezeit von 24 Stunden gewährleistet sein. Vornehmlich für Jugendliche über 16 Jahre in Mehrschichtbetrieben kann daher der Beginn der Sonntagsruhe auf Sonnabend 20.00 Uhr verlegt werden.

3. Wie schon bei dem Frühschluß § 17 und der Nachtruhe § 16 läßt sich auch das Verbot der Sonntagsarbeit nicht unbedingt in allen Wirtschaftszweigen durchführen. Es waren daher Ausnahmen notwendig. Sie bedürfen keiner Genehmigung. Sie betreffen den Jugendlichen über und unter 16 Jahre. Nach Abs. 3 sind noch weitergehende Ausnahmen auch für die Betriebe des Abs. 2 möglich.

4. Vgl. zur Begriffsbestimmung Anm. zu § 17.

5. Vgl. dazu die Anm. zu § 16.

6. Auch hierbei werden die mit den Eltern auftretenden jugendlichen Artisten von dem Verbot nicht betroffen (vgl. § 8 Anm. 6 und § 16 Anm. 5).

7. Nur jeder zweite Sonntag hat beschäftigungsfrei zu bleiben. Auf die Anzahl etwa der Feiertage, auch wenn sie dazwischenliegen, kommt es nicht an. An sich ist die Beschäftigung an jedem Feiertag zulässig, es ist nur der Ausgleich zu beachten (vgl. Abs. 4 und 5).

8. Vgl. dazu § 17 Anm. 12. Eine Änderung des § 13 Lad.Schl.Ges. steht bevor, so daß diese Ausnahme keine Bedeutung mehr haben wird. An anderen Sonn- und Feiertagen dürfen Jugendliche in solchen Betrieben nicht beschäftigt werden, auch wenn die Verkaufsstelle zulässigerweise geöffnet ist.

9. Nur für Jugendliche über 16 Jahre können nach Abs. 3 weitere Ausnahmen von dem Verbot der Sonntagsarbeit durch die Aufsichtsbehörde (vgl. § 60) bewilligt werden.

Über Antragstellung sowie Form und Inhalt der Genehmigung vgl. § 63.

Die Genehmigung kann für Betriebe erfolgen, in denen die Sonntagsarbeit überhaupt nicht zulässig ist, sie muß aber unter den Geltungsbereich dieser Vorschrift fallen. — Sonst ist eine Genehmigung nur nach der Generalklausel des § 62, also lediglich, wenn es das Gemeinwohl dringend erfordert, möglich (vgl. Anm. zu § 62). — Die Ausnahmegenehmigung nach Abs. 3 kann auch eine Erweiterung des Abs. 2 betreffen, so daß nicht jeder zweite Sonntag beschäftigungsfrei zu sein hat.

Zulässig ist sie aus zwei verschiedenen Gründen. Sie kann wie in § 62 aus dringenden Gründen des Gemeinwohls (vgl. Anm. zu § 62) erfolgen, es genügt aber auch, daß ein sonst nicht zu verhütender Schaden, und zwar ein unverhältnismäßig hoher Schaden eintritt. Es kann dazu im wesentlichen auf die Bemerkung zu § 11 verwiesen werden. Abzuwägen ist das Anrecht des Jugendlichen auf die Sonntagsruhe mit den betrieblichen Nachteilen.

Die Genehmigung kann auch für zwei Sonntage mit einem oder mehreren anschließenden Feiertagen erteilt werden, da nur die Beschäftigung an zwei hintereinanderliegenden Sonntagen nicht erlaubt ist.

10. Ebenso wie bei der Vorschrift über den Frühschluß hat der Ausgleich einer solchen zulässigen Arbeit durch Freizeitgewährung zu erfolgen. Die zeitliche Dauer und Lage der Freistellung (am Nachmittag ab 14.00 Uhr) ist zwingend. Auch bei nur einstündiger Arbeit ist ein ganzer Nachmittag ab 14.00 Uhr zu gewähren. Da die Vorschrift sonst aber keine Bestimmungen über die auszugleichende Arbeitszeit enthält, ist in jedem Fall § 10 zu beachten, damit keine Überschreitung der Wochenarbeitszeit stattfindet. Beträgt am Wochentage die Arbeitszeit nach 14.00 Uhr nur zwei Stunden, so ist bei vierstündiger Sonntagsarbeit ein weiterer Ausgleich im Hinblick auf § 10 geboten, der dann aber auch in die Vormittagsstunden verlegt werden kann. In einem solchen Falle wird zudem die Genehmigung auch eine Bewilligung im Sinne von § 11 Ziff. 2 darstellen.

11. Die festgesetzte Vergütung greift nur Platz, soweit nicht tarifvertraglich eine andere Regelung vorliegt. Auch bei verbotener Sonntagsarbeit ist sie zu zahlen. Ist die Sonntagsarbeit zugleich Mehrarbeit, dann bleibt es bei der unabdingbaren Vergütung des § 12. Hinsichtlich der Feiertagsarbeit die Mehrarbeit ist kommt der Zuschlag des § 12 Abs. 1 in Betracht (vgl. § 12 Anm. 6) a. A. Thumser § 12 Anm. 15 wie hier Schulte-Langforth § 18 Anm. 13.

12. Nach § 56 ist ein Verzeichnis über die Beschäftigung an Sonn- und Feiertagen — auch über die nach Abs. 3 genehmigte — und die gewährte Freizeit zu führen. Nichtbeachtung wird als Ordnungswidrigkeit nach § 68 Abs. 1 Ziff. 6 geahndet.

Zuwiderhandlung gegen Abs. 1 und 2 Satz 3 und Abs. 4 ist Ordnungswidrigkeit bzw. Straftat (§ 67 Abs. 1 Ziff. 1 und Abs. 2 und 3).

Für die Nichtbeachtung des Abs. 5 ist Sanktion nicht vorgesehen. Es bleibt bei den zivilrechtlichen Ansprüchen.

§ 19 Urlaub[1])[20])

(1) Der Arbeitgeber hat dem Jugendlichen für jedes Urlaubsjahr[2]) Urlaub unter Fortzahlung des Entgelts[3]), das der Jugendliche ohne den Urlaub erhalten hätte, zu gewähren, erstmals nach einer ununterbrochenen Beschäftigung von mehr als drei Monaten[4]). Das auf die Urlaubszeit entfallende Entgelt (Urlaubsentgelt) ist vor Antritt des Urlaubs auszuzahlen. An Stelle von Sachbezügen[5]) ist für die Dauer des Urlaubs eine angemessene Barentschädigung zu gewähren.

(2) Der Urlaub beträgt mindestens 24 Werktage[6]), für den im Bergbau unter Tage beschäftigten Jugendlichen 28 Werktage. Wird der Jugendliche innerhalb des Urlaubsjahres weniger als sechs Monate beschäftigt, so ist für jeden vollen Beschäfti-

gungsmonat ein Zwölftel dieser Zeit zu gewähren[7]). Das gilt auch, wenn der Jugendliche nach einer Beschäftigungsdauer von sechs und mehr Monaten durch eigenes Verschulden aus einem Grund entlassen wird, der eine fristlose Kündigung rechtfertigt, oder wenn er das Beschäftigungsverhältnis unberechtigt vorzeitig löst[8]). Hat der Jugendliche in den Fällen der Sätze 2 und 3 bereits einen darüber hinausgehenden Urlaub erhalten, so kann das Urlaubsentgelt nicht zurückgefordert werden[9]).

(3) Urlaub nach diesem Gesetz ist Beschäftigten zu gewähren, die zu Beginn des Kalenderjahres noch nicht 18 Jahre alt sind[10]).

(4) Der Urlaub soll zusammenhängend, bei Berufsschülern in der Zeit der Berufsschulferien, gegeben werden[11]). Soweit er nicht in den Berufsschulferien gegeben wird, ist für jeden Berufsschultag von mindestens sechs Stunden (§ 13 Abs. 1 Satz 3) ein weiterer Urlaubstag zu gewähren[12]). Der Urlaub ist spätestens bis zum Ablauf von drei Monaten nach Schluß des Urlaubsjahres zu gewähren[13]).

(5) Während des Urlaubs darf der Jugendliche keine dem Urlaubszweck widersprechende Erwerbsarbeit leisten[14]).

(6) Kann der Urlaub wegen Beendigung der Beschäftigung ganz oder zum Teil nicht mehr gewährt werden, so ist er abzugelten[15]). Das gilt nicht, wenn der Jugendliche durch eigenes Verschulden aus einem Grund entlassen worden ist, der eine fristlose Kündigung rechtfertigt, oder wenn er das Beschäftigungsverhältnis unberechtigt vorzeitig gelöst hat[16]).

(7) Urlaub braucht nicht gewährt zu werden, soweit er zusammen mit einem für das Urlaubsjahr bereits gewährten Urlaub 24 Werktage, im Bergbau unter Tage 28 Werktage übersteigen würde oder soweit der Jugendliche für dasselbe Urlaubsjahr bereits eine Urlaubsabgeltung nach Absatz 6 erhalten hat[17]).

(8) Urlaubsjahr im Sinne der vorstehenden Vorschriften ist das Kalenderjahr. Durch Tarifvertrag kann das Urlaubsjahr anders festgelegt werden[18])[19]).

Geltungsbereich: Die Geltung dieser Vorschrift ist nur eingeschränkt bei Beschäftigung verwandter Kinder. Bei ihnen findet Abs. 6 keine Anwendung (§ 71) und bei Heimarbeit, für die eine umfassende Regelung in § 22 vorgenommen ist und nur § 19 Abs. 1 Satz 2, Abs. 3, Abs. 4 Satz 1 und Abs. 5 gelten.

Über den zeitlichen Geltungsbereich vgl. Anm. 19.

1. Die Bestimmungen des JSchG 38 — durch die Jugendurlaubsverordnung wurde der Urlaub auch für die aus dem Geltungsbereich ausgenommenen Wirtschaftszweige des § 2 ausgedehnt — sind nach dem Kriege in den meisten Ländern durch besondere Urlaubsgesetze abgelöst worden. Der Urlaub in den einzelnen Ländern war zum Teil sehr unterschiedlich geregelt, sowohl hinsichtlich der Dauer als auch hinsichtlich der Voraussetzungen. Das JArbSchG bringt nun wieder eine einheitliche Zusammenfassung des Urlaubs des Jugendlichen im Bundesgebiet. Die entsprechenden Urlaubsbestimmungen der Länder sind aufgehoben (§ 73).

Die Urlaubsregelung ist im wesentlichen zwingend. Es handelt sich bei ihr um öffentlich-rechtliche Schutznormen (Sanktionen nach § 67 Abs. 1 Ziff. 2), die aber nach § 6 noch einen wesentlichen unabdingbaren privatrechtlichen Anspruch geben.

Nach der nun vorherrschenden Begriffsbestimmung des hier geregelten Erholungsurlaubes ist unter Urlaub „die Freistellung des Arbeitnehmers von der Arbeitspflicht zur Erholung unter Weiterzahlung des Lohnes" zu verstehen (vgl. BAG AP 6 zu § 611 Urlaubsrecht und RAG ARS 34, 21). Erhaltung der Gesundheit und Wiederherstellung der Arbeitskraft durch bezahlte Freizeit ist Zweck des Urlaubs. Aus diesem Zweck folgt, daß Freistellung von der Arbeitspflicht aus anderen Gründen (auch Werksbeurlaubung, nicht aber Betriebsferien) nicht als Urlaub im Sinne dieser Vorschriften gelten können (vgl. Dersch Anm. 86b). Solche Unterbrechungen können auch nicht nachträglich als Urlaub deklariert werden. Auch bei unverschuldeter Erkrankung während des Urlaubs ist der Erholungszweck nicht gewährleistet, so daß ein Anspruch auf Nachurlaub besteht (RAG ARS 34, 195). Ist dagegen der Jugendliche während des ganzen Urlaubszeitraumes erkrankt, so entfällt der Urlaub (vgl. BAG AP 9, 10 und 13 zu § 611 Urlaubsrecht). Hinsichtlich des Genesungsurlaubs (BAG AP 20 zu § 611 Urlaubsrecht), bezüglich Kuraufenthalt (LAG Düsseldorf BB 57, 546).

Über Verlegung des Urlaubs in die Kündigungszeit vgl. BAG AP 14 zu § 611 BGB.

2. Urlaubsjahr ist der Zeitraum, für den der Urlaub gilt (vgl. Dersch Anm. 68). Das ist das Kalenderjahr (Abs. 8). Über anderweitige tarifliche Regelungen vgl. Anm. 18. Das Kalenderjahr ist zu unterscheiden von der Urlaubsperiode. Im allgemeinen wird unter ihr der Zeitraum verstanden, der der Abwicklung des Urlaubes für den Betrieb, z. B. in den Sommermonaten, dient. Selten nur noch wird dieser Begriff im Sinne des Urlaubsjahres gebraucht.

3. Gemeint ist der regelmäßige Lohn, den der Jugendliche während der Urlaubszeit verdient hätte. Dazu gehören auch Zulagen, insbesondere Sozialzulagen, aber auch Vergütung für Überstunden, soweit sie überhaupt zulässig sind und vor allem regelmäßig und von dem Jugendlichen während der Urlaubszeit zu leisten gewesen wären (vgl. BAG AP 44 zu § 611 Urlaubsrecht und RAG ARS 19, 155), was hier schon in Anbetracht der begrenzten Ausnahmen entfällt. Es gehören überhaupt alle Bezüge dazu, die auch sonst als Gegenleistung für die Arbeit zu zahlen wären, gleich, wie sie bezeichnet sind (vgl. Dersch Anm. 642a und 644). Es gehört aber nicht dazu die Vergütung, durch die ein besonderer Aufwand abgegolten werden soll, der während der Urlaubszeit nicht anfällt.

Auch während der Urlaubszeit eintretende Änderungen, z. B. Kurzarbeit, sind zu berücksichtigen, sofern sie Regelarbeitszeit geworden sind (vgl. BAG AP 11 zu § 611 Urlaubsrecht), da der Jugendliche nicht besser, aber auch nicht schlechter gestellt werden soll. Außer Betracht bleiben dagegen Einzelvorkommnisse (BAG AP 44 zu § 611 Urlaubsrecht und RAG ARS 40, 43).

Über schwankendes Einkommen vgl. BAG AP 44, über Prozentempfänger BAG AP 54 und über Provisionen BAG AP 48 zu § 611 Urlaubsrecht. Über Bezahlung bei Streik BAG AP 12 zu § 611 Urlaubsrecht; diese Entscheidung kann nur bedingt herangezogen werden und AP 4 zu Art. 9 GG Arbeitskampf.

4. Vor Ablauf der Wartezeit — mindestens drei Monate und ein Tag („mehr als") — kann der Urlaubsanspruch, auch ein solcher auf anteiligen Urlaub, nicht entstehen. Anders als im JSchG 38 braucht diese Mindestzeit der Zugehörigkeit zum Betrieb nicht in jedem Urlaubsjahr neu erfüllt zu werden. Sie gilt nur für den ersten Urlaubsanspruch. Sie kann auch vor Beginn des Urlaubsjahres schon erfüllt sein. Unter Beschäftigung ist die ununterbrochene Betriebszugehörigkeit zu verstehen, die durch Werksbeurlaubung oder andere nicht im Verschulden des Jugendlichen liegende Arbeitsunterbrechungen nicht aufgehoben wird, solange die Unterbrechung nicht einen verhältnismäßig erheblichen Zeitraum übersteigt (h. Ansicht vgl. Dersch Anm. 298, Hueck-Nipperdey S. 400). Krankheit während der ganzen Wartezeit wird im allgemeinen zu ihrer Verlängerung führen, da sonst die grundsätzliche Entscheidung des BAG in AP 9 und 10 zu § 611 Urlaubsrecht nicht beachtet wird. Ein Wechsel des Betriebsinhabers steht der Betriebszugehörigkeit nicht entgegen (Dersch Anm. 308; LAG Bremen AP 52, 50). Ebenso wird die Beschäftigung in mehreren Betrieben des gleichen Unternehmens im allgemeinen für die Erfüllung der Wartezeit unschädlich sein.

Über Kettenverträge vgl. BAG AP 3 und 5 zu § 620 BGB, über Streik vgl. BAG AP 4 zu Art. 9 GG Arbeitskampf.

5. Für Sachbezüge (vornehmlich Wohnung und Kost) ist eine angemessene Entschädigung, und zwar, wie zu ergänzen ist, „auf Verlangen" zu gewähren. Für die Bestimmung der Angemessenheit ist der Grundsatz, daß der Jugendliche während des Urlaubs nicht schlechter zu stellen ist, zu berücksichtigen, so daß die Versicherungsgrundsätze nicht in jedem Falle zur Anwendung kommen können, wenn sie auch eine gewisse Grundlage zur Berechnung abgeben.

6. Werktage sind die Tage von Montag bis Samstag. Gesetzliche — nicht etwa kirchliche — Feiertage, die auf einen Werktag fallen, gehören ebensowenig dazu wie der Sonntag. Sie bleiben bei der Berechnung des Mindesturlaubs außer Betracht. Ob an diesen Tagen im Betrieb dann gearbeitet wird oder nicht, z. B. Betriebsfest während des Urlaubs, arbeitsfreier Samstag oder anderes, ist ohne Bedeutung (vgl. Hueck-Nipperdey Anm. 45 zu § 49). Auch bei einer eventuellen Nichtanrechnung des arbeitsfreien Samstags im Tarifvertrag (vgl. dazu BAG AP 16 zu § 611 Urlaubsrecht) käme es an sich auf eine Günstigkeitsabwägung an (vgl. BAG AP 1 zu Art. 7 UrlGes. Bayern, Nipperdey-Staudinger § 611 Anm. 277). Da aber der Urlaub für den Jugendlichen hier abschließend geregelt ist, muß eine solche tarifliche Bestimmung eindeutig ausweisen, daß es sich um eine weiterhin auch für den Jugendlichen gewollte Besserstellung handelt.

Der Mindesturlaub kann sich durch Urlaub nach dem Schwerbeschädigtengesetz und nach Abs. 4 erhöhen.

7. Der hier normierte anteilige Urlaub ist von der Erwägung getragen, daß die Gewährung des vollen Jahresurlaubs bei einer Beschäftigung von weniger als

6 Monaten dem Arbeitgeber nicht zuzumuten ist (vgl. amtl. Begr. Anh. 10). Der Jugendliche wird auch in der Regel dann bei einem anderen Arbeitgeber einen Urlaubsanspruch erwerben können.

Auch für den anteiligen Urlaub muß die Voraussetzung des Abs. 1 — Erfüllung der Wartefrist — gegeben sein, da erst damit die Verpflichtung zur Urlaubsgewährung entsteht. Die Berechnung und Dauer des anteiligen Urlaubs erfolgt nach Beschäftigungsmonaten und nicht nach Monaten (vgl. dazu § 188 BGB). Es bestehen dafür keine Schwierigkeiten.

Bei einem unterbrochenen Beschäftigungsverhältnis können, soweit nicht nach den allgemeinen Grundsätzen eine Unterbrechung zu verneinen ist, auch nicht zwei verschiedene Beschäftigungszeiten bei demselben Arbeitgeber zusammengerechnet werden. Wird ein Jugendlicher z. B. vom 1. Februar bis 31. März und dann wieder vom 1. August bis 30. September beschäftigt, besteht kein Anspruch, auch nicht ein solcher auf anteiligen Urlaub (vgl. aber über Unterbrechung der Wartezeit Dersch Anm. 297ff.).

Für die Urlaubshöhe ist die Wartezeit einzurechnen, sofern sie in dem Urlaubsjahr liegt. Beginnt die Beschäftigung am 1. November 1960 und endet am 28. Februar 1961, so beträgt der anteilige Urlaub für das Urlaubsjahr 1961 $^2/_{12}$.

Zweifel dagegen könnten bestehen bei mehrfacher, aber unterbrochener Beschäftigung bei demselben Arbeitgeber. Wird während des einen Beschäftigungsabschnittes die Wartezeit erfüllt, so besteht gemäß obiger Erörterung der Anspruch auf anteiligen Urlaub. Für seine Höhe sind aber auch die anderen Beschäftigungsmonate einzubeziehen, z. B. erste Beschäftigung vom 1. Februar bis 31. März, zweite Beschäftigung vom 1. August bis 15. November. Der anteilige Urlaub beträgt $^5/_{12}$ und nicht $^3/_{12}$. Die Einberechnung sämtlicher Beschäftigungsmonate, also auch die in einem anderen Beschäftigungszeitraum, folgt schon aus dem Wortlaut („für jeden vollen Beschäftigungsmonat"). Es wird in ihm auch entgegen Abs. 1 nicht eine ununterbrochene Beschäftigung von weniger als 6 Monaten vorausgesetzt. Vor allem ergibt aber der Zweck des Jugendschutzes und des Urlaubs sowie das Motiv, daß nur unter der Wartezeit liegende Beschäftigungszeiten die Urlaubsgewährung unzumutbar macht (vgl. amtl. Begr. Anh. 10), daß für die Urlaubshöhe auch die gesamten bei dem Arbeitgeber verbrachten Monate berücksichtigt werden können. Das muß auch gelten, wenn sich dabei eine Gesamtbeschäftigung von 6 Monaten ergibt und somit die Verpflichtung zur Gewährung des Jahresurlaubs entsteht, da Abs. 7 die Überschreitung der Gesamturlaubsdauer verhindert und nur so dem Erholungsbedürfnis des Jugendlichen Rechnung getragen wird.

Für eine solche Anrechnung auf die Urlaubshöhe entfallen aber die Zeiträume, für die aus in der Person des Jugendlichen liegenden Gründen eine Abgeltung nach Abs. 6 Ziff. 2 ohnehin entfallen würde. Tritt bei Vorliegen dieser Voraussetzungen letztlich tatsächlich ein Urlaubsverlust ein, so kann er auch nicht aus dem Schutzgedanken im Wege der Anrechnung wiederaufleben bzw. für einen solchen Zeitraum entstehen. Z. B. erste Beschäftigung vom 1. Februar bis zur fristlosen Entlassung am 31. März, zweite Beschäftigung vom 1. August bis 15. November; der anteilige Urlaub beträgt nur $^3/_{12}$.

8. Diese Vorschrift hat keinen anderen Inhalt als daß statt des vollen Jahresurlaubs nur ein Anspruch auf anteiligen Urlaub besteht. Zu dessen Erfüllung ist der Arbeitgeber nur verpflichtet, sofern und solange es das Beschäftigungsverhältnis zuläßt, er also nicht sofort das Beschäftigungsverhältnis beendet und fristlos kündigt bzw. der Jugendliche seinen zukünftigen Vertragsbruch ankündigt. Dabei wird aber für einen solchen Urlaubsanspruch und dessen Geltendmachung noch der Gesichtspunkt des Rechtsmißbrauchs zu beachten sein (vgl. BAG AP 36 zu § 611 BGB).

Im praktischen Betriebsleben wird diese Vorschrift kaum eine Bedeutung haben, da nach Abs. 6 Satz 2 eine Abgeltung für den anteiligen Urlaub gar nicht gezahlt zu werden braucht. Die Nichtvornahme einer fristlosen Kündigung wäre daher nur nachteilig. Nach § 67 Abs. 1 Ziff. 3 ist die Nichtgewährung des Urlaubs bei einer solchen Möglichkeit noch als Ordnungswidrigkeit zu ahnden.

Die Beschränkung des Urlaubs bei Vorliegen dieser Voraussetzung auf den anteiligen Urlaub wird praktisch nur deklaratorische Bedeutung haben.

Diese Vorschrift war — wie die des Abs. 6 — bereits im Reg.-Entw. enthalten und zeigt auch die amtl. Begründung keine andere Bedeutung oder Inhalt für sie aus (vgl. Anh. 10). Es handelt sich lediglich um einen Abbau des Urlaubsanspruchs in „Stufen“.

Da nur die auf Verschulden beruhenden Kündigungsgründe genannt sind, bleibt der Anspruch auf den vollen Jahresurlaub bei sonst berechtigter fristloser Kündigung z. B. im Falle des § 123 Ziff. 8 GewO bestehen. Dasselbe gilt, wenn die Kündigung vom Jugendlichen aus wichtigem Grund nach § 124 GewO und den entsprechenden Bestimmungen des HGB und BGB und den sonstigen gesetzlichen Bestimmungen ausgesprochen wird.

9. Dieser Grundsatz entspricht der herrschenden Ansicht (vgl. BAG AP 1 zu § 394, BGB, und AP 55 zu § 611 Urlaubsanspruch; RAG ARS 34, 21). Der Urlaub muß aber bereits gewährt sein. Wird während des Urlaubs die fristlose Entlassung gemäß Anm. 8 vorgenommen, so kann der darüber hinausgehende Teil ab Wirksamwerden der Kündigung zurückgefordert werden. Insoweit wirkt sich auch die Reduzierung des Urlaubsanspruches gemäß Anm. 7 aus.

10. Über die Berechnung des Lebensalters vgl. Anm. 2 zu § 2. Jugendliche, die am 2. Januar und später geboren sind, können demnach zu Beginn des Kalenderjahres unter 18 Jahre alt sein. Da es auf das Alter bei Jahresbeginn ankommt, ist es ohne Belang, ob zu diesem Zeitpunkt der Jugendliche auch bei dem Arbeitgeber beschäftigt war, der ihm dem 18jährigen dann den Urlaub gewährt.

Das Alter bei Beginn des Kalenderjahres bleibt auch maßgebend, wenn das Urlaubsjahr nach Abs. 8 zulässigerweise abweichend von dem Kalenderjahr festgesetzt ist.

11. Es handelt sich hierbei um eine ungesetzliche Empfehlung. Nicht in jedem Betrieb kann der Urlaub zusammenhängend und während der Berufsschulferien erteilt werden. Dabei soll aber möglichst den Richtlinien Rechnung getragen werden. Deren Nichtbeachtung ist weder mit einer Sanktion bedroht noch stellt sie eine Vertragsverletzung dar (so Dersch Anm. 564). Es können auch die Regeln des sogenannten Teilbarkeitsgrundsatzes (vgl. darüber Dersch Anm. 548) nicht ohne weiteres zur Anwendung gelangen. Insbesondere ist für eine Aufteilung des Urlaubs nicht gerade eine Unzumutbarkeit der Gewährung eines einheitlichen Urlaubs notwendig. Fehlt aber jeder Grund für eine von der Empfehlung abweichende Gewährung, so stellt sie sich als Verletzung des Prinzips der Unteilbarkeit und somit des Vertrages dar (Dersch aaO).

In den meisten Fällen wird der Urlaub ohnehin im Wege des Urlaubsplanes festgesetzt, so daß diese Grundsätze hinreichend beachtet werden können. Für die Aufstellung des Urlaubsplanes besteht das Mitbestimmungsrecht des Betriebsrates nach § 56 Abs. 1c BVG (vgl. auch BAG AP 15 zu § 611 BGB Urlaubsrecht über den Inhalt eines Urlaubsplanes).

12. Für eine Verlängerung des Urlaubs kommen nur die Berufsschultage in Betracht, an denen der Unterricht mindestens 6 Stunden einschließlich der Pausen beträgt. Die Anrechnung von Berufsschultagen mit kürzerer Unterrichtszeit ist nicht vorgenommen. Sie kann auch nicht durch Zusammenrechnung der Unterrichtszeit an mehreren Berufsschultagen (z. B. zwei Tage mit je vier Stunden, zusammengerechnet auf einen Tag) erfolgen. Ebenso kommt die Gewährung eines zusätzlichen Urlaubs nicht in Betracht, wenn der Jugendliche aus sonstigen Gründen — und nicht nur gerade wegen des Urlaubs — am Unterricht nicht teilzunehmen braucht (Schulbefreiung oder sonstiges), da ja dann sein Urlaub durch den Unterricht gar nicht geschmälert wird.

Hat der Jugendliche Schultage außerhalb seines Urlaubs schuldhaft versäumt und unter dem Vorwand des Schulunterrichts auch im Betrieb gefehlt, so können diese Tage als unbefugte Vorwegnahme auf den Urlaub angerechnet werden.

Auch die Zusatztage gehören zum Urlaub und sind somit möglichst zusammenhängend zu gewähren, so daß der Arbeitgeber schon vorher sich zweckmäßigerweise über die Anzahl der anfallenden Berufsschultage orientiert.

13. Wird der Urlaub nicht bis zum Ende der verlängerten Frist gewährt oder genommen, so erlischt er nicht. Wie schon im früheren Recht wird mit dieser Vorschrift nur die Lage des Urlaubs bestimmt. Es soll „eine gesunde Verteilung des Urlaubs gewährleistet sein und eine Häufung der Urlaubszeiten vermieden werden" (RAG ARS 32, 38 und Siebert § 21 Anm. 17c). Mit Ablauf dieser Frist besteht nunmehr auch die Möglichkeit einer Sanktion nach 67 Abs. 1 Ziff. 2. Eine Abgeltung des Urlaubs ist nach Abs. 6 nicht möglich, solange die Beschäftigung fortdauert.

Da der Anspruch auf Erfüllung erhalten bleibt, kommen auch Schadenersatzansprüche (Klein BB 60, 251 und AG Wilhelmshaven BB 60, 474) nicht ohne weiteres in Betracht. Es müssen vielmehr die sonstigen gesetzlichen Voraussetzungen, sei es für einen Verzugsschaden §§ 284 Abs. 2, 286 oder für einen Schadensersatzanspruch nach §§ 276 und eventuell 823ff., vorliegen. Es muß also vor allem ein konkreter Schaden festzustellen sein.

Im Falle des Verzuges, der am 31. 3. — bzw. drei Monate nach Ablauf des tariflich anders festgelegten Urlaubsjahres — nach § 284 Abs. 2 BGB eintritt, („ist spätestens") ist ein eigenmächtiges Fernbleiben des Jugendlichen entschuldigt.

Sonst ist ihm aber Urlaub zu gewähren und kann er ihn sich nicht selbst nehmen, auch nicht im Falle der Kündigung, selbst wenn nur noch die Kündigungsfrist dafür verbleibt (vgl. BAG AP 14 zu § 611 BGB und BB 60, 782).

14. Nicht jede Erwerbsarbeit konnte verboten werden, da ein solches Verbot schon bei mehrfacher Beschäftigung (§ 5) nicht durchführbar ist. Sie muß vielmehr dem Urlaubszweck widersprechen. Das ist aber dann der Fall, wenn der Jugendliche, statt die Zeit zur Erholung zu verwenden, eine Tätigkeit gleich welchen Umfanges aufnimmt, die ihn so belastet, daß von einer wirklichen Erholung nicht mehr gesprochen werden kann. Es kommen letztlich nur gelegentliche vorübergehende Tätigkeiten, die mehr den Charakter der Gefälligkeit und Mithilfe tragen, in Betracht (vgl. aber auch amtl. Begründung Anh. 10). Jedoch ist bei der Abgrenzung der ständig betonte Zweck des Urlaubs „Freizeit zur Erholung" hier anzuwenden und trotz der amtl. Begr. nach dem Gesetzeszweck besonders zu beachten; dieses um so mehr, wenn noch beachtet wird, daß eine „Erwerbstätigkeit" letztlich im Hinblick auf § 5 nicht schlechthin verboten und deshalb ein unumschränktes Verbot nicht ausgesprochen werden konnte.

Für den Begriff der Erwerbstätigkeit ist es ohne Belang, ob sie in abhängiger oder selbständiger Stellung ausgeübt wird. Eine Erwerbstätigkeit liegt nicht vor, wenn Arbeiten im eigenen Interesse ohne Entgelt, z. B. Arbeiten im Garten der Eltern u. a., erledigt werden.

Eine Sanktion ist anders als im JSchG 38 nicht vorgesehen. Der Anspruch auf Urlaubsgeld wird durch eine verbotene Tätigkeit nicht beeinträchtigt (so schon für das frühere Recht Siebert § 21 Anm. 26). Dagegen können aus anderen rechtlichen Gründen (z. B. § 61 HGB) Schadensersatzansprüche dadurch gerechtfertigt sein. Für eine positive Vertragsverletzung (vgl. Nipperdey bei Staudinger § 611 Anm. 281) wird es aber an einem Schaden fehlen, da die Zahlung des Urlaubsgeldes nicht gleich dem Schaden zu setzen ist.

15. Während des Bestehens des Beschäftigungsverhältnisses ist eine Abgeltung unzulässig. Eine Erfüllung des Urlaubsanspruches tritt dadurch nicht ein. Der zu Unrecht gezahlte Betrag kann nicht zurückgefordert werden (vgl. BAG AP 1 zu 817 BGB und Nipperdey bei Staudinger § 611 Anm. 284).

Ist die Gewährung auch nur teilweise noch möglich, so ist sie bezüglich dieses Teiles vorzunehmen und kann nur für den Resturlaub eine Abgeltung gewährt werden. Allerdings wird dabei der Urlaubszweck und das Prinzip der einheitlichen Gewährung zu beachten sein. Stehen nur wenige Tage zur Verfügung, die letztlich keine Erholung geben, so ist gegen die Abgeltung des gesamten Jahresurlaubs nichts einzuwenden.

Es kann auch aus der primären Verpflichtung der Naturalgewährung nicht ohne weiteres eine unbedingte Pflicht zur Gewährung während der Kündigungszeit entnommen werden. Vielmehr kommt es auf den Einzelfall an (vgl. aber auch LAG Bremen BB 59, 94). Dabei ist noch zu beachten, daß bei kurzer Kündigungsfrist der Anspruch auf Gewährung einer freien Zeit zur Stellensuche von Bedeutung sein kann und schon deshalb der Gewährung des Urlaubs in der Kündigungszeit entgegensteht (vgl. BAG AP 14 zu § 611 BGB Urlaubsrecht und RAG ARS 36, 443).

Ohne Bedeutung für den Abgeltungsanspruch — nicht aber für eine eventuelle Ahndung nach § 67 Abs. 1 Ziff. 2 — ist es, aus welchen Gründen — ob schuldhaft oder nicht — der Urlaub bis dahin nicht gewährt wurde. Für die Berechnung der Abgeltung vgl. BAG AP 1 § 2 Urlaubsgesetz Württemberg. Es kommt die zuletzt gezahlte Vergütung in Betracht. Der Abgeltungsanspruch unterliegt infolge seiner Zweckgebundenheit nicht der Pfändung und somit nicht der Aufrechnung (BAG AP 42 zu § 611 BGB Urlaubsrecht). Er ist daher nach herrschender Ansicht als höchst persönlicher Anspruch unübertragbar und unvererblich (vgl. Dersch Anm. 94a, Nipperdey-Staudinger § 611 Anm. 283 und BAG AP 7 zu § 611 Urlaubsrecht). Dem dürfte nur bedingt beizustimmen sein. Kommt doch im sonstigen Zivilrecht nicht nur der Rechthängigkeit des Anspruchs, sondern auch der Anerkennung eines höchst persönlichen Anspruchs eine Bedeutung zu (z. B. § 847 BGB). Auch sonst wird dem Charakter eines höchst persönlichen Rechts und seiner Unvererblichkeit und Unübertragbarkeit nicht voll Rechnung getragen sein. Es ist auch bei höchst persönlichen Rechten eine andere Bestimmung möglich, z. B. §§ 514, 520, 759 BGB. Für den Urlaubsabgeltungsanspruch ist dieses Prinzip ohnehin durch den Rechtsübergang nach § 96 AVAVG durchbrochen. Unter Berücksichtigung, daß die Zweckbestimmung „Erholung" bei der Abgeltung letztlich nur noch als Motiv zu werten ist, sonst könnte sie bei anderweitiger Verwendung nach Bereicherungsgrundsätzen zurückgefordert werden, muß zumindest nach Fälligkeit und Anerkennung der Abgeltung durch den Arbeitgeber eine Übertragbarkeit und somit auch eine Vererblichkeit bejaht werden. (So schon für das frühere Recht RAG ARS 11, 501, wenn auch von der Doppelnatur des Urlaubs ausgehend, und weiterhin Maus Url.-Ges.Niedersachsen S. 147, 148 und Dahns Betr. 55, 604).

Besteht eine tarifliche Urlaubsmarkenregelung, so ist die Abgeltung in dieser Form anstatt der Freizeitgewährung als zulässig anzusehen, damit der Urlaubszweck — Erholung für 24 Tage — überhaupt erreicht wird.

16. Nach Abs. 2 S. 3 beschränkt sich in diesen Fällen der Urlaubsanspruch nur auf einen anteiligen Urlaub. Eine Abgeltung kommt aber nicht in Betracht (vgl. im übrigen Anm. 8).

17. Mit dieser Vorschrift soll die Erteilung eines Doppelurlaubs vermieden werden (vgl. amtl. Begr. Anh. 10). Hat der Jugendliche in einem Urlaubsjahr gegen zwei Arbeitgeber einen Anspruch auf Urlaub, sei es auf vollen oder Teilurlaub, erworben — (bei Beschäftigung vom 1. Januar bis 30. Juni und bei dem zweiten AG vom 1. Juli bis 31. Dezember wäre zweimal Vollurlaub zu gewähren) —, so entfällt die Verpflichtung zur Urlaubsgewährung, somit die zur Abgeltung im Falle des Abs. 6, soweit der Jugendliche hierfür Urlaub oder Abgeltung erhalten hat. Der an sich erwachsene Urlaubsanspruch gegenüber dem zweiten Arbeitgeber mindert sich daher und entfällt in obigen Beispielen.

Der zweite Arbeitgeber kann den Jugendlichen auch auf den beim ersten Arbeitgeber erworbenen Anspruch verweisen. Die vom BAG in AP 45 zu § 611 BGB Urlaubsrecht, BB 59, 1247 zu Recht entwickelten Grundsätze greifen hier nicht Platz. Nach dem Gesetzeswortlaut hat der Urlaubsanspruch, insbesondere der auf Freizeitgewährung, gegenüber dem zweiten Arbeitgeber nicht die Priorität gegenüber dem vorher erworbenen Anspruch, sondern kürzt ihn. Denn der Abgeltungsanspruch ist dem auf Freizeit gleichgestellt und ebenfalls einbezogen. Beide kürzen in gleicher Weise den Urlaubsanspruch (a. A. Thumser § 19 Anm. 27, der eine tatsächliche Erfüllung für erforderlich hält).

Zwar spricht das Gesetz nur vom „gewährten“ Urlaub und der „erhaltenen“ Abgeltung, so daß an sich für die Kürzung durch Anrechnung des Abgeltungsanspruches noch dessen Erfüllung durch den ersten Arb.Geb. hinzutreten müßte. Dem Jugendlichen soll aber kein Doppelanspruch, insbesondere ein solcher von mehr als 24 Tagen Urlaub, erwachsen, so daß die tatsächliche, von Zufälligkeiten und Zeitablauf abhängende Erfüllung keine Bedeutung haben kann. Erst wenn die Nichterfüllung durch den ersten Arb.Geb. wirtschaftlich unmöglich und feststehend ist, der Abgeltungsanspruch also tatsächlich nicht mehr realisiert werden kann, ist die Grundlage dieser Regelung „Verhinderung eines Doppelanspruchs“ nicht mehr gegeben. Wäre der Ansicht von Thumser zu folgen, so würde der vorher erworbene Abgeltungsanspruch bestehenbleiben.

Zudem zeigt auch dieser Fall, daß eine Übertragbarkeit des Abgeltungsanspruchs gemäß Erörterung zu Anm. 15 angemessen und geboten erscheint. Soll doch die „Urlaubslast“ bei Beschäftigung durch mehrere Arb.Geb. von diesen zusammen getragen werden.

Der Urlaubsanspruch des Jugendlichen gegen den zweiten Arb.Geb. kürzt sich nur um den für das Urlaubsjahr gewährten Urlaub bzw. die Abgeltung, so daß ein im Kalenderjahr erteilter Urlaub für ein früheres Urlaubsjahr außer Betracht bleibt. Auch bei einem sich unterscheidenden Urlaubsjahr nach Abs. 7 ist das zu beachten.

Eine Kürzung findet selbstverständlich nicht statt bei gleichzeitiger Beschäftigung durch mehrere Personen im Doppelarbeitsverhältnis nach § 5. Steht doch dem Jugendlichen gegen jeden Arb.Geb. zugleich ein Anspruch auf bezahlten Urlaub zu, selbst wenn das eine Arbeitsverhältnis wegen Überschreitung der Arbeitszeitgrenzen nichtig ist (vgl. BAG AP 1 zu § 611 Doppelarbeitsverhältnis).

18. Nur durch Tarifvertrag, nicht etwa Betriebsvereinbarung oder Einzelvereinbarung kann das Urlaubsjahr anders festgelegt werden. Wenn auch Tarifverträge nur Wirkung für Mitglieder zeitigen, so ist hier, gleich wie in § 7 AZO, der Charakter der Vorschrift als öffentlich-rechtliche Schutznorm und die Einwirkung des anderweitig festgesetzten Urlaubsjahres auf die durch § 67 geschützte Pflicht

zur Urlaubsgewährung nun in dem geänderten zeitlichen Umfang zu beachten. Kraft der Delegation der Bestimmung des Urlaubsjahres auf die Tarifvertragsparteien kommt einer anderweitigen Festsetzung dieselbe Bedeutung zu, als wenn sie durch Gesetz erfolgt wäre (vgl. Denecke § 7 Anm. 3 und BAG AP 16 zu Art. 3 GG). Dieser für die Schutznorm geltende geänderte Inhalt wird aber über § 6 JArbSchG Gegenstand und Inhalt des Arbeitsvertrages. Sie gilt somit auch für nicht tarifunterworfene Jugendliche (vgl. auch § 22 Anm. 4).

19. Zweifelhaft kann sein, welcher Urlaub für das Jahr 1960 zu gewähren ist. Das Gesetz ist am 1. 10. 1960 in Kraft getreten. Eine Rückwirkung, wie sie in den Ländergesetzen zum Teil vorgenommen war, hat sich das Gesetz nicht beigelegt. Es gilt demnach primär der das Zivilrecht beherrschende Grundsatz, „daß jeder Rechtssatz nur die Zukunft, nicht die Vergangenheit ordnen will" (vgl. Enneccerus-Nipperdey 14. Aufl. Bd. I 1 § 62, 1). Danach würden Forderungsrechte, für die der Grundsatz gilt, daß ihr Inhalt sich nach dem Zeitpunkt des Entstehens bestimmt (vgl. Enneccerus § 62 I 2), auch von einer Wirkung „ab nun" ausgeschlossen. Nun können aber Rechtsvorschriften, die sich „unmittelbar auf die Rechte selbst beziehen", auch bereits bestehende Rechte dieser Art ergreifen, auf sie „einwirken"; sie bestimmen dann ihren Inhalt „ab jetzt". Insoweit kann von einer „Rückwirkung" gesprochen werden und treffen die von Herschel in „Der Jugendurlaub" BB 60, 896 betonten Umstände zu. Sie lassen ein Abweichen von dem eben festgestellten Grundsatz, daß der Inhalt eines Forderungsrechtes sich nach dem Zeitpunkt der Entstehung bestimmt, gerechtfertigt erscheinen.

„Bestehendes Recht", das nun von den Vorschriften erfaßt und auf das eingewirkt wird, ist aber nur der existente Urlaubsanspruch. — Es gibt nicht etwa das Arbeitsverhältnis den Anknüpfungstatbestand. — Ist der Jahresurlaub 1960 bereits gewährt und somit der Urlaubsanspruch nach dem früheren Recht durch Erfüllung erloschen, dann ist ein existentes Recht nicht mehr vorhanden und somit eine „Einwirkung" nicht mehr möglich, vielmehr muß das „Prinzip der Verläßlichkeit auf Definitiva" gelten (vgl. Enneccerus-Nipperdey § 61 II 4).

§ 19 gibt auch nicht etwa ein neues Forderungsrecht und stellt dieses dann „das Recht" im Sinne obiger Erörterung dar. Ist doch hier der bereits am 1. 1. 1960 entstandene und für das Jahr 1960 geltende Urlaubsanspruch zu beurteilen. Er stellt eine Einheit — „das Recht" — dar.

Zudem würde für einen neu entstandenen Anspruch nur gelten, daß „von nun ab" der Urlaubsanspruch diesen Inhalt hat. Er könnte nur für die Zukunft Wirkung zeitigen und könnte nicht mehr den abgelaufenen Teil des Kalenderjahres 1960 erfassen (vgl. Enneccerus-Nipperdey § 62 I 2).

Anderes kann u. E. auch nicht aus dem Zweck der Bestimmung folgen. Die Erhöhung der Urlaubsdauer wurde vorgenommen „in Anpassung an die Beanspruchung des Jugendlichen im modernen Arbeitsleben" (vgl. amtl.Begr. Anh. 10). Von der Beseitigung eines sozialen „Übelstandes" kann daher nicht gesprochen werden (Enneccerus-Nipperdey § 63 II 1). Die Bestimmung diente auch der Vereinheitlichung der Urlaubsdauer (vgl. Einf). Der Grundsatz einer einheitlichen Gewährung des

Urlaubs wäre dann ohnehin unterbrochen. Im übrigen müßte aber bei einer Rückwirkung **konsequenterweise** der Zusatzurlaub nach Abs. 4 gewährt werden. Es wäre dann auch der Charakter als Endigungstatbestand bei einem vor dem 1. 10. erfolgten Ausscheiden aus dem Arbeitsverhältnis in Zweifel zu ziehen, wenn der Jugendliche einen Urlaubsanspruch in unbedingter Höhe von 24 Tagen bereits für 1960 erhalten sollte. Auch diese Ansprüche wären bei Annahme einer rückwirkenden Geltung nach Abs. 2 Satz 2 und Abs. 6 neu abzuwickeln, um eine ungleiche Behandlung zu vermeiden. Schon deshalb kann auch der Gesichtspunkt der ungleichen Behandlung gar keine Bedeutung haben, da sie je nach dem Zeitpunkt der Geltung dieses Gesetzes immer ungleiche Tatbestände schafft.

Hat der Jugendliche daher bis 30. 9. keinen oder nur einen Teil des ihm bis dahin zustehenden Urlaubs enthalten, so bemißt sich sein weiterer Urlaub auch hinsichtlich der Dauer nach diesem Gesetz. War der Urlaubsanspruch bis zum 30. 9. nach den bisherigen Bestimmungen erfüllt, so besteht kein Urlaubsanspruch (vgl. im übrigen noch die Bem. zu § 22 Anm. 9).

20. Als Ordnungswidrigkeit bzw. Straftat wird nach § 67 Abs. 1 Ziff. 2 geahndet ein Zuwiderhandeln nach Abs. 1 Satz 1, nach Abs. 2 Satz 1 bis 3 und Abs. 2 und 3, nicht aber, soweit das Zuwiderhandeln die Pflicht zur Vergütung betrifft.

§ 20 Ausnahmen in Notfällen [1][6]

(1) §§ 10 und 14 bis 18 finden keine Anwendung auf die Beschäftigung Jugendlicher mit vorübergehenden und unaufschiebbaren Arbeiten in Notfällen, soweit erwachsene Beschäftigte nicht zur Verfügung stehen[2]. Der Arbeitgeber hat die Vornahme solcher Arbeiten der Aufsichtsbehörde unverzüglich anzuzeigen[3].

(2) Wird in den Fällen des Absatzes 1 Mehrarbeit geleistet, so ist sie durch entsprechende Verkürzung der Arbeitszeit innerhalb der folgenden drei Wochen auszugleichen[4], es sei denn, daß betriebliche Gründe dem Ausgleich entgegenstehen[5]. Wird die Mehrarbeit nicht innerhalb der genannten Frist ausgeglichen, so ist sie nach den Vorschriften des § 12 zu vergüten.

Geltungsbereich: Diese Vorschrift findet keine Anwendung füt Heimarbeiter §§ 20, 21, begrenzt im Familienhaushalt §§ 28, 21 und in der Landwirtschaft §§ 34, 21. Bei Beschäftigung verwandter Kinder entfällt die Vergütungspflicht des Abs. 2 Satz 2 (§ 71, 1).

1. Unter Notfall ist ein ungewöhnliches, unvorhersehbares und plötzlich eintretendes Ereignis zu verstehen, das die Arbeit notwendig macht, damit ein Notstand oder eine dringende Gefahr abgewendet werden kann. In Betracht kommen die verschiedensten Umstände, insbesondere Naturereignisse wie Brand, Explosion, Witterungseinflüsse (vgl. Denecke § 14 Anm. 2 und RAM RArbBl. III 1, 31 u. BAG AP 1 zu § 14 AZO = Betrieb 58, 575 = BB 58, 558).

Nicht dazu gehören die in § 14 AZO aufgeführten außergewöhnlichen Fälle. Sie werden zum Teil von § 11 Ziff. 2 erfaßt, und es bedarf dazu der vorherigen Ausnahmegenehmigung. Nur wenn sie unvorhersehbar eintreten und es sich um ungewöhnliche Fälle handelt und somit die Arbeit zur Abwendung einer dringenden Gefahr erforderlich wird, stellen sie einen Notfall dar, z. B. unvorhersehbarer und nicht im Weg der Vorausplanung einzurechnender Ausfall von Arbeitnehmern bei nicht nur eilbedürftigen Arbeiten, sondern solchen, deren Nichtvornahme zu untragbaren Schäden führt. Dabei ist es gleich, ob diese Arbeiten den Betrieb oder einen Dritten betreffen (Denecke § 14 Anm. 4), z. B. Wasserrohrbruch bei einem Kunden.

„Unübersehbar" bedeutet außerhalb einer unternehmerischen Planung liegend (OLG Hamburg, Gew.Arch. 18, 374 und Gew.Arch. 28, 246).

2. Liegt ein Notfall vor, dann kann der Jugendliche nur vorübergehend und mit unaufschiebbaren Arbeiten beschäftigt werden. Ein sich längere Zeit hinziehender Arbeitsanfall gehört nicht dazu. Der Einsatz darf auch nur erfolgen, soweit für diese unaufschiebbare Arbeit Erwachsene nicht zur Verfügung stehen.

3. „Unverzüglich" bedeutet ohne schuldhaftes Verzögern. Die Anzeige wird daher meist am Tage nach dem Einsatz erfolgen müssen. Vorherige telefonische Anzeige ist schon im Hinblick auf einen eventuellen Streit über das Vorliegen eines Notfalles zweckmäßig.

4. Die so geleistete Mehrarbeit ist durch Freizeit auszugleichen.

Zur Verfügung steht die Woche, in der der Notfall eintritt, aber auch noch die danach folgenden drei Wochen. Erstrecken sich die Notfallsarbeiten auf zwei verschiedene Wochen — z. B. von Sonntag zu Montag — so kann der Ausgleich für den Sonntag innerhalb von drei Wochen, für den Montag während der Woche und in den drei nachfolgenden Wochen vorgenommen werden. Er kann durch Verkürzung der täglichen Arbeitszeit, aber auch im ganzen erfolgen.

5. Es handelt sich dabei um eine betriebliche Notwendigkeit. Sie braucht nicht „dringend" zu sein, vielmehr genügt jedes beachtliche Bedürfnis, z. B. sonst eintretender Lieferverzug u. a. (gl. Ans. Schulte-Langforth § 20 Anm. 3); die Voraussetzungen des § 11 Ziff. 2 brauchen nicht vorzuliegen. Dauert dieses Bedürfnis während der ganzen drei Wochen an, dann erfolgt die Abgeltung nach § 12, während bei Ausgleich durch Freizeit die Zahlung einer Mehrarbeitsvergütung entfällt (§ 12). Ist die Arbeit am Sonntag geleistet, so kommt § 12 Abs. 2 in Betracht.

6. Das Unterlassen einer unverzüglichen Anzeige ist eine Ordnungswidrigkeit (§ 68 Abs. 1 Ziff. 3.)

Die Nichtvornahme des — betrieblich möglichen — Zeitausgleichs wird auch bei Bezahlung der Mehrarbeit nach § 67 Abs. 1 Ziff. 1 geahndet.

§ 21 Geltungsbereich der §§ 10 bis 20[1])

Die Vorschriften der §§ 10 bis 20 finden auf die Beschäftigung von Jugendlichen in der Heimarbeit, im Familienhaushalt, in der Landwirtschaft und in der Binnenschiffahrt nur Anwendung, soweit dies in den Titeln zwei bis fünf ausdrücklich bestimmt ist.

1. Die Anwendbarkeit der allgemeinen Bestimmungen der §§ 10 bis 20 für Heimarbeiter usw. ist bei den einzelnen Paragraphen bereits erörtert. Fehlt eine solche „ausdrückliche Bestimmung", so können die in §§ 10 bis 20 aufgeführten Grenzen auch nicht etwa Maßstab einer Fürsorge sein und daraus eine Fürsorgepflichtverletzung hergeleitet werden.

Zweiter Titel

Vorschriften für die Heimarbeit

Vorbemerkung: Das JSchG 38 erfaßte nicht den Heimarbeiter. Auch das vorliegende Gesetz konnte kraft Besonderheit dieser gewerblichen Arbeit, der persönlichen Selbständigkeit des Heimarbeiters, nicht die für den Jugendschutz wichtigen arbeitszeit-rechtlichen Bestimmungen treffen, sondern hat sich im dritten Abschnitt auf die Regelung des Urlaubs beschränkt. Die anderen Abschnitte des Gesetzes gelten aber auch für die Beschäftigung als Heimarbeiter (z.B. verbotene gefährliche Arbeiten § 37, ärztliche Untersuchung usw.), soweit ihre Anwendung nicht ausgeschlossen ist. Im weiteren unterliegen auch jugendliche Heimarbeiter dem Heimarbeitsgesetz vom 14. 3. 1951.

§ 22 Jugendliche Heimarbeiter 1) 13)

Für den Urlaub der Jugendlichen, die Heimarbeiter im Sinne des § 2 Abs. 1 des Heimarbeitsgesetzes vom 14. März 1951 (Bundesgesetzbl. I S. 191) sind, gilt folgendes:

1. **Der Auftraggeber 2) hat dem Jugendlichen für jedes Kalenderjahr bezahlten Urlaub zu gewähren.**
2. **Als Urlaubsentgelt 3) erhalten Jugendliche 8 vom Hundert des in der Zeit vom 1. Mai des vergangenen bis zum 30. April des laufenden Jahres (Berechnungszeitraum 4) verdienten reinen Arbeitsentgelts 3). Durch Tarifvertrag kann ein anderer Berechnungszeitraum festgesetzt werden 4). Unter reinem Arbeitsentgelt ist das Arbeitsentgelt vor Abzug der Steuern und Sozialversicherungsbeiträge, jedoch ausschließlich der Unkostenzuschläge zu verstehen; im Zweifel sind die Eintragungen in dem Entgeltbeleg maßgebend.**
3. **Der Urlaub beträgt 24 Werktage jährlich. Urlaub braucht nicht gewährt zu werden, wenn der Jugendliche im Berechnungszeitraum nicht vom Auftraggeber beschäftigt wurde 5). War der Jugendliche im Berechnungszeitraum nicht dauernd oder nicht gleichmäßig beschäftigt 7), so brauchen nur so viele Urlaubstage gewährt zu werden, wie durchschnittliche Tagesverdienste 7), die er in der Regel erzielt hat, in dem Urlaubsentgelt nach Nummer 2 enthalten sind 6) 7).**

4. Scheidet der Jugendliche aus dem Beschäftigungsverhältnis aus[8]), so sind ihm, und zwar, falls er nach dem 30. April ausscheidet, zusätzlich zu dem nach Nummer 3 berechneten Urlaub so viele Urlaubstage zu gewähren, wie durchschnittliche Tagesverdienste, die er in der Regel erzielt hat, in 8 vom Hundert des nach dem 30. April bis zum Ausscheiden verdienten reinen Arbeitsentgelts enthalten sind. In diesem Falle beträgt das Urlaubsentgelt 8 vom Hundert des nach dem 30. April bis zum Ausscheiden verdienten reinen Arbeitsentgelts[8])[9]).

5. Während des Urlaubs darf Arbeit an den Jugendlichen nicht ausgegeben werden[10]).

6. Das Urlaubsentgelt gilt als Entgelt im Sinne des § 21 Abs. 2, §§ 23 bis 25 27 und 28 des Heimarbeitsgesetzes über Mithaftung des Auftraggebers, Entgeltschutz und Auskunftspflicht über Entgelte; hierbei finden die §§ 24 und 25 des Heimarbeitsgesetzes Anwendung, wenn ein Urlaubsentgelt gezahlt wird, das niedriger ist als das in diesem Absatz festgelegte[11]).

7. Im übrigen findet § 19 Abs. 1 Satz 2, Abs. 3, 4 Satz 1 und Abs. 5 Anwendung[12]).

1. Heimarbeiter ist danach, „wer in selbstgewählter Arbeitsstätte (eigener Wohnung oder selbstgewählter Betriebsstätte) allein oder mit Familienangehörigen im Auftrag von Gewerbetreibenden oder Zwischenmeistern gewerblich arbeitet und auch die Verwertung des Arbeitsergebnisses dem unmittelbaren oder mittelbaren auftraggebenden Gewerbetreibenden überläßt".

Dazu gehören nicht die Hausgewerbetreibenden oder die ihnen Gleichgestellten (§ 1 Abs. 1 b und Abs. 2 HAG). Vorerst sei auf den eindeutigen Gesetzeswortlaut hingewiesen, dem hier um so größere Bedeutung zukommt, als in anderen, gerade den Schutz der Person betreffenden Gesetzen auch die Hausgewerbetreibenden und die ihnen Gleichgestellten ausdrücklich erwähnt sind, z. B. §§ 9 und 24 MSchG und § 34 Schwerbeschädigtengesetz. Zum anderen kann nicht die Entwicklung dieser Vorschrift außer acht gelassen werden. Der ursprüngliche Reg.-Entw. sprach von einer Beschäftigung als Heimarbeiter „im Sinne von § 1 Abs. 1 a HAG". Er ließ also wohlbewußt sowohl den Hausgewerbetreibenden nach Abs. 1 b als auch den Gleichgestellten nach Abs. 2 aus dem Geltungsbereich heraus. Lediglich aus redaktionellen Gründen wurde dann die Vorschrift auf die Stellungnahme des Bundesrates vom 21. 12. 1956 hin geändert (Bundestagsdrucks. 3286 vom 13. 3. 1957). Einer Ausdehnung auf weitere Personenkreise steht schon der öffentlich-rechtliche Charakter dieser Norm insbesondere im Hinblick auf die Strafnormen entgegen (a. A. Thumser § 22 Anm. 1 der den öffentlich-rechtlichen Charakter außer acht läßt).

Das muß auch bei ausdrücklicher „Gleichstellung mit einem Heimarbeiter" gelten, zumal die Gleichstellung nicht unbedingt, sondern nur teilweise erfolgen (§ 1 Abs. 3 HAG) und so auch hinsichtlich des Entgelts — und dazu gehört auch die Urlaubsentschädigung — vorgenommen werden kann.

Ein zivilrechtlicher Urlaubsanspruch ergibt sich daher für diesen Personenkreis nicht aus dieser Vorschrift in Verbindung mit § 6, sondern kann nur aus den allgemeinen Grundsätzen, wie vom BAG in AP 6 und 7 zu § 611 BGB Urlaubsrecht entwickelt, folgen, wenn es nicht durch § 1 HAG geschieht, was aber nur zu zivilrechtlichen Ansprüchen führt.

Wenn es auch kaum vorkommen dürfte, daß ein jugendlicher Heimarbeiter mit Famlienangehörigen (§ 2 Abs. 5a HAG) arbeitet (z. B. mit einem Bruder), so würde eine solche Beschäftigung höchstens dem Geltungsbereich dieses Gesetzes nach § 1 Ziff. 2 unterfallen, und es würden dann dieselben Vorschriften wie bei fremder Beschäftigung gelten, sofern er nicht nach § 11 Abs. 3 HAG selbst Heimarbeiter wird (vgl. § 1 Anm. 11).

2. Das ist der Gewerbetreibende oder der Zwischenmeister (§ 2 HAG). Er ist Arb.Geb. im Sinne des § 3 dieses Gesetzes und der Vorschriften über Straftaten und Ordnungswidrigkeiten.

Über die zivilrechtliche Mithaftung des eigentlichen Auftraggebers nach dem Zwischenmeister vgl. § 21 HAG (Nipperdey-Staudinger Vorb. 276 zu § 611).

Der Urlaub ist für das Kalenderjahr zu gewähren. Eine anderweitige Festsetzung des Urlaubsjahres ist im Gegensatz zu § 19 Abs. 8 nicht möglich.

3. Maßgebend für das Urlaubsentgelt ist das — verdiente — reine Arbeitsentgelt des sogenannten Berechnungszeitraumes. Reines Arbeitsentgelt ist der um Steuern und Sozialabgaben ungekürzte Bruttoarbeitsverdienst (Satz 3). Er umfaßt also nur die Vergütung für die reine Arbeitsleistung und nicht etwa „die Preise für mitzuliefernde Roh- und Hilfsstoffe" (§ 8 HAG) oder sonstige Unkostenzuschläge (z. B § 21 HAG) oder Zuschläge für zur Verfügung gestellte Werkzeuge, Räume, Licht und Heizung oder anderes.

4. Der Berechnungszeitraum kann entsprechend den Bedürfnissen der einzelnen Gewerbezweige anders festgesetzt werden. Er hat aber den Zeitraum von 12 Monaten zu umfassen, sonst läßt sich das Urlaubsentgelt nicht ordnungsgemäß errechnen. Dieses Recht steht nur den Tarifvertragsparteien, nicht etwa dem Heimarbeitsausschuß oder den Vertragsparteien zu. Auch hier gilt, daß die anderweitige tarifvertragliche Festlegung Rechtssetzungscharakter hat — deshalb ist eine Festsetzung durch den Heimarbeitsausschuß schon wegen Art. 80 GG nicht möglich —. Kraft dieses Charakters und dem der öffentlich-rechtlichen Schutznorm ist eine solche Festsetzung auch für nicht tarifgebundene Heimarbeiter wirksam (vgl. dazu § 19 Anm. 18). Bestimmt doch der Bemessungszeitraum nicht nur die Höhe des Arbeitsentgeltes, sondern zugleich die Urlaubsdauer, da nach Abs. 3 Satz 3 die Anzahl der Urlaubstage sich nach dem aus dem Urlaubsentgelt zu errechnenden durchschnittlichen Tagesverdienst errechnet.

Entgeltbelege sind nach § 9 HAG anzulegen. Beweis ihrer Unvollständigkeit oder Unrichtigkeit ist möglich.

5. Da Urlaubsjahr und Berechnungszeitraum nicht übereinstimmen, mußte für eine zwar im Berufsjahr, nicht aber im Berechnungszeitraum liegende Beschäftigung der Wegfall der Verpflichtung, „24 Tage Jahresurlaub zu gewähren", herausgestellt werden.

6. Damit wird die Urlaubsdauer, die auch bei Heimarbeitern 24 Tage betragen soll, beschränkt, und zwar so, daß der erzielte Verdienst des Abs. 2, abgestellt auf den Tagesdurchschnittslohn, die Dauer der zu gewährenden Freizeit ergibt.

Mit dem Tagesdurchschnittslohn ist der für den Werktag und nicht etwa unter Einschluß der Sonntage errechnete Lohn zu verstehen. Würde doch sonst nicht dem für das Urlaubsrecht geltenden Grundsatz „Aufrechterhaltung des bisherigen Lebensstandards" Rechnung getragen, wenn alle Tage einer Woche zur Errechnung des Durchschnitts dienen, aber die Dauer der werktäglichen Freizeit danach bemessen würde.

Aus dem gleichen Grunde bleiben in den Berechnungszeitraum fallende Feiertage, für die die Lohnzahlung sich nach § 2 des Gesetzes über die Regelung der Lohnzahlung an Feiertagen richtet, außer Betracht. Ihre Bezahlung ist zwar Arbeitentgelt, aber es ist nicht als „verdientes" reines Arbeitsentgelt im Sinne dieser Vorschrift, nämlich als durch die Arbeitsleistung erlangtes Entgelt anzusehen. Unter Umständen ist es nach dem in § 2 des Gesetzes vom 2. 8. 51 geltenden „Zeitraum" (½ Jahr) noch nicht ein von „dem" Auftraggeber „erzielter" Verdienst. Es gehört nach § 2 Abs. 3 des Gesetzes vom 2. 8. 51 auch nicht zur „Entgeltzahlung" und gehört nicht zum Arbeitsentgelt im Sinne des Abs. 2 des eben genannten Gesetzes. Deshalb wird auch dieser Verdienst im Entgeltsbeleg gesondert neben dem reinen Arbeitsverdienst (Stückentgelten) ausgewiesen.

Es sind daher sowohl hinsichtlich des Arbeitsentgeltes als auch des Zeitraumes die gesetzlichen Feiertage und deren Vergütung außer acht zu lassen. Nur die Wochenarbeitstage und der darin erzielte Verdienst sind Faktoren für den durchschnittlichen Tagesverdienst. Er ermöglicht bei dauernder und gleichmäßiger Beschäftigung die Gewährung des vollen Urlaubs von 24 Tagen.

7. Schwierigkeiten können sich dagegen ergeben, wenn der Heimarbeiter im Berechnungszeitraum nicht dauernd oder nicht gleichmäßig beschäftigt wird. Bei der Gewährung der vollen Freizeit von 24 Tagen würde das auf den Tag entfallende Urlaubsentgelt zu gering sein. Unter Umständen käme auch ein Doppelurlaubsanspruch im Falle des Abs. 4 in Betracht. Es war daher ein nach der Beschäftigung sich richtender Urlaub, also eine dem anteiligen Urlaub entsprechende Regelung zu schaffen.

Nicht „dauernd" beschäftigt bedeutet, daß nicht während des ganzen Berechnungszeitraumes das Heimarbeitsverhältnis bestand.

Beispiel: Für das Heimarbeitsverhältnis gilt der gesetzliche Berechnungszeitraum. Begründet wird es am 18. 8. 60 und besteht noch am 30. 4. 61. Es handelt sich um eine nicht dauernde Beschäftigung.

Besteht es dagegen am 1. 5. 60, wird am 31. 12. gelöst, so kommt Ziff. 4 zur Anwendung.

Eine nicht gleichmäßige Beschäftigung liegt vor, wenn während des Berechnungszeitraumes nicht ständig Arbeiten für den jeweilig bestimmten Zeitraum (§§ 9, 11 HAG) ausgegeben wurden.

Beispiel: Für das Heimarbeitsverhältnis gilt der gesetzliche Berechnungszeitraum. Es besteht bei Erwerb des Urlaubsanspruchs fort. Der Heimarbeiter hat dagegen nur in den Monaten Mai bis Juli, September bis November und Januar bis April, also insgesamt in 9 Monaten Arbeit erhalten.

Dagegen ändern bloße Verdienstschwankungen durch Ausgabe von unterschiedlichen Mengen an Arbeit nur den Durchschnittsverdienst, solange nicht von § 11 HAG abgewichen wird. Auch Verzögerung in der Rückgabe der Arbeiten wird im allgemeinen zu einer schwankenden Beschäftigung führen.

Liegen bei dem einen Arbeitsverhältnis eine oder beide Voraussetzungen vor, so errechnet sich der Urlaub wie folgt: 8% des Gesamtverdienstes ergeben die Urlaubsentschädigung. Diese dividiert durch den durchschnittlichen Verdienst ergibt die Anzahl der zu gewährenden Urlaubstage. Der durchschnittliche Tagesverdienst errechnet sich aus dem Gesamtverdienst, nun aber geteilt durch die Wochenarbeitstage der allein zu berücksichtigenden Zeiträume. Das sind im Beispiel 1 die Arbeitswochentage vom 1. 8. 60 bis 30. 4. 61 und im Beispiel 2 die Monate Mai bis Juli, September bis November und Januar bis April, also 9 Monate, gekürzt um Sonn- und Feiertage.

Stand der Heimarbeiter von Dezember bis April im Heimarbeitsverhältnis, hat aber Arbeit nur in den Monaten Dezember, Januar, März erhalten, so war er nicht dauernd und auch nicht gleichmäßig beschäftigt. Es kommen nur die in den drei Monaten liegenden Werktage in Betracht.

Bei einem Gesamtverdienst in dieser Zeit in Höhe von 1560,— DM beträgt das Urlaubsentgelt 8% = 124,80 DM.

Da in diesem Zeitraum 93 Tage abzüglich 13 Sonn- und 2 Feiertagen gleich 78 Arbeitswerktage liegen, beträgt der Durchschnittsverdienst 1560 dividiert durch 78 = 20 DM täglich. Es sind daher 6 Tage Urlaub zu gewähren, der restliche Betrag ist mit auszuzahlen. Für einen weiteren 7. Urlaubstag verbleibt nicht der durchschnittliche Tageslohn, der für jeden Urlaubstag sichergestellt sein soll.

8. Wird das Heimarbeitsverhältnis beendet, so ist in jedem Falle Urlaub zu gewähren. Soweit noch der für das Urlaubsjahr zugrunde zu legende Berechnungszeitraum einen Anspruch ergibt, errechnet sich die Urlaubsdauer nach Ziff. 3.

Für die außerhalb des Berechnungszeitraumes liegenden Beschäftigungszeiten würde sich bei Anwendung von Ziff. 3 Satz 1 unter Umständen überhaupt kein Urlaubsanspruch ergeben, da bei wechselnder Beschäftigung der Heimarbeiter bei dem einen Arbeitgeber nicht im Berechnungszeitraum beschäftigt wäre, bei dem früheren Arb.Geb. aber ein Urlaubsanspruch noch nicht für den laufenden Berechnungszeitraum besteht. Deshalb bedurfte es vorstehender Regelung, die nicht nur das Ausscheiden nach dem 30. April behandelt, sondern auch das im Berechnungszeitraum beginnende und noch während des Laufes beendete Heimarbeitsverhältnis betrifft. Hier ergibt das während der Beschäftigungszeit verdiente Arbeitsentgelt in gleicher Weise wie nach Abs. 2 das Urlaubsentgelt in Höhe von 8% und den durchschnittlichen Tagesverdienst und somit die Urlaubsdauer.

Beispiel: Das Heimarbeitsverhältnis besteht vom 1. 8. 60 bis 31. 7. 1961. Das Arbeitsentgelt für die Zeit vom 1. 8. bis 30. 4. beträgt 4000,— DM bei 200 Arbeitstagen. Es ergibt sich ein Tagesdurchschnittslohn von 20,— DM, ein Urlaubsentgelt in Höhe von 320,— DM, demnach 16 Urlaubstage.

Für die Zeit vom 1. 5. bis 30. 7. beträgt das Arbeitsentgelt 1250,— DM. Es lag eine ungleichmäßige Beschäftigung mit 50 Arbeitstagen vor. Tagesdurchschnittslohn demnach 25,— DM; Urlaubsentschädigung in Höhe von 8% = 100,— DM, das sind 4 Urlaubstage; insgesamt sind also 20 Urlaubstage zu gewähren und eine Urlaubsentschädigung in Höhe von 420,— DM auszuzahlen.

In gleicher Weise errechnet sich der Urlaub, wenn der Heimarbeiter in dem Berechnungszeitraum überhaupt nicht tätig war und vor Ablauf des neuen Berechnungszeitraumes ausscheidet.

Beispiel: Beginn des Heimarb. Verh. 1. 6. 61, Ende 10. 9. 61. Verdienst 1200,—DM in 60 Wochenarbeitstagen. Urlaubsanspruch könnte erst für 1962 bestehen.

Es ist aber schon bei Ausscheiden der Urlaub (somit praktisch im Vorgriff auf das neue Urlaubsjahr) zu gewähren. Hier beträgt der durchschnittliche Tagesverdienst 20,— DM (1200:60), das Urlaubsgeld 96,— DM (8% von 1200), der Freizeitanspruch beträgt daher 4 Tage. Der Restbetrag ist auszuzahlen. Er erreicht nicht den durchschnittlichen Tagesverdienst und ist somit für eine Freizeitgewährung ungeeignet.

Der Jugendliche kann somit unter Umständen in einem Kalenderjahr mehr als 24 Tage Urlaub erhalten.

9. Auch diese Regelung zeigt, daß letztlich eine „Rückwirkung" nicht in Betracht kommen kann. Würde doch der Gewerbetreibende in einem Ausmaß belastet, das bei der Art der Heimarbeit untragbar erscheint. Erfolgt doch die Kalkulation unter Zugrundelegung des Heimarbeitsentgelts. Bei einer Rückwirkung des Gesetzes würde für den Urlaubsabspruch 1960 der Berechnungszeitraum schon am 1. 5. 59 begonnen haben. Scheidet der Jugendliche am 31. 12. 60 aus dem Heimarbeitsverhältnis aus, so müßten bei ständiger und gleichbleibender Beschäftigung 40 Urlaubstage gewährt werden (24 bis 30. 4. 60 und 16 für die Zeit vom 1. 5.—31. 12. 60). Es wären auch bei Annahme einer Rückwirkung trotz Gewährung des Urlaubs nach den früheren Bestimmungen noch nachträglich eine neue Berechnung des Urlaubsentgeltes und eine Nachzahlung vorzunehmen, da nunmehr das Urlaubsentgelt 8% (vorher meist 4%) des Arbeitsentgeltes beträgt. Es würde daher nicht nur der erhöhte Freizeitanspruch entstehen, sondern noch eine Nachzahlung für bereits gewährte Urlaubstage in Höhe des Differenzbetrages von 4% vorzunehmen sein. Eine solche Handhabung widerspricht aber den Grundsätzen des intertemporalen Rechts gerade bei Forderungsrechten. Es kann daher auch hier nur der Grundsatz Platz greifen, daß nach dem bisherigen Recht erfüllte Ansprüche nicht mehr durch die Neuregelung geändert werden können (vgl. § 19 Anm. 19).

10. So wie der Jugendliche sich während des Urlaubs nicht anderweitig betätigen darf, ist auch eine Arbeitsausgabe an ihn verboten und kann nach § 67 Abs. 1 Ziff. 2 geahndet werden. Der Urlaubsanspruch bleibt zudem nach den allgemeinen Grundsätzen bestehen, und es kann ein solcher Zeitraum nur bezüglich des Arbeitsentgeltes, nicht aber mit den darin liegenden Werktagen berücksichtigt werden, da es sich um eine verbotene Beschäftigung handelt und sonst eine Schmälerung der Urlaubsdauer oder des täglichen Durchschnittsverdienstes eintreten könnte.

11. Durch die ausdrückliche Erklärung der Anwendbarkeit der Bestimmungen des HAG kann auch das nicht bzw. zu wenig gezahlte Urlaubsentgelt durch die in § 25 HAG bestimmten Stellen eingeklagt werden (vgl. im übrigen Anh. 3).

12. Es ist also wie auch sonst beim Jugendurlaub das Entgelt vor Urlaubsantritt auszuzahlen. Die Urlaubsregelung, insbesondere der Satz von 8% des Arbeitsentgeltes, gilt nur für den Jugendlichen, der bei Beginn des Urlaubsjahres — nicht etwa des Berechnungszeitraumes — noch nicht 18 Jahre alt ist (vgl. § 19 Anm. 10).

Der Urlaub soll auch in den Berufsschulferien gegeben werden. Ein Zusatzurlaub ist aber nicht vorgesehen. Der Jugendliche darf sich auch nicht betätigen.

Vgl. im übrigen die entsprechende Bem. zu § 19.

13. Nach § 67 Abs. 1 Ziff. 2 werden als Ordnungswidrigkeit bzw. als Straftat (§ 67 Abs. 2 und 3) geahndet die Verletzung der Pflichten der Ziff. 1, der über die Urlaubsdauer Ziff. 3 Satz 1 und 3 und der Gewährung bei Ausscheiden Ziff. 4 Satz 1. Das gilt aber nur für die Freizeitgewährung, nicht für eine unterlassene Urlaubsentgeltzahlung.

Dritter Titel

Vorschriften für den Familienhaushalt

Vorbemerkungen: Noch im JSchG 38 war die Hauswirtschaft wegen der Eigenart der jeweiligen Arbeitsbedingungen von dessen Geltungsbereich ausgenommen und für sie eine besondere gesetzliche Regelung vorbehalten, die lediglich hinsichtlich des Urlaubs in der Jug.Url.VO erfolgte. Die erste auch die Hauswirtschaft erfassende Regelung erfolgte in Niedersachsen im Arb.Sch.Ges. für Jugendliche vom 9. 12. 48. Für das Bundesgebiet waren die Richtlinien des BMA für die Regelung der Arbeitsbedingungen von Hausgehilfinnen vom 22. 5. 52, B.Arb.Bl. 289, ergangen. Sie stellten nur eine Empfehlung dar.

Die Sonderheiten einer Beschäftigung im Haushalt führten zur speziellen Regelung der Arbeits- und Ruhezeiten in diesem Titel und den Sondervorschriften hinsichtlich der Führung von Verzeichnissen und Aushängen in § 57. Nach § 60 kann im Wege der Rechts-VO die dort vorgesehene Aufsicht auf gelegentliche Revisionen beschränkt werden.

Ausgenommen von dem Gesetz bleibt für die Hauswirtschaft lediglich die Beschäftigung verwandter Kinder und Jugendlicher (§ 1 Abs. 2 Ziff. 2).

§ 23 Geltungsbereich[1])

Die Vorschriften dieses Titels gelten für die Arbeitszeit der Jugendlichen bei Beschäftigung im Familienhaushalt mit hauswirtschaftlichen Arbeiten[1]). Bei Beschäftigung in Familienhaushalten, die mit einem landwirtschaftlichen Betrieb des Arbeitgebers verbunden sind, gelten jedoch, wenn regelmäßig auch Dienste für den landwirtschaftlichen Betrieb geleistet werden, die Vorschriften des vierten Titels[2]).

1. Gegenstand der Regelung ist die Beschäftigung im Familienhaushalt mit hauswirtschaftlichen Arbeiten. Gemeint sind die im Privathaushalt anfallenden, einer Hausfrau und deren Gehilfen obliegenden Arbeiten (vgl. Bulla MSchG § 2, Anm. 14), die gemeinhin als typische Haushaltsarbeiten angesehen werden. Gartenarbeiten können dazu gehören, für Berufsgärtner wird etwas anderes gelten. Jede andere Beschäftigung im Privathaushalt — z. B. als Chauffeur, Privatsekretärin — gehört ebensowenig dazu wie die Beschäftigung mit hauswirtschaftlichen Arbeiten in Heimen oder Anstalten. Für sie bleibt es bei den allgemeinen Regeln.

Gleich ist es, ob die Beschäftigung ganz- oder halbtätig oder nur stundenweise erfolgt, welchen Teil der Hauswirtschaft sie betrifft (z. B. auch Kindermädchen) und ob der Jugendliche in die häusliche Gemeinschaft aufgenommen ist. Vgl. im übrigen die amtl. Begründung Anh. 10.

Wird der Jugendliche nicht nur im Haushalt, sondern auch mit anderen Arbeiten (z. B. im Büro von demselben Arbeitgeber) beschäftigt, so unterfällt er diesem Titel nur, wenn er überwiegend mit hauswirtschaftlichen Arbeiten beschäftigt wird (§ 5 Abs. 2).

2. Anders in der Landwirtschaft. Für sie gelten die Vorschriften des 4. Titels, sofern der Jugendliche regelmäßig für den landwirtschaftlichen Betrieb, und sei es nur zum Teil, tätig wird. Für das Kindermädchen wird es im allgemeinen bei den Vorschriften dieses Titels bleiben. Bei allen anderen hauswirtschaftlichen Arbeiten wird meist auch eine Arbeitsleistung für den landwirtschaftlichen Betrieb gegeben sein, z. B. Kochen für das landwirtschaftliche Personal. Auf den Umfang der Leistung für den Betrieb kommt es nicht an, so daß im allgemeinen dieser Titel für die Landwirtschaft keine Bedeutung hat. Nur bei großen Landgütern wird eine ausschließliche Tätigkeit für den Familienhaushalt vorkommen (Zimmermädchen, Zofe usw.).

§ 24 Grenze der Arbeitszeit[1])[2])

Die tägliche Arbeitszeit der Jugendlichen darf achteinhalb Stunden, ihre Wochenarbeitszeit 48 Stunden nicht überschreiten[2]).

1. Über den Begriff vgl. § 4.

Diese Vorschrift schließt sämtliche Regeln des § 10 (Abs. 1—5) aus. Die Höchstarbeitszeit von $8\frac{1}{2}$ Stunden täglich und 48 Wochenstunden gilt für Jugendliche über und unter 16 Jahre. Sie ist nur für werdende und stillende Mütter nach § 8 Abs. 2 b MSchG (vgl. § 72) eingeschränkt. Da dort nur für die Doppelwoche eine

Begrenzung auf 80 Stunden erforderlich ist, ist eine Beschäftigung von 48 Stunden in der ersten und 32 Stunden in der zweiten Woche möglich.

2. Zuwiderhandlung ist Ordnungswidrigkeit bzw. Straftat nach § 67 Abs. 1 Ziff. 3 Abs. 2 und 3.

§ 25 Ruhepausen[1])[2])

Den Jugendlichen müssen bei einer Arbeitszeit von mehr als viereinhalb Stunden eine oder mehrere Ruhepausen von angemessener Dauer gewährt werden. § 14 Abs. 1 Sätze 2 bis 4 findet Anwendung.

Hier gilt die Pausenregelung des § 14 mit der Maßgabe, daß die Pausen nicht im voraus festzuliegen haben, was im Haushalt sowieso nicht ohne weiteres durchführbar ist. Es sind aber die Mindestpausen von 15 Minuten Dauer und ihre Gesamtdauer (30 bzw. 60 Min.) sowie die Gewährung der Pause spätestens nach $4\frac{1}{2}$ stündiger Arbeit innezuhalten. Vgl. im übrigen die Bem. zu § 14.

2. Zuwiderhandlung ist Ordnungswidrigkeit bzw. Straftat nach § 67 Abs. 1 Ziff. 3 Abs. 2 und 3.

§ 26 Freier Nachmittag[1])[2])

Jugendliche sind in jeder Woche an einem im voraus feststehenden Werktage ab 15 Uhr von der Arbeit freizustellen. Die Freizeit soll nach Möglichkeit am Samstag gegeben werden.

1. Die in § 17 vorgesehene verlängerte Freizeit am Wochenende läßt sich in der Hauswirtschaft nicht ohne weiteres durchführen, aber auch hier soll dem Jugendlichen wenigstens ein freier Nachmittag in der Woche gewährleistet sein, und es ist lediglich die gesetzliche Empfehlung gegeben, ihn auf den Samstag zu legen. Der freie Nachmittag — Beginn ab 15.00 Uhr und nicht 14.00 Uhr wie in § 17 — muß aber „im voraus feststehen". Dem wird durch Bestimmung in angemessener Zeit vorher, also im allgemeinen sofort bei Beginn der Arbeitswoche Rechnung getragen. Daß er ein für allemal schon bei Beginn des Arbeitsverhältnisses festzusetzen ist, ist nicht anzunehmen. Die Festsetzung muß nur so erfolgen, daß der Jugendliche sich auf den freien Tag einrichten kann.

Ein gesondertes Anführen der Freizeit im Verzeichnis ist nicht erforderlich (§ 57).

2. Zuwiderhandeln ist Ordnungswidrigkeit bzw. Straftat nach § 67 Abs. 1 Ziff. 3 bzw. Abs. 3 und 4.

§ 27 Sonntagsruhe[1])[4])

(1) Jugendliche, die nicht in die häusliche Gemeinschaft[2]) des Arbeitgebers aufgenommen sind, dürfen an Sonn- und gesetzlichen Feiertagen nicht beschäftigt werden.

(2) Jugendliche, die in die häusliche Gemeinschaft aufgenommen sind[2]), dürfen an Sonn- und gesetzlichen Feiertagen nur mit laufenden Arbeiten bis zu drei Stunden,

längstens bis 14 Uhr, beschäftigt werden. Jeder zweite dieser Tage muß beschäftigungsfrei bleiben. Die Verlegung eines hiernach beschäftigungsfreien Tages auf den vorhergehenden oder folgenden Sonn- oder Feiertag kann vereinbart werden[3]).

1. Abs. 1 enthält das Verbot jeder Sonn- und Feiertagsarbeit (vgl. § 18 Anm. 1, 2) für den Jugendlichen, der nicht in die häuslichen Gemeinschaft aufgenommen ist. Ausnahmen von diesem Verbot sind nur noch nach § 20 möglich, der entsprechend anzuwenden ist. Für eine Ausnahmebewilligung nach § 62 werden kaum Voraussetzungen vorliegen.

2. Die Aufnahme in die häuslichen Gemeinschaft bedeutet die Einordnung des Jugendlichen in den Haushalt, die vor allem in der Gewährung aller Mahlzeiten und dem Zurverfügungstellen der Unterkunft ihren Ausdruck findet, mag die Unterkunft auch von dem Arbeitgeber angemietet sein und außerhalb des Hauses liegen, solange der Jugendliche sonst mit seinem Leben in den Haushalt eingegliedert ist.

3. Durch die Möglichkeit der Verlegung kann der Jugendliche auch an zwei aufeinanderfolgenden Sonn- bzw. Feiertagen (z. B. 1. und 2. Weihnachtsfeiertag) beschäftigt werden. Dann muß aber der vor oder nach Weihnachten liegende Sonn- oder Feiertag frei bleiben. Es muß auch darauf geachtet werden, daß von den anfallenden Sonn- und Feiertagen insgesamt immer die Hälfte frei bleibt.

4. Zuwiderhandeln gegen das Beschäftigungsverbot nach Abs. 1 oder nach Abs. 2 Satz 1 und nach Satz 2 wird nach § 67 Abs. 1 Nr. 3 geahndet.

§ 28 Weitere Vorschriften[1])[3])

Im übrigen finden auf die Arbeitszeit der Jugendlichen §§ 13, 15, 16 Abs. 1 und § 19 Anwendung[1]). § 20 Abs. 1 Satz 1 und Abs. 2 gilt entsprechend[2]).

1. Hinsichtlich der einzelnen Vorschriften vgl. die Anm. zu den entsprechenden Paragraphen.

Auch bei dem in der Hauswirtschaft beschäftigten Jugendlichen ist die Unterrichtszeit auf die Arbeitszeit im Rahmen des § 13 anzurechnen. Da sie für hauswirtschaftliche Angestellte meist 4 Stunden beträgt, wird nur die tatsächliche Unterrichtszeit zur Anrechnung gelangen. Ob das Verbot der Beschäftigung bei vor 9.00 Uhr beginnendem Unterricht im Haushalt sinnvoll ist, scheint zweifelhaft. Das vorherige Bereiten des Frühstücks nicht nur für sich, sondern für die Familie dürfte nicht ohne weiteres in jedem Falle als Beschäftigung mit hauswirtschaftlichen Arbeiten anzusehen sein, sondern stellt eine Gefälligkeit dar, wenn der Jugendliche in die häusliche Gemeinschaft aufgenommen ist; sonst würde dies schon zu den Folgen des § 67 Abs. 1 Ziff. 1 führen.

2. Hinsichtlich des Begriffs des Notfalles vgl. Bemerkungen zu § 20.

Es ist aber hier den Sonderheiten des Haushaltes Rechnung zu tragen. Die Vorschrift ist „entsprechend" anzuwenden, was nicht nur die Bestimmungen der §§ 24 bis 27 betrifft. Es ist daher die Erkrankung eines Familienangehörigen ein Notfall.

Selbst wenn sie sich auf längere Zeit erstreckt, wird es sich um unaufschiebbare und vorübergehende Arbeiten handeln, insbesondere, wenn die Hausfrau erkrankt ist. Als Notfall kann auch die notwendige Abwesenheit der sonst mitarbeitenden Hausfrau im Falle der Erkrankung und Pflegebedürftigkeit von außerhalb des Haushaltes lebenden Familienangehörigen gelten.

Der Notfall braucht nicht der Aufsichtsbehörde gemeldet zu werden.

Die Arbeit im Notfall ist durch Freizeit auszugleichen. Im allgemeinen dürften dem aber betriebliche Gründe entgegenstehen, so daß die Abgeltung zu erfolgen hat. Es ist aber nicht unmittelbar über § 20 Abs. 2 Satz 2 möglich. Durch diese Vorschrift wird zwar der § 12 auch für Arbeiten im Notfall anwendbar, es handelt sich aber dabei im § 20 um eine Ausnahme vom Ausschluß des § 12 in Abs. 1 Satz 1. Da nach § 20 die Anwendung des § 12 für den Familienhaushalt ohnehin ausgeschlossen ist, muß die volle Zitierung des § 20 Abs. 2 in § 28 als redaktionelles Versehen betrachtet werden (ebenso Schulte-Langforth § 28 Anm. 1).

§ 20 Abs. 2 Satz 1 gibt aber einen Anspruch auf Freizeitgewährung, der neben der Lohnzahlungspflicht besteht und nicht durch den Zeitlohn vergütet ist. Bei Nichterfüllung dieses Anspruches auf Freizeitgewährung besteht daher schon nach den allgemeinen Grundsätzen ein Anspruch auf Vergütung, und sei es als Schadenersatz, wenn man nicht § 612 unmittelbar anwenden will.

Sonstige Mehrarbeit ist ohnehin im Haushalt unzulässig und gemäß den allgemeinen Grundsätzen zu vergüten (vgl. BAG in BB 57, 928, BB 60, 327).

Unberührt bleibt aber die Anwendung der in den anderen Abschnitten des Gesetzes enthaltenen Bestimmungen, soweit sie nicht für die Hauswirtschaft — sei es ausdrücklich oder ihrem Inhalt nach — ausgenommen sind.

3. Für eine arbeitszeitrechtliche Zuwiderhandlung kommen die für die einzelnen Vorschriften entsprechenden Bestimmungen des § 67ff. zur Anwendung.

Vierter Titel

Vorschriften für die Landwirtschaft

Vorbemerkung: Im JSchG 38 war die Beschäftigung des Jugendlichen in der Landwirtschaft nicht in den Geltungsbereich des Gesetzes (§ 2) einbezogen. Gleich wie die Beschäftigung im Familienhaushalt sollte sie einer besonderen Regelung vorbehalten bleiben, die aber nur hinsichtlich des Urlaubs durch die Jug.Url.VO vom 15. 6. 1939 erfolgt ist. Im übrigen galten lediglich die Bestimmungen der vorläufigen Landarb.Ordnung vom 24. 1. 1919 (RGBl. 111), die aber für den Jugendlichen keine besonderen Schutzbestimmungen enthält. Ihre Vorschriften gelten noch weiterhin, soweit sie nicht durch vorliegendes Gesetz ersetzt oder als verdrängt anzusehen sind. Demnach bleibt z. B. § 4 Abs. 4 der vorl. Landarb.O weiter anwendbar.

Die Vorschriften dieses Titels regeln dem Gegenstand nach die Arbeitszeit des Jugendlichen in der Landwirtschaft. Sie erfassen nicht die nach § 1 Abs. 2 Nr. 2

ohnehin ausgenommene Beschäftigung verwandter Kinder und Jugendlicher. Auch betreffen sie nicht die Beschäftigung von Kindern über 12 Jahre, für die in § 12 eine abschließende Regelung getroffen ist.

Die übrigen Vorschriften des Gesetzes gelten aber auch für die Landwirtschaft, soweit sie nicht ausdrücklich ausgenommen sind oder ihrem Inhalt nach nicht für die Landwirtschaft in Betracht kommen.

§ 29 Geltungsbereich[1])

Die Vorschriften dieses Titels gelten für die Arbeitszeit der Jugendlichen bei Beschäftigung

1. in der Landwirtschaft[2]) einschließlich der gemischten land- und forstwirtschaftlichen Betriebe[3]).

2. in Familienhaushalten, die mit einem landwirtschaftlichen Betrieb des Arbeitgebers verbunden sind, wenn regelmäßig auch Dienste für den landwirtschaftlichen Betrieb geleistet werden[4]).

3. in der Fischerei in Binnengewässern[5]).

4. in Nebenbetrieben[6]) der unter Nummern 1 und 3 genannten Wirtschaftszweige, falls sie ausschließlich für den Bedarf des Hauptbetriebes arbeiten.

1. Geregelt wird der betriebliche Geltungsbereich hinsichtlich des Gegenstandes „Arbeitszeit des Jugendlichen" (vgl. im übrigen Vorbemerkung 4. Tit.).

2. Unter Landwirtschaft versteht man Stätten der Urproduktion, die durch Bewirtschaftung und Nutzung der Bodenkräfte mit naturgegebenen Mitteln sich der Erzeugung pflanzlicher oder tierischer Produkte widmet. Es gehören dazu in erster Linie der Ackerbau, die Wiesen- und Weidewirtschaft, der Hopfen-, Tabak- und Weinanbau und die Imkerei; die Tierzucht nur, soweit eine Nutzung der Bodenkräfte stattfindet, also das Futter überwiegend selbst erzeugt wird. Schweinemästerei, Hühnerfarmen ohne landwirtschaftliche Nutzung sind gewerbliche Betriebe (vgl. Denecke § 1 Anm. 27, Landmann-Rohmer S. 45).

Auch der Gartenbau ist nicht schlechthin der Landwirtschaft zuzurechnen, nur soweit er sich mit dem Anbau und der Erzeugung von Pflanzen mit naturgegebenen Mitteln (das kann auch im Gewächshaus sein) und deren Verwertung überwiegend beschäftigt (Denecke § 1 Anm. 23, Rohlfing-Kiskalt S. 288). Ob die Erzeugung durch Anbau im Felde oder in gärtnerischen Anlagen erfolgt, ist dabei ohne Belang. Der Charakter einer Stätte der Urproduktion geht auch nicht verloren, wenn diese Erzeugnisse nicht in ihrem Urzustand, sondern nach einer gewissen Verarbeitung (z. B. als Kränze) verwertet werden (RAG ARS 37, 9; Denecke § 1 Anm. 24). Es gehören daher zur Landwirtschaft der gärtnerische Anbau von Gemüse, Obst, Blumen, Ziersträuchern und Bäumen (Baumschulen), ebenso die Sämereien. Für die arbeitsschutz-rechtliche Einordnung oder eine solche nach der GewO kommen nicht etwa die Grundsätze des Steuerrechts zur Anwendung (vgl. Bundesfinanzhof BB 55, 824).

Erfolgt der Anbau von Pflanzen — häufig noch zu einem geringen Teil — nicht zur Verwertung, und sei es in bearbeiteter Form, sondern zur Erfüllung eines anderen Hauptzwecks, wie es bei Landschafts- oder Friedhofsgärtnereien, botanischen Gärten, städtischen Gärtnereien in der Regel der Fall ist, so handelt es sich um gewerbliche Betriebe (vgl. Denecke und Rohlfing-Kiskalt a. a. O.).

Ist doch ein solcher Betrieb nicht mit der Erzeugung von Urprodukten, sondern mit der Gestaltung von Anlagen, Gärten und Parks befaßt und stellt dies seine eigentliche gewerbliche Betätigung dar.

Ebenso gehören nicht zur Landwirtschaft die Betriebe, die zwar Pflanzen erzeugen, dabei aber eine Bodennutzung nicht betreiben und beim Anbau der Pflanzen von naturgegebenen Einflüssen (Jahreszeiten und Wetterverhältnissen) unabhängig sind, z. B. Champignonzucht, Orchideenzucht u. a. (so auch Denecke; a. A. Molitor Vorl.Landarb.V 1952 S. 17, 18).

3. Für den rein forstwirtschaftlichen Betrieb gelten die allgemeinen Vorschriften der §§ 10 bis 20.

Nur der gemischte land- und forstwirtschaftliche Betrieb ist einbezogen, schon weil die für die Landwirtschaft besondere Arbeitszeit auch in solchen Betrieben notwendig ist und eine Aufgliederung je nach Art der Beschäftigung nicht durchführbar erscheint.

Unter Forstwirtschaft ist die Aufzucht und Gewinnung von Walderzeugnissen zu verstehen. Es gehört nicht dazu die Jagd.

4. Auch hier erschien es notwendig, einheitliche Zeitbestimmungen zu schaffen. Nur soweit eine Trennung zwischen Familienhaushalt und landwirtschaftlichem Betrieb hinsichtlich der Tätigkeit möglich ist, z. B. Kindergärtnerin, Hausmädchen für den Privathaushalt, kommen die Vorschriften des Dritten Titels in Betracht (§ 23).

5. Zur Fischerei gehören Fischfang und Fischzucht. Fischfang ist im weitesten Sinne zu verstehen. Er umfaßt auch das Krebsen, das Fangen von Muscheln und anderen Wassertieren (vgl. Landmann-Rohmer § 6 Anm. 3). Zur Fischzucht gehören auch die künstliche Zucht (KG DJZ 37, 1231) und die Erzeugung von Fischeiern. Dabei ist es gleich, ob die Fischerei in diesem Sinne im offenen oder stehenden Gewässer (Teichwirtschaft) betrieben wird.

6. Nebenbetriebe sind solche selbständigen Betriebsteile, die zwar mit dem Hauptbetriebe organisch verbunden sind, aber einen eigenen arbeitstechnischen Zweck verfolgen. Dieser muß aber Hilfszweck für den des Hauptbetriebes sein (Denecke § 1 Anm. 29, Staudinger-Nipperdey Vorbem. 239 zu § 611). Der Nebenbetrieb wird räumlich und organisatorisch meist vom Hauptbetrieb getrennt sein.

Dazu gehören an sich nicht nur die Betriebe, die unmittelbar der Erfüllung der Bedürfnisse des Hauptbetriebes dienen wie Hufschmiede, Ziegelei, Sandgrube u. a., sondern auch die Betriebe, die Erzeugnisse des Hauptbetriebes be- und verarbeiten, z. B. Molkerei, Getreide- und Sägemühlen, Brennerei, Aalräucherei und bei Gärtnern die Kranzbinderei. Dem Hauptzweck dient aber auch der Verkauf der Erzeugnisse des Hauptbetriebs, so daß auch die Verkaufshandlung des Gärtners dazugehört. Solange diese Betriebe für den Hauptbetrieb arbeiten, unterfallen sie diesem Titel. Entwickeln sie aber eine eigene gewerbliche Tätigkeit, sei es durch Be- und Verarbeitung und Verkauf der Produkte zugleich eines anderen Betriebes oder indem sie den Bedarf anderer Betriebe (z. B. Gutsschmiede, die für das Dorf mitarbeitet) mit erfüllen, so sind es nicht mehr Betriebe der Landwirtschaft.

Wenn Betriebe dieser Art auf genossenschaftlicher Grundlage (Molkereigenossenschaft) betrieben werden, dann fehlt ihnen, schon weil sie besondere Rechtsubjekte sind, der Charakter eines Nebenbetriebes.

§ 30 Grenze der Arbeitszeit[1])[3])

Die Arbeitszeit der Jugendlichen darf vom 15. November bis 14. April acht Stunden täglich und 84 Stunden in zwei aufeinanderfolgenden Wochen, in der übrigen Zeit des Jahres neun Stunden täglich und 96 Stunden in zwei aufeinanderfolgenden Wochen nicht überschreiten[2]).

1. Mit dieser Vorschrift ist eine den § 10 voll ersetzende Regelung der Arbeitszeitgrenzen getroffen. Danach beträgt die werktägliche Arbeitszeit (vgl. über den Begriff § 4 Anm. 2) in den Wintermonaten 8 Stunden und während der anderen Zeit 9 Stunden. Auf eine Doppelwoche umgerechnet, darf sie aber nicht mehr als 84 bzw. 96 Stunden betragen. Dabei ist die nach § 33 zulässige Sonntagsarbeit einzubeziehen, gehört sie doch zur Wochenarbeitszeit.

Aus diesen Grenzen ergibt sich, daß bei gleichmäßiger Verteilung der Arbeitszeit der Jugendliche wie in jedem anderen Betrieb nur 7 Stunden im Winter und 8 Stunden in den Sommermonaten arbeitet. Es ist letztlich nur die Möglichkeit zur anderweitigen Verteilung entsprechend den Bedürfnissen der Landwirtschaft erweitert. Wird von der vollen täglichen Arbeitszeit Gebrauch gemacht, so ist eine Arbeitsleistung am Sonntag nicht möglich, wenn nicht an anderen Tagen eine Kürzung vorgenommen wird.

Da in zwei aufeinanderfolgenden Wochen die Arbeitszeit 84 bzw. 96 Stunden nicht überschreiten darf, könnte die volle tägliche Arbeitszeit an sich nicht zwei Wochen hintereinander verlangt werden, selbst wenn die vorangegangene und die danach liegende Woche dann die verkürzte Arbeitszeit bringen. Es würde dann in zwei aufeinanderfolgenden Wochen die Arbeitszeit 108 bzw. 96 Stunden betragen (so Schulte-Langforth § 30 Anm. 2). Es ist aber hier zu beachten, daß mit diesem Begriff nur die Doppelwoche gemeint ist (vgl. amtl. Begründung Anhang 10, die von einer „durchschnittlichen" Arbeitszeit und der Doppelwoche spricht), der einen Zeitraum von zwei aufeinanderfolgenden Wochen und dann den nächsten entsprechenden Zeitraum erfaßt. Es soll aber nicht jede Woche ins Verhältnis zu der folgenden gesetzt werden. Abgesehen davon, daß es wenig praktikabel wäre, nun auch noch die Lage der für zwei aufeinanderfolgenden Wochen zulässigen

Arbeitszeit festzulegen, dürfte es auch nicht dem Sinn des Gesetzes entsprechen. Es soll eine über 84 bzw. 96 Stunden in zwei Wochen hinausgehende Inanspruchnahme verhindert werden. Durch die zugelassene Verteilung der Arbeitszeit von 2 Wochen soll den besonderen Bedürfnissen der Landwirtschaft mit dem jeweils unterschiedlichen Arbeitsanfall Rechnung getragen werden, so daß die Lage der erweiterten Arbeitszeit unerheblich sein muss, so lange die Höchstdauer in zwei aufeinanderliegenden Wochen als einheitlicher Zeitraum nicht überschritten wird, an den sich dann der nächste Zeitraum anschließen kann (vgl. auch Bem. zu § 10 Anm. 3).

Der Übergang von der Sommer- zur Winterarbeitszeit und umgekehrt braucht nicht unbedingt am 15. 11. bzw. 14. 4. zu erfolgen; da die Arbeitszeit auf die Woche abgestellt ist, kann dies auch erst an dem auf diese Tage folgenden Montag durchgeführt werden (so auch Schulte-Langforth § 30 Anm. 1).

2. Eine Verlängerung der Arbeitszeit ist nach § 11 (§ 34), in Notfällen und aus Gründen des Gemeinwohls § 62 möglich, eine andere Verteilung im Wege der Ausnahmebewilligung nach § 63.

3. Zuwiderhandlungen sind nach § 67, 1 Ziff. 4 bzw. Abs. 3 und 4 zu ahnden.

§ 31 Nachtruhe[1])[3])[4])

(1) Nach Beendigung der täglichen Arbeit ist den Jugendlichen eine ununterbrochene Freizeit[1]) von mindestens elf Stunden zu gewähren.

(2) Die Freizeit muß die Zeit von 21 bis 6 Uhr einschließen. Sie kann bei jugendlichen Melkern[2]) statt dessen die Zeit von 20 bis 5 Uhr einschließen.

1. Über den Begriff der Freizeit vgl. Bem. zu § 15.

Die hier vorgenommene Abänderung und Ersetzung der Regeln in § 15 und 16 hinsichtlich der Dauer der Freizeit (Abs. 1) und ihrer Lage (Abs. 2) ist erfolgt, um den Bedürfnissen des Landwirts Genüge zu tun. Verteilen sich doch die Arbeiten unter Umständen über den ganzen Tag (Viehfütterung) und können nicht ohne weiteres wie in einem Fabrikbetrieb hintereinander erledigt werden. Die Freizeit beträgt hier nur 11 Stunden (sonst 12 Stunden). Eine Unterscheidung nach Winter- und Sommerarbeitszeit ist nicht getroffen, sie gilt hier für das ganze Jahr. Die Nachtruhe beginnt um 21.00 Uhr und endet um 6.00 Uhr. Da die Freizeit 11 Stunden beträgt, muß der Jugendliche ab 19.00 Uhr von der Arbeit freigestellt sein, wenn er sie um 6.00 Uhr aufzunehmen hat. Enden seine Arbeiten um 21.00 Uhr, so kann er sie erst um 8.00 Uhr wiederaufnehmen.

2. Bei Melkern sind die anderen Zeiten wegen ihrer Tätigkeit erforderlich.

3. Eine Ausnahme ist in Notfällen möglich (§§ 20, 34). Aus Gründen des Gemeinwohls kann hier keine Ausnahmegenehmigung erteilt werden (§ 62).

4. Zuwiderhandlungen sind nach § 67, Abs. 1 Nr. 4 bzw. Abs. 3 und 4 zu ahnden.

§ 32 Frühschluß vor Sonntagen[1][2]

An Samstagen und am 24. und 31. Dezember dürfen Jugendliche nicht nach 16 Uhr beschäftigt werden. Zwischen 14 und 16 Uhr ist nur die Beschäftigung mit Arbeiten, die auch in dieser Zeit naturnotwendig vorgenommen werden müssen, gestattet.

1. Auch die Bestimmungen über den Frühschluß (§ 17) sind für den Jugendlichen in der Landwirtschaft voll ersetzt (über den Begriff vgl. Anm. zu § 17).

Eine Unterscheidung nach dem Alter ist nicht vorgenommen, sondern der Frühschluß einheitlich auf 16.00 Uhr festgesetzt. Ab 14.00 Uhr dürfen aber nur naturnotwendige Arbeiten vorgenommen werden; das sind solche, die aus natürlichen Gründen während dieser Zeit erforderlich sind und vor allem zu anderen Zeiten nicht erledigt werden können. Es braucht sich aber nicht nur um solche Arbeiten zu handeln, die durch aus der Natur kommende Umstände zu diesem Zeitpunkt erledigt werden müssen, vielmehr ist es hier auf die Arbeitsaufgabe abzustellen, sie muß notwendigerweise zu diesem Zeitpunkt erledigt werden müssen. In Betracht kommen unaufschiebbare Arbeiten, z. B. Pflege von Tieren und Pflanzen, aber auch sonstige, die zur Aufrechterhaltung des Betriebsablaufes (z. B. Milchablieferung) unbedingt erforderlich sind und zu keiner anderen Zeit erbracht werden können.

2. Zuwiderhandlungen sind nach § 67 Abs. 1 Ziff. 4 Abs. 2 und 3 zu ahnden.

§ 33 Sonntagsruhe[1][5]

An Sonn- und gesetzlichen Feiertagen dürfen Jugendliche nur mit Arbeiten, die auch an Sonn- und Feiertagen naturnotwendig[2]) vorgenommen werden müssen, bis zu drei Stunden[3]) beschäftigt werden. Jeder zweite dieser Tage muß beschäftigungsfrei bleiben[4]).

1. Vgl. § 18 Anm. 2.

2. Wie bei dem Frühschluß handelt es sich um unaufschiebbare Arbeiten, die aus natürlichen Gründen am Sonntag notwendigerweise erledigt werden müssen. § 12 Vorl. Landarb.O führt die Fütterung und Pflege der Tiere als Beispiel an. Es kommen aber auch alle sonstigen Arbeiten in Betracht, die an einem Sonntag anfallen und unbedingt erledigt werden müssen. Diese Arbeiten können auch die Betriebsanlagen betreffen, z. B. Bedienung der Heizung für die Gewächshäuser, der Melkmaschinen (vgl. im übrigen Anm. zu § 32).

3. 3 Stunden ist die zulässige Höchstdauer an Sonn- oder Feiertagen. Wie die 3 Stunden verteilt werden, steht im Direktionsrecht des Arbeitgebers. Der Jugendliche braucht nicht 3 Stunden hintereinander beschäftigt zu werden, vielmehr folgt schon aus dem Begriff einer naturnotwendigen Arbeit, daß in den meisten Fällen eine Aufteilung erfolgen wird, z. B. zur Früh- und Abendfütterung. Bei Ausübung des Direktionsrechtes ist aber dem Sinn des Jugendschutzes Rechnung zu tragen. Sofern die Arbeiten es nicht verlangen, soll der Jugendliche möglichst lange Freizeit haben und auch nicht unbedingt die 3 Stunden voll beschäftigt werden. Er soll in der Erfüllung religiöser Pflichten ungehindert sein. Auch muß ihm die Möglichkeit zur Teilnahme an Sport und Spiel gegeben werden.

Jede Sonn- und Feiertagsarbeit ist mit dem in § 18 Abs. 5 vorgesehenen Zuschlag zu bezahlen. § 18 Abs. 5 gilt gemäß § 34 für die Landwirtschaft.

4. Fällt in die Woche ein gesetzlicher Feiertag, so ist dieser mit einzurechnen. Auf diese Weise bleibt für den Jugendlichen zu den sogenannten großen Festen — Weihnachten, Ostern, Pfingsten — in jedem Falle ein Feiertag frei.

Ein völliges Beschäftigungsverbot besteht für werdende und stillende Mütter (§ 8 MuSchG). Die Ausnahme davon, nämlich eine Beschäftigung im Haushalt mit hauswirtschaftlichen Arbeiten nach § 8 Abs. 1 Satz 2 MuSchG, greift auch hier Platz. Die Unterstellung des Haushalts unter die arbeitszeitrechtlichen Vorschriften für die Landwirtschaft (§ 29 Ziff. 2) führt zu deren Anwendung, nicht aber zu einer Ausdehnung des Beschäftigungsverbotes nach dem MuSchG. Eine werdende Mutter kann daher im landwirtschaftlichen Familienhaushalt bis zu 3 Stunden an Sonn- und Feiertagen beschäftigt werden.

5. Zuwiderhandlungen werden nach § 67 Abs. 1 Ziff. 4 bzw. Abs. 3 und 4 geahndet.

§ 34 Weitere Vorschriften[1])[3])

Im übrigen finden auf die Arbeitszeit der Jugendlichen §§ 13, 14 Abs. 1 und 4 Satz 1 und § 19 Anwendung. §§ 11, 12, 18 Abs. 5 und § 20 Abs. 1 Satz 1 und Abs. 2 gelten entsprechend[2]).

1. Die gesamten Vorschriften über die Freistellung zum Berufsschulunterricht, die Anrechnung der Unterrichtszeit und deren Vergütung, auch Abs. 4 hinsichtlich der Freistellung von über 18 Jahre alten Personen zum Berufsschulunterricht gelten auch für die Landwirtschaft (vgl. im übrigen Bem. zu § 13).

Ebenso gelten die Ruhepausen des § 14 Abs. 1. Von besonderer Bedeutung wird die Bewilligung einer Ausnahmegenehmigung schon lediglich aus *wichtigen Gründen* (§ 14 Abs. 4 Satz 1) sein.

Hinsichtlich des Urlaubs vgl. Bem. zu § 19. Eine anderweitige Erwerbstätigkeit in der Landwirtschaft während des Urlaubs wird einen wichtigen Kündigungsgrund darstellen.

2. Die vorgesehene entsprechende Anwendung gibt die Möglichkeit der Ausnahmebewilligung nach § 11, die schon „zu Verhütung eines erheblichen Schadens für den Betrieb" Platz greifen kann.

Bei der Mehrarbeitsvergütung des § 12 sind die anderen Zeitgrenzen der Landwirtschaft zu beachten. Hinsichtlich der Sonntagsarbeit vgl. Bem. zu § 18 und § 33.

Für den Begriff des Notfalles sind die Sonderheiten der Landwirtschaft nicht außer acht zu lassen. Es können nicht allzu große Anforderungen an den Begriff „unübersehbar" (vgl. dazu § 20 Anm. 1) und die unternehmerische Planung gestellt werden. Drohendes Unwetter, Verderb u. a. bei Einbringung der Ernte wird schon einen Notfall darstellen.

Vgl. im übrigen die Bem. zu den einzelnen Paragraphen.

3. Auch die Vorschriften über Ordnungswidrigkeiten und Straftaten der einzelnen Bestimmungen finden Anwendung.

Fünfter Titel

Vorschriften für die Binnenschiffahrt

Vorbemerkung: Gleich den in den vorangegangenen Titeln zwei bis vier aufgeführten Wirtschaftszweigen waren die Binnenschiffahrt und die Flößerei von dem Geltungsbereich des JSchG 38 nicht erfaßt. Es sollte für sie eine besondere Regelung erfolgen. Nach Nr. 2 der Ausf.VO vom 12. 12. 1938 (RGBl. S. 1777) galt dann „vorbehaltlich einer besonderen gesetzlichen Regelung" die AZO auch für die Jugendlichen. Die Beschäftigung von Kindern wurde verboten. Lediglich der Urlaub war durch die Jug.Url.VO vom 15. 6. 1939 für die Binnenschiffahrt eingeführt. Die Sonderheiten dieses Wirtschaftszweiges machten ebenfalls eine besondere Regelung der Arbeitszeitbestimmungen, vornehmlich während der Fahrt (§ 36), notwendig. Im übrigen kommen aber die vorliegenden Bestimmungen dieses Gesetzes zu Anwendung, soweit sie nicht ausdrücklich oder ihrem Inhalt nach ausgenommen sind.

§ 35 Arbeitszeit[1])[5])

(1) Auf die Arbeitszeit der Jugendlichen bei Beschäftigung in der Binnenschiffahrt[2]) innerhalb der Schiffsmannschaft (§ 21 des Gesetzes betreffend die privatrechtlichen Verhältnisse der Binnenschiffahrt vom 10. Mai 1898 — Reichsgesetzbl. S. 369 — in der Fassung des Gesetzes vom 29. Juli 1936 — Reichsgesetzbl. I S. 581) sowie in der Flößerei[2]) innerhalb der Floßmannschaft (§ 17 des Gesetzes betreffend die privatrechtlichen Verhältnisse der Flößerei vom 15. Juni 1895 — Reichsgesetzbl. S. 341) finden § 10 Abs. 1, 3 bis 5, §§ 12, 13, 14 Abs. 1 und 4 Satz 1, §§ 15, 16 Abs. 1, § 17 Abs. 1, § 18 Abs. 1 und 5, §§ 19 und 20 Anwendung[3]).

(2) Dem Jugendlichen ist Gelegenheit zu geben, die Berufsschulpflicht durch Besuch einer anerkannten Schifferberufsschule zu erfüllen. Für die Zeit des Schulbesuchs ist dem Jugendlichen Freizeit unter Fortzahlung des Entgelts zu gewähren. War der Jugendliche nach Vollendung des 14. Lebensjahres von mehreren Arbeitgebern in der Binnenschiffahrt oder Flößerei beschäftigt, so hat der letzte Arbeitgeber das Entgelt zu zahlen. Dieser hat gegen die früheren Arbeitgeber einen Anspruch auf Erstattung des fortgezahlten Entgelts in einer Höhe, die der jeweiligen Dauer der Beschäftigung entspricht[4]).

1. Grundsätzlich gelten auch in der Binnenschiffahrt und der Flößerei die Vorschriften der §§ 10 bis 20. Nur hinsichtlich der Schiffsmannschaft bedurfte es einer besonderen Regelung, so daß für eventuelle Landbetriebe der Binnenschiffahrt (Kontore) und vor allem in anderer Weise beschäftigte Jugendliche die Vorschriften des ersten Titels unmittelbar zur Anwendung gelangen.

2. Binnenschiffahrt ist die Schiffahrt auf Flüssen und sonstigen Binnengewässern (Seen, Kanäle). Sie kann den Gütertransport und Personentransport zum Gegenstand haben. Wer zur Schiffsmannschaft gehört, ergibt sich aus § 21 Binnenschiffahrtsgesetz vom 20. 5. 1898. Es sind die zum Schiffsfahrdienst auf den Schiffen angestellten Personen der Schiffsbesatzung, also Schiffsjungen, Matrosen, Bootsleute, Steuerleute und das technische Personal (Heizer und Maschinisten).

Zur Floßmanschaft gehören die zum Flößereidienst auf dem Floß angestellten Personen (§ 17 Flößereigesetz vom 15. 6. 1895).

3. Vgl. die entsprechenden Bemerkungen zu den einzelnen Paragraphen.

Damit finden, solange das Schiff nicht auf Fahrt ist, letztlich alle Vorschriften, soweit sie für einen solchen Dienst in Betracht kommen, Anwendung. Lediglich die Möglichkeit einer Ausnahmebewilligung nach § 11 ist ausgeschlossen. Auch kommt es für einen Frühschluß am Samstag, anders als für das Verkehrsgewerbe, nicht mehr auf eine Üblichkeit an (§ 17 Abs. 2), sondern er ist unbedingt zu gewähren, wenn das Schiff nicht auf Fahrt ist. Ebenso ist eine Ausnahmegenehmigung nach § 18 Abs. 3 nicht möglich, was nicht ganz verständlich ist. Wenn es sich um dringende Reparaturen handelt, bleibt nur eine Genehmigung nach § 63.

4. Solange das Schiff nicht auf Fahrt ist und in den Wintermonaten stilliegt, machen die Erfüllung der Berufsschulpflicht und ihre arbeitsrechtliche Behandlung nach § 13 keine Schwierigkeiten. Um aber die unvermeidbaren Unregelmäßigkeiten im Schulbesuch auszuschließen, sind besondere Schulen für die Flußschifferbevölkerung eingerichtet (ME vom 6. 6. 1905, abgedruckt im Schulrecht von Thielmann und Deermann S. 364). Besucht der Jugendliche eine solche besonders eingerichtete und anerkannte Schifferberufsschule mit zusammenhängendem Vollunterricht, so ist die erforderliche Freizeit unter Fortzahlung des Lohnes zu geben. Der Jugendliche erhält einen unmittelbaren Anspruch gegen seinen derzeitigen Arbeitgeber. Damit dieser aber nicht die volle Belastung eines sonst auf mehrere Jahre sich erstreckenden Schulbesuchs trägt, ist ihm ein Ersatzanspruch gegen den früheren Arb.Geb. des Jugendlichen gegeben.

5. Ein Zuwiderhandeln gegen die nach Abs. 1 zur Anwendung gelangenden Vorschriften wird gemäß den dort erläuterten Bestimmungen geahndet.

§ 36 Ausnahmen während der Fahrt[1])[4])

Während der Fahrt gilt folgendes[1]):

1. **Die nach § 10 Abs. 1 zulässige Arbeitszeit darf um eine halbe Stunde täglich und drei Stunden wöchentlich überschritten werden.**
2. **Die Ruhepausen brauchen nicht im voraus festzustehen.**
3. **Die tägliche Freizeit nach § 15 darf auf zehn Stunden verkürzt werden.**

4. Im Tidegebiet dürfen Jugendliche über 16 Jahre auch in der Nacht beschäftigt werden.

5. Der Frühschluß (§ 17 Abs. 1) braucht lediglich an den Tagen vor dem Oster-, Pfingst-, Weihnachts- und Neujahrsfest gewährt zu werden. Der Jugendliche ist an diesen Tagen so rechtzeitig, daß er seinen Wohnort noch am selben Tage erreichen kann, spätestens aber um 14 Uhr, von der Arbeit freizustellen[2]).

6. Jugendliche dürfen an 13 Sonn- und gesetzlichen Feiertagen im Kalenderjahr beschäftigt werden. Für jeden Sonn- oder Feiertag, an dem sie beschäftigt worden sind, ist ihnen ein freier ganzer Werktag zu gewähren. Die hiernach im Kalendervierteljahr zustehenden freien Werktage sollen nach Möglichkeit zusammenhängend gegeben werden. Geschieht dies, so genügt es, wenn die wöchentliche Arbeitszeit im Durchschnitt dieses Vierteljahres die zulässige Dauer nicht überschreitet[3]).

1. Mit dieser Vorschrift wird den Sonderheiten dieses Wirtschaftszweiges Rechnung getragen. Die Arbeitszeit für Jugendliche unter 16 Jahren darf 43 Stunden, die der über 16 Jahre alten 47 Stunden während der Fahrt betragen.

Die Ruhepausen brauchen zwar nicht im voraus festzustehen, sie müssen aber mindestens nach 4½stündiger Tätigkeit eingelegt werden.

Auch bei Beschäftigung im Tidegebiet ist die Freizeit von 10 Stunden, nun aber in einer anderen zeitlichen Lage, innezuhalten.

2. Für eine rechtzeitige Freistellung ist nur den normalen Verkehrsverhältnissen Rechnung zu tragen. Der Tag endet um 24.00 Uhr, so daß bis dahin der Jugendliche seinen Wohnsitz erreicht haben muß. Eine Änderung des Lohnes oder der Wochenarbeitszeit durch eine vor 14.00 Uhr erfolgte Freistellung greift nicht Platz.

3. Sonn- und Feiertagsarbeit ist nach § 15 Abs. 5 zu zahlen. Der zulässige Ausgleich läßt die Bezahlung als Mehrarbeit entfallen. Über Feiertage vgl. § 18 Anm. 2. Über die Sonn- und Feiertagsarbeit sowie über die Freizeitgewährung ist ein Verzeichnis nach § 56 zu führen.

4. Durch eventuelle Ahndung nach § 67 Ziff. 5 Abs. 1 bzw. Abs. 3 und 4 ist die Innehaltung von Ziff. 1, 3, 5 Satz 2 und 6 Satz 2 sichergestellt.

VIERTER ABSCHNITT

Beschäftigungsverbote und -beschränkungen

§ 37 Gefährliche Arbeiten[1])[6])

(1) Die Beschäftigung eines Jugendlichen mit Arbeiten, die seine körperlichen Kräfte übersteigen oder bei denen er sittlichen Gefahren ausgesetzt ist, ist verboten[2]).

(2) Der Bundesminister für Arbeit und Sozialordnung wird ermächtigt, zum Schutze von Leben, Gesundheit und Arbeitskraft sowie zur Vermeidung sittlicher Gefährdung oder einer Beeinträchtigung der körperlichen oder geistigen Entwicklung der Jugendlichen durch Rechtsverordnung mit Zustimmung des Bundesrates die Beschäftigung Jugendlicher in bestimmten Arten von Betrieben oder mit bestimmten Arbeiten, die mit Gefahren für Leben, Gesundheit oder Sittlichkeit verbunden sind, zu verbieten oder zu beschränken. Werden besondere Regelungen für Betriebe des Bundes getroffen, so bedarf es hierzu des Einvernehmens mit dem beteiligten Bundesminister, werden besondere Regelungen für bergbauliche Betriebe getroffen, des Einvernehmens mit dem Bundesminister für Wirtschaft. Das Verbot oder die Beschränkung kann auf Personen, die über 18, aber noch nicht 21 Jahre alt sind, ausgedehnt werden, wenn es zu deren Schutz erforderlich erscheint[3])[5]).

(3) Unabhängig von den auf Grund des Absatzes 2 erlassenen Vorschriften kann die Aufsichtsbehörde die Beschäftigung aller Jugendlichen eines Betriebes oder einer Betriebsabteilung oder einzelner Jugendlicher mit bestimmten Arbeiten verbieten oder beschränken, wenn diese Arbeiten mit Gefahren für Leben, Gesundheit oder Sittlichkeit verbunden sind oder eine Beeinträchtigung der körperlichen oder geistigen Entwicklung befürchten lassen[4])[5])[6]).

1. Schon nach § 20 JSchG 38 konnte die Beschäftigung von Jugendlichen mit gefährlichen Arbeiten untersagt oder von Bedingungen abhängig gemacht werden. Auch diese Bestimmung entsprach dem vorher geltenden Recht (§ 14 Abs. 7 AZO 34). Die insoweit ergangenen Beschäftigungsverbote (vgl. Anm. 5) bestehen fort (§ 76 Abs. 5), ebenso die zahlreichen Verordnungen, die auf Grund von § 120e GewO erlassen sind und die zum Schutz gegen gefährliche Arbeiten Beschäftigungsverbote und -beschränkungen für Jugendliche enthalten.

Neu ist das im Abs. 1 dieser Vorschrift normierte Beschäftigungsverbot, dessen Verletzung als Straftat gemäß § 66 Abs. 1 Ziff. 2 geahndet wird.

2. Bei dem ersten Verbotstatbestand kommt es nur darauf an, daß dem Jugendlichen keine Arbeiten übertragen werden dürfen, die objektiv seine körperlichen Kräfte übersteigen. Das kann sich aus der Schwere der Verrichtung (auch aus einer größeren Dauer) ergeben. Immer muß damit aber objektiv eine mögliche Gefährdung des Jugendlichen vorhanden und für den Arbeitgeber erkennbar sein.

Es kann bei verschiedenen Arbeiten schon aus ihrer Natur folgen, daß sie von einem Jugendlichen überhaupt nicht oder nur für einen kurzen Zeitraum erbracht werden können, z. B. Transportarbeiten, die für einen Jugendlichen dieses Alters von jedem erkennbar untragbar sind, oder solche, bei denen er nicht dauernd eingesetzt werden kann.

Bei anderen Arbeiten wird es sich aus der physischen Konstitution des Jugendlichen ergeben, z. B. durch besondere körperliche Schwäche, die einen Einsatz wie bei anderen Jugendlichen gleichen Alters nicht gestattet. In jedem Falle muß aber objektiv eine Überbeanspruchung der körperlichen Kräfte des betreffenden Jugendlichen feststellbar sein. Die bloße subjektive Behauptung des Jugendlichen genügt nicht. Ebenso kommt nicht etwa in Betracht eine nur psychisch-geistige Belastung, die für den Arbeitgeber ohnehin nicht erkennbar ist.

Der Arbeitgeber hat sich bei einer ohnehin als schwer beurteilten Arbeit zu vergewissern, ob der Jugendliche wirklich der Arbeit gewachsen ist, wenn er sich nicht einer fahrlässigen Verletzung dieses Verbotes schuldig machen will.

Ob bei einer Beschäftigung eine sittliche Gefahr im Sinne der zweiten Alternative dieser Vorschrift vorliegt, ist in jedem Fall objektiv festzustellen. Es kommt nicht auf die Struktur des Jugendlichen — eine eventuelle Frühreife und sonstiges — an, auch nicht auf eventuelle subjektive Anschauungen des Arbeitgebers, sondern das, was Sitte und Anstand gebieten, ist hier der Maßstab. Sonst wird eine Arbeit für den Jugendlichen schlechthin ungeeignet und ist verboten, z. B. wird ein jugendlicher Schlosser nicht zu Reparaturarbeiten in einem Bordell eingesetzt werden dürfen.

3. Die schon in § 20 JSchG 38 eingeräumte Ermächtigung des Reichsarbeitsministers ist hier entsprechend Art. 80 GG dem Bundesminister für Arbeit und Sozialordnung erteilt. Die Rechtsverordnungen müssen sich in dem hier angeführten Inhalt, Zweck und Ausmaß der Ermächtigung halten, um rechtwirksam zu sein.

Auch die Ermächtigung zur Einbeziehung der Personen bis zum 21. Lebensjahr ist durch ein eventuelles Schutzbedürfnis dieser Personen bedingt. Ein daraufhin erlassenes Beschäftigungsverbot ist durch die Strafandrohung nach § 66 Abs. 1 Ziff. 3 gesichert, sofern die VO auf die Strafbestimmung verweist.

4. Die der Aufsichtsbehörde (§ 60) eingeräumte Befugnis entspricht der des § 20 Abs. 2 JSchG 38 und des § 120 e GewO. Sie kann für den Einzelfall, also für den einzelnen Betrieb oder eine Betriebsabteilung generelle Anordnungen für alle Jugendlichen aber auch für den einzelnen Jugendlichen je nach dem Status besondere Anordnungen treffen. Dies geschieht im Wege der Einzelverfügung, die anfechtbar ist (vgl. § 60).

Zulässig ist eine solche Anordnung, sofern eine Regelung durch RechtsVO fehlt. Liegt eine generelle Anordnung bereits vor, so kann sie darüber hinausgehende Maßnahmen zum Gegenstand haben. Sie müssen aber „geboten" sein, d. h. die besonderen Gefahren dieser Arbeit in bezug auf Leben, Gesundheit und Sittlichkeit des Jugendlichen müssen gerade d i e s e Anordnung rechtfertigen.

Wenn weiterhin die Beachtung der körperlichen und geistigen Entwicklung gefordert wird, so bedeutet dies eine Verstärkung und eine Erklärung der Gefahr für den einzelnen Jugendlichen. Sie muß objektiv vorhanden sein. Erst dann ist eine Befürchtung gerechtfertigt.

5. Aufrechtzuerhaltende und somit zu beachtende Beschäftigungsverbote bzw. -beschränkungen (vgl. Anm. 1) sind folgende:

Bek. betr. die Einrichtung und den Betrieb der Buchdruckereien und Schriftgießereien vom 31. Juli 1897, 5. Juli 1907, 22. Dezember 1908 (RGBl. 1897 S. 614; 1907 S. 654; 1908 S. 654).

Bek. betr. die Einrichtung und den Betrieb der Roßhaarspinnereien, Haar- und Borstenzurichtereien sowie der Bürsten- und Pinselmachereien vom 22. 10. 1902 (RGBl. S. 269),
Bek. betr. die Einrichtung und den Betrieb von Bleihütten vom 16. 6. 1905 (RGBl. S. 545),
Bek. betr. die Einrichtung und den Betrieb der zur Anfertigung von Zigarren bestimmten Anlagen vom 17. 2. 1907 (RGBl. S. 34),
Bek. betr. die Einrichtung und den Betrieb von Anlagen zu Herstellung von Alkali-Chromaten vom 16. 5. 1907 (RGBl. S. 233),
Bek. betr. die Einrichtung und den Betrieb von Anlagen zur Herstellung elektrischer Akkumulatoren aus Blei oder Bleiverbindungen vom 6. 5. 1908 (RGBl. S. 172),
Bek. betr. die Einrichtung und den Betrieb von Steinbrüchen und Steinhauereien (Steinmetzbetrieben) vom 31. 5. 1909, 20. 11. 1911 (RGBl. 1909 S. 471; 1911 S. 955),
Bek. betr. die Beschäftigung von Arbeiterinnen und jugendlichen Arbeitern in Anlagen, die der Herstellung von Zichorie dienen, vom 25. 11. 1909 (RGBl. S. 968),
Bek. betr. die Beschäftigung jugendlicher Arbeiter bei der Bearbeitung von Faserstoffen, Tierhaaren, Abfällen oder Lumpen vom 8. 12. 1909 (RGBl. S. 969),
Bek. betr. die Beschäftigung von Arbeiterinnen und jugendlichen Arbeitern in Rohzuckerfabriken, Zuckerraffinerien und Melasseentzuckerungsanstalten vom 24. 11. 1911 (RGBl. S. 958),
Bek. betr. die Einrichtung und den Betrieb der Zinkhütten und Zinkerzröst-hütten vom 13. 12. 1912, 21. 2. 1923 (RGBl. 1912 S. 564; 1923 I S. 161),

VO über die Einrichtung und den Betrieb von Anlagen zur Herstellung von Bleifarben und anderen Bleiverbindungen vom 27. 1. 1920 (RGBl. S. 109),

VO über die Herstellung von Knallkorken vom 27. 12. 1928, 6. 2. 1934, 10. 7. 1939 (RGBl. I 1929 S. 9; 1934 S. 88; 1939 S. 1255),

VO zum Schutze gegen Bleivergiftungen bei Anstricharbeiten vom 27. 5. 1930 (RGBl. I S. 183) i. d. F. der VO vom 16. 3. 1956 (BGBl. I S. 130),

VO über die Herstellung, Verpackung, Lagerung und Einfuhr von Thomasmehl vom 30. 1., 30. 9. 1931 (RGBl. I S. 17, 525),
VO für Arbeiten in Druckluft vom 29. 5. 1935 (RGBl. I S. 725),

VO über die Beschäftigung in Ziegeleien und verwandten Betrieben vom 5. 6. 1937 (RGBl. I S. 620),
VO über Haarhutfabriken vom 26. 3. 1938 (RGBl. I S. 347),
GlashüttenVO vom 23. 12. 1938, 13. 9. 1940 (RGBl. I 1938 S. 1961; 1940 S. 1246),
RöntgenVO vom 7. 2. 1941 (BGBl. I S. 88, 162),

VO zum Schutze gegen Staublungenerkrankungen (Silikose) in der keramischen Industrie vom 1. 9. 1951 (BGBl. I S. 787),

VO über die Beschäftigung von Frauen und Jugendlichen mit der Herstellung von Präservativen, Sicherheitspessaren, Suspensorien und dergleichen vom 3. 12. 1954 (BGBl. I S. 336),
VO über die Beschäftigung Jugendlicher in Tiefdruckereien vom 24. 6. 1958 (BGBl. I S. 417),
BaupraktikantinnenVO vom 16. 2. 1960 (BGBl. I S. 81) Art. 2.

6. Zuwiderhandlung gegen das Verbot des Abs. 1 wird nach § 66 Abs. 1 Ziff. 2 als Straftat geahndet. Fahrlässige Begehung ist strafbar (Abs. 3).

Ein Verstoß gegen Beschäftigungsverbote, die auf Grund der Ermächtigung des Abs. 2 erlassen werden, wird in gleicher Weise — auch bei fahrlässiger Begehung — als Straftat nach § 68 Abs. 1 Ziff. 9 (Abs. 3) geahndet, sofern die RechtsVO auf diese Strafbestimmung ausdrücklich verweist. Die Verweisung muß also auch die auf die fahrlässige Begehung enthalten.

Verletzung bestehender Beschäftigungsverbote (vgl. Anm. 5) wird nach § 24 JSchG 38 geahndet (vgl. Anh. 1 und § 76 Abs. 2 Ziff. 1 und 2). Soweit diese Verbote auf § 120e GewO beruhen, kommen die §§ 146, 147 GewO zur Anwendung.

Werden Anordnungen der Aufsichtsbehörde gemäß Abs. 3 nicht beachtet, so kommt § 68 Abs. 1 Ziff. 9 in Betracht, soweit die Anordnungen auf Grund des Abs. 2 getroffen werden; sonst ist eine Ahndung als Ordnungswidrigkeit bzw. als Straftat gemäß § 67 Abs. 1 Ziff. 7 möglich (Abs. 3 und 4).

§ 38 Akkord- und Fließarbeit[1])[6])

(1) Die Beschäftigung von Kindern und Jugendlichen mit

1. Akkordarbeit[2]) und sonstigen Arbeiten, bei denen durch ein gesteigertes Arbeitstempo ein höheres Entgelt erzielt werden kann[3]).

2. Fließarbeit mit vorgeschriebenem Arbeitstempo[4])

ist verboten.

(2) Die Aufsichtsbehörde kann für Jugendliche über 16 Jahre Ausnahmen von der Vorschrift des Absatzes 1 bewilligen, wenn die Art der Arbeit und das Arbeitstempo eine Beeinträchtigung der Gesundheit oder der körperlichen oder geistigen Entwicklung der Jugendlichen nicht befürchten lassen[5])[6]).

1. Ein Verbot der Akkord- und Fließarbeit bestand nach dem JSchG 38 nicht. Nach dem Kriege war in Niedersachsen zwar Akkordarbeit verboten, durch Tarifvertrag konnten aber Ausnahmen zugelassen werden. In Berlin durften Jugendliche unter 16 Jahren nicht im Akkord, Jugendliche über 16 Jahre nur in bestimmten Fällen im Gruppenakkord beschäftigt werden.

Mit vorliegender Vorschrift wird nun ein unbeschränktes Verbot der Beschäftigung des Jugendlichen im Akkord erlassen. Ausnahmen können nur durch die Aufsichtsbehörde (§ 60) erteilt werden.

2. Der Begriff der Akkordarbeit ist an sich klar. Bei ihr wird wie bei jedem anderen Arbeitsvertrag die Arbeitsleistung als solche und nicht etwa ein bestimmter

Arbeitserfolg geschuldet. Dagegen wird der Lohn durch das Akkordergebnis bestimmt. Er steht in Abhängigkeit zu der erzielten Leistung (h. A., vgl. auch Nipperdey-Staudinger § 611 Anm. 2; Hueck-Nipperdey 1, 289; Nikisch 1, 322; Dietz-Gaul-Hilger-Siebert Probleme des Akkordrechts 1957; Gaul, Die Arbeitsbewertung in ihrer rechtl. Bedeutung 1957 und BAG AP 1 zu § 611 BGB Akkordlohn). Die Beschäftigung des Jugendlichen mit einer solchen Lohnabrede ist verboten. Sie stellt die Beschäftigung mit Akkordarbeit dar. Soll doch verhindert werden, daß der Jugendliche wegen eines so bestehenden Anreizes zur erhöhten Leistung seine Kräfte übersteigert, die er, anders als der Erwachsene, noch nicht überblicken kann (vgl. Anh. 10).

Heimarbeit ist keine Akkordarbeit (vgl. Anh. 11). Zwar erfolgt die Bezahlung nach Stückentgelt. Die Arbeitsmenge ist aber so festzusetzen, daß sie in der üblichen Arbeitszeit bewältigt werden kann (§ 11 HAG). Eine Erhöhung des Lohnes durch Leistungssteigerung kann daher nicht Platz greifen. Es besteht höchstens ein Anreiz zur Verkürzung der tatsächlichen Arbeitszeit. Dieser ist aber ohnehin gegeben, da der Heimarbeiter in seiner Arbeitszeit nicht kontrolliert wird, sondern sie frei gestalten kann.

Ebenso wird der Jugendliche nicht „mit Akkordarbeit" beschäftigt, wenn er zwar einer Akkordkolonne zugeteilt ist, seine Arbeitsleistungen aber für die Berechnung des Akkordes der Kolonne außer Betracht bleiben und er selbst nicht im Akkordlohn steht (ebenso Schulte-Langforth § 38 Anm. 2). Eine gegenteilige Auffassung (vgl. Rd.Erl. des Arb. u. Soz.Min. NRW vom 10. 10. 60; Min.Bl. NRW A Nr. 115) läßt sich schon nach der amtl. Begr. (vgl. Anh. 10) nicht aufrechterhalten. Es wird darin ausdrücklich erklärt, daß eine solche Zuteilung des Jugendlichen nicht unter das Verbot fällt. Sie wird auch nicht dem Sinn des Begriffes „Akkordarbeit" gerecht; eine Arbeit ohne Akkordlohn ist keine Akkordarbeit. Auch aus dem Schutzgedanken des Gesetzes heraus findet die Auffassung keine Rechtfertigung. Dem Arbeitstempo der Erwachsenen wird sich der Jugendliche ohnehin nicht „entziehen" können, solange er mit ihnen zusammenarbeitet. Er wird aber dabei eine dem Jugendlichen angepaßte Leistung erbringen. Nicht die freiwillige Anpassung an irgendein Arbeitstempo, sondern der durch die Entlohnung gegebene Anreiz, selbst ein besonders *gesteigertes* Arbeitstempo zu entwickeln, oder einem für Erwachsene geltenden Arbeitstempo zwangsweise unterworfen zu sein (z. B. bei Fließarbeit) stellt die vom Gesetz nicht gewünschte Arbeit dar. Vor ihr soll der Jugendliche geschützt werden.

3. Dabei kann es sich um die verschiedensten Lohnformen handeln. Es kommen Prämien- und sonstige Systeme in Betracht. Die Entlohnung muß aber eine Relation dergestalt haben, daß dadurch das Arbeitstempo gesteigert wird bzw. ein Anreiz dazu gegeben ist.

Sogenannte Pünktlichkeits- oder Anwesenheitsprämien fallen ebensowenig darunter wie Prämien, die für die Qualität der Arbeit, für die Pflege des Werkzeuges, geringeren Materialverbrauch u. a. gewährt werden. Es liegt darin kein Anreiz zur Steigerung des Arbeitstempos, sondern gründlich und qualitätsgerecht zu arbeiten.

4. Das Verbot der Fließarbeit beruht auf der Erwägung, daß es für den Jugendlichen nicht angepaßt ist, einem bestimmten Arbeitstempo unterworfen zu sein. Deshalb fällt auch unter das Verbot eine Arbeit am Fließband dann, wenn es so eingerichtet wird, daß die dem Jugendlichen zur Verfügung stehende Zeit zur Erledigung des Arbeitsvorganges seiner Leistungsfähigkeit an sich angepaßt ist.

Es handelt sich nicht um Arbeiten am Fließband, wenn es lediglich als Transportband benutzt wird. Ebenso, wenn das Fließband von dem Jugendlichen nach eigenen Bedürfnissen angehalten werden kann. Dann besteht kein Zwang zur Einhaltung eines bestimmten von außen vorgeschriebenen Arbeitstempos, wie es als besonders belastend angesehen wird (vgl. Anh. 10).

5. Ausnahmebewilligungen sind solche nach § 63. Sie müssen von betrieblichen Bedürfnissen getragen sein. Als solche kommen in Betracht Umstellung auf Grund des nun eingeführten Verbotes, Aushilfe für Erwachsene und anderes (vgl. Anh. 12). Auch Undurchführbarkeit einer anderen Entlohnung als der nach dem Arbeitserfolg kann zu einer Befreiung führen. Es sind aber dabei die Auswirkungen auf den einzelnen Jugendlichen zu beachten, so daß auch der Arzt vorher gehört werden wird.

6. Verletzung der Verbote wird als Straftat nach § 66 Ziff. 2 geahndet.

§ 39 Verbot der Beschäftigung durch bestimmte Personen[1])[6])

(1) Personen, die die bürgerlichen Ehrenrechte nicht besitzen, dürfen Kinder und Jugendliche nicht beschäftigen sowie im Rahmen eines Beschäftigungsverhältnisses im Sinne des § 1 nicht beaufsichtigen, nicht anweisen und nicht zur Beaufsichtigung und Anweisung von Kindern und Jugendlichen verwendet werden[2]). Dasselbe gilt

1. **für Personen, die wegen einer Straftat nach § 109 h — im Land Berlin nach § 141 in der Fassung des Zweiten Strafrechtsänderungsgesetzes vom 6. März 1953 (Bundesgesetzbl. I S. 42) —, §§ 170 d, 174 bis 178, 180 bis 184a, 223b des Strafgesetzbuchs oder nach § 66 Abs. 2 dieses Gesetzes verurteilt worden sind, für die Dauer von fünf Jahren seit dem Tage der Entscheidung[3]),**
2. **für Personen, die wegen einer Straftat nach § 21 des Gesetzes über die Verbreitung jugendgefährdender Schriften vom 9. Juni 1953 (Bundesgesetzbl. I S..377) oder nach § 13 des Gesetzes zum Schutze der Jugend in der Öffentlichkeit in der Fassung des Gesetzes vom 27. Juli 1957 (Bundesgesetzbl. I S. 1058) wenigstens zweimal verurteilt worden sind, falls der Tag der zweiten Verurteilung nicht mehr als fünf Jahre zurückliegt[4]).**

(2) Die nach Landesrecht zuständige Behörde kann denjenigen Personen, die die Pflichten, die ihnen kraft Gesetzes zugunsten der von ihnen beschäftigten, beaufsichtigten oder angewiesenen Kinder und Jugendlichen obliegen, wiederholt oder gröblich verletzt haben oder gegen die Tatsachen vorliegen, die sie in sittlicher Beziehung zur Beschäftigung, Beaufsichtigung oder Anweisung von Kindern und Jugendlichen ungeeignet erscheinen lassen, auf Zeit oder auf die Dauer verbieten, Kinder und Jugend-

liche zu beschäftigen und sie im Rahmen eines Beschäftigungsverhältnisses im Sinne des § 1 zu beaufsichtigen und anzuweisen[5])[6]).

1. Ein Verbot dieser Art, wenn auch zum Teil mit begrenztem Inhalt, bestand bereits für Gewerbebetriebe und bei Lehrverhältnissen (§§ 106, 126a GewO, 81 HGB und § 17 HdwO).

2. Der erste Absatz enthält mehrere Verbotstatbestände.

Einmal ist die Beschäftigung durch einen Arbeitgeber im Sinne des § 3 verboten, der die bürgerlichen Ehrenrechte nicht besitzt. Ein dem Verbot zuwider abgeschlossener Arbeitsvertrag ist nichtig. Die frühere Rechtsprechung zu § 106 GewO (vgl. Hueck-Nipperdey I S. 181) kommt nicht mehr zur Anwendung, da dort nur eine Anleitung, Beaufsichtigung und Unterweisung des Jugendlichen verboten war.

Der Arbeitgeber macht sich in diesem Falle schadenersatzpflichtig, sei es auf Grund einer culpa in contrahendo oder nach § 307 BGB.

Das zweite an den Arbeitgeber bzw. seinen Vertreter, aber auch den Beauftragten ergehende Verbot ist das, Personen, denen die Ehrenrechte fehlen, zur Anweisung oder Beaufsichtigung von Kindern oder Jugendlichen zu verwenden. Es handelt sich also um Vorgesetzte des Jugendlichen. Auch Vorarbeiter können dazu gehören, sofern ihnen eine Aufsichtsfunktion zusteht. Da schon fahrlässige Verletzung des Verbotes nach § 68 Abs. 2 geahndet werden kann, wird der Arbeitgeber sich vor Zuweisung eines Jugendlichen über diese Eigenschaft des Vorgesetzten vergewissern müssen.

Die Verletzung dieses Verbotes läßt aber den Arbeitsvertrag unberührt. In Ausnahmefällen, insbesondere bei Fortsetzung des verbotenen Tuns, steht dem Jugendlichen ein Recht zur fristlosen Kündigung zu.

Schließlich wendet sich der Gesetzgeber auch gegen denjenigen, der den Jugendlichen beaufsichtigt oder anweist, also im allgemeinen gegen einen Arbeitnehmer. Auch er setzt sich der Ahndung nach § 68 Abs. 2 aus.

Die Entziehung der bürgerlichen Ehrenrechte tritt nach § 32ff. StGB ein. Hiernach ist sie bei Gefängnisstrafe nur möglich, wenn das Gesetz ausdrücklich den Verlust der bürgerlichen Ehrenrechte zuläßt oder an Stelle von Zuchthaus wegen mildernder Umstände die Gefängnisstrafe verhängt wird. Auf Verlust muß erkannt werden in Fällen der Eidesverletzung, der Kuppelei und des Wuchers. Die Entziehung der bürgerlichen Ehrenrechte wird von der Staatsanwaltschaft den Handels- bzw. Handwerkskammern und Verwaltungsbehörden mitgeteilt. Da der Besitz der bürgerlichen Ehrenrechte verlangt wird, ist nach Ablauf der Zeit der Aberkennung die Befugnis zur Beschäftigung gegeben, soweit nicht nach Ziff. 2 eine weitergehende Beschränkung besteht.

3. Bei den hier aufgeführten Delikten handelt es sich um: Anwerben zum ausländischen Militärdienst (§ 109a), Vernachlässigung eines Kindes (§ 170d) und die Verbrechen und Vergehen gegen die Sittlichkeit (Unzucht mit Abhängigen § 174 — zwischen Männern §§ 175, 175a —, Sodomie § 175b, schwere Unzucht § 176, Notzucht § 178, Kuppelei §§ 180, 181, Zuhälterei § 181a, Verführung eines unbescholtenen Mädchens § 182, Erregung öffentlichen Ärgernisses § 183, Verbreitung unzüchtiger Schriften § 184, Verkauf schamloser Schriften an Jugendliche § 184a); weiterhin die Mißhandlung von Kindern nach § 223b und die Straftaten gemäß § 66 vorl. Ges.

Der Tag der Entscheidung ergibt sich aus der Strafregistereintragung. Es gilt der Tag der Verurteilung erster Instanz. Bei Entscheidungen höherer Instanzen gilt der Tag der dortigen Urteilsfällung nur, wenn „in der Hauptsache die Entscheidung geändert wurde" (§ 14 St.Reg.VO).

Auch bei diesen Straftaten kann zum Teil noch die Aberkennung der bürgerlichen Ehrenrechte erfolgen. Es gilt dann die Fünfjahresfrist in jedem Fall, selbst wenn Verbüßung der Strafe und Dauer der Aberkennung schon abgelaufen sein sollten.

4. Über die Straftatbestimmungen dieses Gesetzes vgl. Anh. 4.

Die beiden Verurteilungen brauchen nicht denselben Tatbestand zu betreffen. Es genügt, wenn der eine und der andere erfüllt sind. Wie lange eine erste Verurteilung zu beachten ist, sagt das Gesetz nicht, aber es ist der in § 5 Straftilgungsgesetz enthaltene Gedanke hier zur Anwendung zu bringen, der ohnehin eine Kenntnisnahme der Behörden in den meisten Fällen verhindern wird.

5. Diese Vorschrift entspricht im wesentlichen § 126a GewO und § 20 HdwO. Es genügt der wiederholte Verstoß, auch wenn er nicht grob ist, andererseits ist aber auch schon die gröbliche Verletzung ausreichend, um nach dieser Vorschrift vorzugehen. Es wird sich aber in beiden Fällen um Verstöße handeln müssen, die ein gewisses Gewicht haben. Als Pflichtverletzung können genügen solche gegen die Ausbildungspflicht wie auch gegen die Vorschriften des § 13 hinsichtlich des Berufsschulbesuches. Die Verletzung des § 13 Schulpflichtgesetz ist ohnehin strafbar (vgl. OLG Hamm BB 56 S. 997). Eine Pflichtverletzung kann auch darin liegen, daß der Jugendliche wider den Willen der Eltern intolerant religiös beeinflußt wird (vgl. OVG Rheinl.-Pfalz BB 56 S. 1107).

Bei der letzten Alternative müssen konkrete Tatsachen vorliegen, die die Ungeeignetheit der Beschäftigung oder Beaufsichtigung ausweisen. In sittlicher Beziehung wird eine Ungeeignetheit vorliegen, wenn strafbare Handlungen gegenüber dem Lehrling gegeben sind, die nicht nach den genannten Vorschriften zu einer Verurteilung geführt haben, weil z. B. ein eventuell erforderlicher Strafantrag nicht rechtzeitig gestellt wurde. Es kommt aber auch die Verleitung zu sonstigen strafbaren Handlungen, z. B. Diebstahl u. a., oder auch die Verleitung zu einem anstößigen Lebenswandel durch Besuch von Gaststätten, Bars usw. in Betracht. Es ist aber auch unter diesen Sachverhalt zu rechnen, wenn der Arbeitgeber wegen körperlicher oder geistiger Gebrechen ungeeignet für die Beschäftigung eines Jugendlichen erscheint und dadurch eine Gefährdung eintreten kann (z. B. bei Erblinden und Geisteskrankheit).

Über die Anfechtbarkeit einer solchen Entscheidung vgl. Bem. zu § 60.

6. Zur Durchsetzung dieser Verbote ist die zwangsweise Entfernung eines Jugendlichen nach § 61 möglich. Verletzung wird nach § 68 Abs. 2 als Straftat geahndet.

FÜNFTER ABSCHNITT

Sonstige Pflichten des Arbeitgebers

§ 40 Sorge für Erhaltung von Gesundheit und Arbeitskraft[1])[6])

(1) Wer ein Kind oder einen Jugendlichen beschäftigt, hat bei der Einrichtung und der Unterhaltung der Arbeitsstätte[2]) einschließlich der Maschinen, Werkzeuge und Geräte und bei der Regelung der Beschäftigung die erforderlichen Vorkehrungen und Maßnahmen zum Schutze von Leben, Gesundheit und Sittlichkeit der Kinder und Jugendlichen zu treffen[3]).

(2) Der Bundesminister für Arbeit und Sozialordnung wird ermächtigt, zum Schutze von Leben, Gesundheit und Sittlichkeit der Kinder und Jugendlichen durch Rechtsverordnung mit Zustimmung des Bundesrates Vorschriften darüber zu erlassen, welche Vorkehrungen und Maßnahmen in bestimmten Arten von Arbeitsstätten oder bei bestimmten Arbeiten zur Durchführung des Absatzes 1 zu treffen sind; in diese Rechtsverordnungen können auch Vorschriften über das Verhalten der Kinder und Jugendlichen an der Arbeitsstätte zum Schutze von Leben, Gesundheit und Sittlichkeit aufgenommen werden. Werden besondere Regelungen für Betriebe des Bundes getroffen, so bedarf es hierzu des Einvernehmens mit dem beteiligten Bundesminister, werden besondere Regelungen für bergbauliche Betriebe getroffen, des Einvernehmens mit dem Bundesminister für Wirtschaft[4]).

(3) Unabhängig von den auf Grund des Absatzes 2 erlassenen Vorschriften kann die Aufsichtsbehörde in Einzelfällen anordnen, welche Vorkehrungen und Maßnahmen zur Durchführung des Absatzes 1 zu treffen sind. Soweit die angeordneten Vorkehrungen und Maßnahmen nicht die Beseitigung einer dringenden, das Leben und die Gesundheit bedrohenden Gefahr bezwecken, muß für die Ausführung eine angemessene Frist gelassen werden[5])[6]).

1. Mit dieser Vorschrift soll ein ausreichender Betriebsschutz sichergestellt werden. Sie entspricht im wesentlichen den in § 120 a—c GewO, § 618 BGB normierten Pflichten. Es werden aber nun auch die nicht unter jene Bestimmungen fallenden Betriebe (Landwirtschaft) erfaßt. Die bisher entwickelten Grundsätze und weitergehenden Pflichten greifen ebenfalls Platz.

2. Unter „Arbeitsstätte" ist der gesamte Betriebsbereich zu verstehen. Es gehören die Arbeitsräume, Waschräume, Werkskantine samt Zugang dazu, auch Unterstellplätze für Fahrräder und Kraftwagen (ARS 29, LAG 78). Es muß aber ein Verfügungsrecht des Arbeitgebers darüber bestehen (Rohlfing-Kiskalt § 120a Anm. 3). Räume eines Kunden, bei dem Arbeiten ausgeführt werden, fallen nicht darunter (a. A. Thumser § 40 Anm. 1). Nur bei einer Verfügungsgewalt kann „Einrichtung und Unterhaltung" erfolgen. Bei außerhalb dieses Machtbereichs liegenden Arbeitsplätzen hat der Arbeitgeber keine Einflußmöglichkeit. Es bestimmt sich dann der Umfang seiner Verpflichtungen nur aus der allgemeinen Fürsorge und erschöpft sich vornehmlich in der Einhaltung der Unfallverhütungsvorschriften.

Die Pflicht, dieses zu überwachen, trifft den Arbeitgeber, auch wenn er in eigener Regie Arbeiten im Bereich eines anderen Unternehmers ausführen läßt (vgl. BSozG AP 5 zu § 611 Fürsorgepflicht mit zust. Anm. von Götz Hueck).

3. Die erforderlichen Maßnahmen müssen so gestaltet sein, daß die Gefahren der Arbeit auf ein Mindestmaß herabgesetzt werden, und zwar so, wie es die Natur des Betriebes gestattet. Eine absolute Gefahrlosigkeit ist nicht in allen Betrieben zu erreichen.

Dabei müssen aber wegen der durch die Jugend bedingte Unerfahrenheit und Unachtsamkeit besondere Sicherungen getroffen werden. Es sind daher alle im Gesetz und den Unfallverhütungsvorschriften vorgesehenen Schutzmaßnahmen zu treffen. Auch der Vorbeugung zur Bekämpfung von Bränden ist Aufmerksamkeit zu schenken, d. h. es sind Notausgänge, Feuerlöschanlagen u. a. zu schaffen, und der Jugendliche ist darüber zu unterrichten.

Der Arbeitgeber ist weiterhin verpflichtet, den Jugendlichen vor ansteckenden Erkrankungen durch andere Arbeitnehmer zu schützen (LAG Hamm BB 53, 473; RAG ARS 27, 228; 29, 355; vgl. weiterhin AP 5 zu § 611 Fürsorgepflicht).

Wie bei den sonstigen Bestimmungen erstreckt sich die hier normierte Fürsorgepflicht auf berechtigterweise mitgebrachtes Eigentum des Jugendlichen (LAG Hamm BB 56, 689 u. AP 5 zu § 618 BGB). Nichterfüllung dieser Verpflichtungen berechtigt u. U. zur Verweigerung der Arbeit.

Für einen Schadensersatzanspruch können die zu § 618 BGB und § 120a GewO entwickelten Grundsätze zur Anwendung gelangen. Auch vorliegende Vorschrift ist ein Schutzgesetz. Dem Jugendlichen obliegt dabei nur, nachzuweisen, daß ein ordnungswidriger, gefahrvoller Zustand vorgelegen hat, der nach dem natürlichen Verlauf der Dinge den Schaden hervorrufen konnte (vgl. Nikisch S. 421, Nipperdey-Staudinger § 618 Anm. 46, BAG AP 1 zu § 618 u. AP 1 zu § 1 TVG Friedenspflicht).

Der Arbeitgeber hat dagegen zu beweisen, daß ihn und seine Hilfskräfte kein Verschulden trifft oder daß besondere Umstände eine andere Ursache des Unfalls erkennen lassen und damit die von dem Jugendlichen zunächst dargelegten Mängel als Ursache oder Mitursache nicht in Betracht kommen.

Mitverschulden mindert oder beseitigt den Schadensersatzanspruch (vgl. im übrigen noch die Rechtsprechung des BAG AP 1, 3, 4 zu § 618 BGB).

Für einen Arbeitsunfall gilt die Einschränkung nach § 898 RVO ff., vgl. weiter BAG AP 1, 4, 17, 18, 19 zu §§ 898, 899 RVO.

4. Die Ermächtigung zum Erlaß von RechtsVO entspricht der des § 120e GewO. Sie betrifft die für Jugendliche besonders notwendigen Maßnahmen. Sie gelangen daher auch nur in Betrieben zur Anwendung, die Jugendliche beschäftigen, sofern nicht die VO zugleich nach § 120e GewO ergeht.

Die RechtsVO können sowohl für bestimmte Arten von Betrieben als auch für bestimmte Arbeiten erlassen werden. Die auf Grund von § 120e ergangenen Verordnungen bestehen fort (§ 76 Abs. 5) vgl. darüber § 37 Anm. 5 und können nunmehr nach dieser Ermächtigung geändert und aufgehoben werden.

5. Wie in § 120 e kann auch die Aufsichtsbehörde im Einzelfall, also für einzelne Betriebe besondere Anordnungen treffen. Dies erfolgt im Wege der Einzelverfügung, die anfechtbar ist (vgl. Bem. zu § 60).

Solche Anordnungen sind zulässig, sofern eine Regelung durch RechtsVO überhaupt fehlt. Sie können aber auch über die generelle Regelung hinausgehende Maßnahmen zum Gegenstand haben, wenn sie nach Abs. 1 geboten sind.

Auch hier wird aber wie schon nach der GewO zu verlangen sein, daß die Maßnahmen nach der Beschaffenheit des Betriebes überhaupt ausführbar sind. Ist dies nicht der Fall und ist der Jugendliche weiterhin gefährdet, verbleibt nur ein Beschäftigungsverbot nach § 37 Abs. 3.

6. Verstoß gegen eine Anordnung der Aufsichtsbehörde kann nach § 68 Ziff. 8 geahndet werden. Bei einem solchen gegen eine RechtsVO nach Abs. 2 kommt § 68 Ziff. 7 in Betracht, sofern in der RechtsVO auf die Bußgeldbestimmung verwiesen ist.

Wird die Pflicht des Abs. 1 verletzt, so bestehen nur zivilrechtliche Ansprüche.

§ 41 Belehrung über Gefahren[1])[2])

(1) Wer Kinder oder Jugendliche beschäftigt, hat diese vor Beginn der Beschäftigung über die Unfall- und Gesundheitsgefahren, denen sie bei der Beschäftigung ausgesetzt sind, sowie über die Einrichtungen und Maßnahmen zur Abwendung dieser Gefahren zu belehren. Er hat die Kinder und Jugendlichen vor der erstmaligen Beschäftigung an Maschinen oder gefährlichen Arbeitsstellen oder mit Arbeiten, bei denen sie mit gesundheitsgefährdenden Stoffen in Berührung kommen, über die besonderen Gefahren dieser Arbeiten sowie über das bei ihrer Verrichtung erforderliche Verhalten zu belehren.

(2) Die Belehrungen sind in angemessenen Zeitabständen zu wiederholen.

1. Die Belehrung über Unfall- und Gesundheitsgefahren ist nun zwingend vorgeschrieben. Sie hat vor Beginn der Beschäftigung generell und dann bei den einzelnen Verrichtungen noch besonders zu erfolgen. Eine solche Pflicht zur Belehrung bestand schon nach den Unfallverhütungsvorschriften. Zur Belehrung gehört die Unterrichtung über die Gefahr, die Warnung davor und der Hinweis wie sie zu vermeiden sind (vgl. RAG ARS 12, 485, Nipperdey-Staudinger § 618 Anm. 25, Nikisch 410).

Eine Nichtbeachtung kann u. U. die Haftung des Arbeitgebers begründen bzw. erweitern. An sich zu Recht wurde noch in der Entscheidung des Reichsgerichts (DR 39, 375 mit Anm. von Herschel) eine Haftung des Arbeitgebers für einen Schaden durch Sachen, die der Arbeitnehmer in Unkenntnis ihrer Gefährlichkeit ohne Erlaubnis des Arbeitgebers aus dem Betriebsraum entfernt hat, verneint. Die allgemeine Belehrungspflicht wird zu einer anderen Beurteilung führen.

2. Nach § 68 Ziff. 4 wird die Nichtvornahme der Belehrung als Ordnungswidrigkeit geahndet.

§ 42 Häusliche Gemeinschaft[1])[5])

(1) Sind Kinder oder Jugendliche in die häusliche Gemeinschaft des Arbeitgebers aufgenommen[2]), so muß er ihnen angemessene, in sittlicher und gesundheitlicher Beziehung einwandfreie Unterkunft[3]), ausreichende, gesunde Kost und bei Erkrankung, soweit nicht ein Sozialversicherungsträger leistet, bis zur Dauer von sechs Wochen, jedoch nicht über die Beendigung der Beschäftigung hinaus, die erforderliche Pflege und ärztliche Behandlung zuteil werden lassen[4]).

(2) Die Aufsichtsbehörde kann zur Durchführung des Absatzes 1 im Einzelfall anordnen, welchen Anforderungen Unterkunft, Kost und Pflege bei Erkrankung genügen müssen[5]).

1. Diese Vorschrift wiederholt das, was bereits in §§ 617, 618 Abs. 2 BGB sowie § 22 Abs. 2 HdwO vorgeschrieben ist. Sie wurde hier aufgenommen, um diese Pflichten zu öffentlich-rechtlichen Arbeitsschutzpflichten zu erheben und so ihre Beachtung und Durchführung zu erzwingen. Ein solcher Zwang wäre bei der Beschäftigung verwandter Kinder oder Jugendlicher nicht angebracht. Die Vorschrift gilt daher nicht für sie (§ 71 Abs. 1). Der Inhalt der weitergehenden Vorschriften des § 618 usw. bleibt aber unverändert bestehen.

2. Die Aufnahme in die häusliche Gemeinschaft bedeutet die Einordnung des Jugendlichen in den Haushalt, die vor allem in der Gewährung von Mahlzeiten und dem Zurverfügungstellen der Unterkunft ihren Ausdruck findet, mag die Unterkunft auch vom Arbeitgeber angemietet sein und außerhalb des Hauses liegen, solange der Jugendliche sonst mit seinem Leben in den häuslichen Kreis eingegliedert ist.

Mit der Aufnahme in ein vom Arbeitgeber eingerichtetes Wohnheim wird nicht ohne weiteres eine häusliche Gemeinschaft hergestellt. Nur wenn der Jugendliche gezwungen ist, es zu benutzen, und die Aufnahme ein Teil der vertraglich zu gewährenden Leistung darstellt, kann von einer häuslichen Gemeinschaft gesprochen werden. Sonst wird nur eine „häusliche Gemeinschaft unter Arbeitnehmern“ begründet (vgl. aber auch Staudinger-Nipperdey § 618 Anm. 36).

Ob die bloße Unterwerfung unter eine vom Arbeitgeber erlassene Hausordnung ausreichend ist, eine häusliche Gemeinschaft anzunehmen (Höhne BB 56, 692) erscheint u. E. zweifelhaft. Es kommt auf die Ausgestaltung des Vertrages an. Sind die Merkmale eines neben dem Arbeitsvertrag geschlossenen selbständigen Mietvertrages vorherrschend, verliert also die Aufnahme in ein solches Heim den Charakter einer vereinbarten Gegenleistung, so ist eine häusliche Gemeinschaft zu verneinen. (Vgl. im übrigen aber BAG AP 1 zu § 618 = BB 55 S. 637 und Schönberger BB 60 S. 745; auch LAG Stuttgart NJW 54, 1583.)

3. Vgl. die Richtlinien für Unterkunftsräume der in die häusliche Gemeinschaft des Unternehmers aufgenommenen oder an der Arbeitsstätte wohnenden Gehilfen, Lehrlinge, Verkäufer usw. in gewerblichen und Handelsbetrieben vom 26. 10. 1934 und die Richtlinien vom 10. 10. 1938 (RABl. III, 241).

4. Hinsichtlich der Leistung war beschlossen (Ausschußbericht Anh. 11): „sofern nicht die Erkrankung vom Kind oder Jugendlichen vorsätzlich oder durch grobe Fahrlässigkeit herbeigeführt worden ist". Dieser Zusatz ist nach Anrufen des Vermittlungsausschusses weggefallen (vgl. Prot. der 123. Sitzung S. 7112). Nach der Berichterstattung „soll man Kinder und Jugendliche nicht für Erkrankungen verantwortlich machen, die auf irgendwelche Art eintreten". Demnach wäre als öffentlich-rechtliche Verpflichtung die angeführte Leistung in jedem Falle zu gewähren, was dem bisherigen Recht, auch der Anordnung zur Vereinheitlichung der Erziehungsbeihilfen vom 25. 2. 1943 (RABl. I S. 163; Nipperdey Arb.Recht 300), fremd war. Zu beachten ist aber, daß diese Regelung aus dem Grundgedanken des Gesetzes „Schutz des Kindes und Jugendlichen" erfolgte. Soweit dieser nicht Platz greift, besteht auch eine Verpflichtung dazu nicht mehr. Ist die Versorgung des Kindes oder Jugendlichen in anderer Weise möglich und gesichert, so steht ihm auch nicht etwa ein bürgerlich-rechtlicher Anspruch auf diese Leistung zu. Er kann zudem nach allgemeinen Rechtsgrundsätzen eine Beschränkung finden. Bei der gesetzlichen Haftungsabschwächung, die in dieser Vorschrift enthalten ist, ist für den Einzelfall zu prüfen, ob der Jugendliche sich im Rahmen des nach § 242 BGB zu fordernden verkehrsgemäßen Handelns verhalten hat (BGH 22, 98), so daß einem zivilrechtlichen Begehren auch der Einwand der unzulässigen Rechtsausübung entgegenstehen kann.

Im übrigen gilt diese Vorschrift nur für die hier aufgeführten Leistungen, nicht aber für Barvergütungen. Ebenso bleiben eventuelle Schadensersatzansprüche des Arbeitgebers wegen eines vorsätzlichen Handelns davon unberührt.

5. Verstöße gegen die rechtmäßig ergangenen Anordnungen — über deren Anfechtung vgl. § 60 — werden nach § 67 Nr. 7 als Ordnungswidrigkeit bzw. als Straftat (Abs. 3 und 4) geahndet.

§ 43 Züchtigungsverbot[1])[3])

(1) Wer Kinder oder Jugendliche beschäftigt oder im Rahmen eines Beschäftigungsverhältnisses im Sinne des § 1 beaufsichtigt oder anweist, darf sie nicht körperlich züchtigen.

(2) Wer Kinder oder Jugendliche beschäftigt, muß sie vor körperlichen Züchtigungen und Mißhandlungen und vor sittlicher Gefährdung durch andere Beschäftigte und durch Mitglieder seines Haushalts an der Arbeitsstätte und in seinem Hause schützen[2]).

1. Diese Vorschrift findet nach § 71 Abs. 1 keine Anwendung bei Beschäftigung verwandter Kinder; wäre dies doch ein Eingriff in das Recht zur Erziehung.

Schon früher bestand ein Züchtigungsverbot für Lehrlinge (§ 127 a Abs. 2 GewO, § 24 Abs. 2 HdwO). Es gilt nun allgemein für alle Jugendlichen. Es betrifft nicht nur den Arbeitgeber, sondern auch Vorgesetzte, die den Jugendlichen beaufsichtigen oder anweisen. Es hat weiterhin Geltung außerhalb der Betriebsstätte, wie aus Abs. 2 zu entnehmen ist.

Ob die Erlaubnis der Eltern oder des Vormundes zu einer körperlichen Züchtigung berechtigt, erscheint zweifelhaft. Es ist kraft der zwingenden Natur des Verbotes zu verneinen. Zudem bedürfte es der ausdrücklichen Übertragung des Rechts des § 1631 BGB, an der es im allgemeinen, insbesondere für den konkreten Einzelfall, fehlt (vgl. aber RGSt. 61, 191, hinsichtlich Pflegeeltern und Stiefeltern, denen die elterliche Gewalt nicht zusteht, im Falle einer ausdrücklichen Übertragung).

Nach allgemeinen Regeln besteht ein Recht zur körperlichen Züchtigung selbst dann nicht, wenn es zur Ahndung grober Ungehörigkeiten oder eines Angriffs an sich notwendig wäre (vgl. Beitzke Fam.Recht 4. Aufl. S. 118).

2. Mit dieser Vorschrift — sie gilt bei Beschäftigung verwandter Kinder und Jugendlicher —, wird der Arbeitgeber verpflichtet, dem Kind, dem Jugendlichen auch sonst seinen Schutz angedeihen zu lassen. Allerdings nur gegenüber den angeführten Personen und an den angegebenen Orten. Bei einem Wohnheim bedarf es daher der Hausordnung und u. U. der Einsetzung einer Aufsicht.

Zur Mißhandlung gehören hier u. a. seelische Beeinträchtigungen, insbesondere Schikanen und Beleidigungen. Eine sittliche Gefährdung liegt nicht nur bei unzüchtigen Reden oder Handlungen vor, sondern kann auch in sonst ungünstigen Einflüssen — Verleitung zu Alkoholmißbrauch und anderem — gesehen werden.

3. Eine Verletzung dieser Vorschriften wird nicht durch eine Bußgeld- oder Strafgeldandrohung geahndet, sie kann aber zu Schadensersatzpflichten nach § 823 BGB und nach § 276 (§ 278) führen. Die körperliche Züchtigung, die Mißhandlung ist eine Körperverletzung im Sinne von §§ 223ff. StGB.

§ 44 Verbot der Abgabe von Alkohol und Tabak[1])[3])

Kindern und Jugendlichen unter 16 Jahren dürfen keine alkoholischen Getränke und Tabakwaren, Jugendlichen über 16 Jahre kein Branntwein und keine überwiegend branntweinhaltigen Genußmittel gegeben werden[2]).

1. Nach § 71 Abs. 1 gilt diese Vorschrift nicht bei Beschäftigung verwandter Kinder und Jugendlicher.

Die Aufnahme des Verbotes erschien im Interesse der Volksgesundheit notwendig. Es ergänzt auf dem betrieblichen Sektor die Vorschriften des Gesetzes zum Schutz der Jugendlichen in der Öffentlichkeit vom 27. 7. 1957 (BGBl. I, 1058, Anh. 4).

2. Das Verbot trifft den Arbeitgeber bzw. seinen Stellvertreter, Beauftragten. Er hat auch die Abgabe durch Vorgesetzte des Jugendlichen, die nicht Beauftragte sind, zu verbieten, wenn er sich nicht der Ahndung nach § 67 Ziff. 6 aussetzen will. Dagegen braucht er eine Verabreichung durch sonstige dritte Personen, selbst wenn sie anläßlich der Arbeit erfolgt, nicht zu verhindern (vgl. amtl. Begr. Anh. 10).

Der sogenannte Haustrunk und sonstige Deputate dieser Art sind nun nicht mehr möglich. Eine Abgeltung dieser Leistungen kommt nur in Betracht, soweit sie Bestandteil der Vergütung waren.

3. Zuwiderhandlung wird nach § 67 Nr. 6 als Ordnungswidrigkeit bzw. als Straftat (Abs. 3 u. 4) geahndet.

SECHSTER ABSCHNITT

Gesundheitliche Betreuung

Vorbemerkung: Die in diesem Abschnitt geregelte gesundheitliche Betreuung des Jugendlichen ist neu. Sie entspricht und verfolgt den Zweck des Jugendschutzes, den heranwachsenden Menschen bei der Berufsausübung vor gesundheitlichen Schäden zu bewahren, ihm eine seinem Status angepaßte Entwicklung zu gewährleisten und eine Fehlentwicklung zu vermeiden (vgl. Schulte-Langforth Arb.Sch. 59 S. 84ff.).

Bisher konnte nur hinsichtlich einzelner gesundheitsgefährlicher Arbeiten nach § 20 JSchG 38 und § 120 e GewO eine ärztliche Betreuung und Untersuchung angeordnet und eventuell die Beschäftigung von einer Tauglichkeit abhängig gemacht werden (vgl. Aufstellung bei Siebert § 20 Anm. 3 und 6 und weiterhin § 81 Seemannsges. vom 26. 7. 1957, § 6 VO über die Beschäftigung Jugendlicher in bergbaulichen Betrieben vom 20. 1. 1939, § 12 Glashütten-VO u. a.).

Lediglich das JSchG Niedersachsen sah in § 9 bei Aufnahme einer Tätigkeit eine ärztliche Untersuchung zur Feststellung der körperlichen Berufseignung und eine laufende Überwachung der Gesundheit vor. — Diese Vorschrift gilt noch bis 30. 9. 1961 (§ 76 Abs. 3).

Die nun vorgesehene generelle Untersuchung aller Jugendlichen bringt eine teilweise Anpassung an die Übereinkommen der internationalen Arbeitskommission. Ihre sofortige Durchführung war aber schon kraft des Umfanges nicht möglich und bedurfte gewisser Vorbereitungen. Der Abschnitt tritt daher erst am 1. 10. 1961 in Kraft (§ 76). Damit werden aber nicht etwa die auf Grund des § 20 JSchG 38 und § 120 e GewO erlassenen Vorschriften über ärztliche Tauglichkeitsuntersuchungen hinfällig (§ 76 Abs. 5). Sie bestehen vielmehr neben der hier vorgeschriebenen Untersuchung fort.

Zur Anwendung kommt dieser Abschnitt nach einer Übergangszeit (vgl. § 52) für jede dem Gesetz unterliegende Beschäftigung von Jugendlichen (§ 1 Abs. 1 Ziff. 1 bis 3), sofern sie nicht kurzfristig im Sinne des § 45 Abs. 5 ist (vgl. dort). Dazu gehört auch die Beschäftigung von verwandten Jugendlichen. Einer Aufnahme der Beschäftigung von Kindern (§§ 8, 9) bedurfte es nicht; ist doch ohnehin Sorge getragen, daß sie den Kräften des Kindes entspricht. Ihrem Inhalt nach begründen die Vorschriften z. T. öffentlich-rechtliche Pflichten des Arbeitgebers, aber keine öffentlich-rechtliche Verpflichtung des Jugendlichen, sich durch einen Arzt untersuchen zu lassen, was schon im Hinblick auf Art. 2 Abs. 2 und 6 Abs. 2 GG nicht ohne weiteres möglich wäre.

§ 45 Ärztliche Untersuchungen[1])[9])

(1) Mit der Beschäftigung eines Jugendlichen darf nur begonnen werden[2]), wenn

1. er innerhalb der letzten zwölf Monate von einem Arzt untersucht worden ist[3]) und

2. eine von diesem Arzt ausgestellte Bescheinigung demjenigen, der den Jugendlichen beschäftigen will, vorliegt[4])[5]).

(2) Vor Ablauf des ersten Beschäftigungsjahres hat sich der Arbeitgeber die Bescheinigung eines Arztes darüber vorlegen zu lassen, daß der Jugendliche nachuntersucht worden ist[6]).

(3) Ergibt eine ärztliche Untersuchung, daß ein Jugendlicher hinter dem seinem Alter entsprechenden Entwicklungsstand zurückgeblieben ist, oder werden sonst gesundheitliche Schwächen oder Schäden festgestellt oder lassen sich bei der Untersuchung die Auswirkungen der Berufsarbeit auf die Gesundheit oder Entwicklung des Jugendlichen noch nicht übersehen, so soll der Arzt eine Nachuntersuchung anordnen[7]).

(4) Die Vorschriften des Absatzes 1 gelten nicht für eine nur geringfügige oder eine nicht länger als zwei Monate dauernde Beschäftigung mit leichten Arbeiten, von denen keine gesundheitlichen Nachteile für den Jugendlichen zu befürchten sind[8])[9]).

1. Die ärztlichen Untersuchungen sind für den Jugendlichen freiwillig. Sie können nicht erzwungen werden. Die Einführung einer behördlichen Gesundheitsüberwachung war zu keiner Zeit in Erwägung gezogen (Herschel BB 60, 662). Vgl. im übrigen, insbesondere über den Geltungsbereich, Vorbemerkung. Über die zivilrechtlichen Folgen vgl. Anm. 5.

2. Nur unter den in Abs. 1 normierten Voraussetzungen (Anm. 3 bis 4) kann eine Beschäftigung begonnen werden. Andernfalls setzt sich der Arbeitgeber einer Ahndung nach § 68 Ziff. 5 aus.

Mit der Beschäftigung ist nicht die Begründung eines Beschäftigungsverhältnisses im Sinne von § 1 gemeint. Vielmehr bedeutet es hier die tatsächliche Arbeitsaufnahme, den Beginn der vertraglich geschuldeten Dienstleistung, nicht etwaige Vorbereitungshandlungen. Ohne Belang ist es, für welche Dauer die Beschäftigung gedacht ist — sofern sie nur über Abs. 4 hinausgeht — und in welchem Verhältnis (§ 1 Ziff. 1 und 2) sie erfolgt. Bei § 1 Ziff. 2 wird meist Abs. 4 zutreffen. Ebenso ist das Lebensalter ohne Bedeutung (vgl. aber § 52). Auch bei Neubegründung eines früheren Arbeitsverhältnisses müssen die Voraussetzungen des Abs. 1 erfüllt sein. Anders, wenn das Arbeitsverhältnis nur ruhte; dann liegt kein neuer Beginn der Beschäftigung vor.

Solange die Voraussetzungen (Untersuchung und Vorlage der Bescheinigung) nicht erfüllt sind, besteht ein absolutes Beschäftigungsverbot; über dessen zivilrechtliche Folgen vgl. Anm. 5.

3. Erste Voraussetzung für die Beschäftigung ist, daß der Jugendliche innerhalb der letzten 12 Monate von einem Arzt untersucht worden ist. Auszugehen ist bei der Berechnung des Zeitraumes vom Beginn der Beschäftigung, also dem Arbeitsanfang. Beginnt die Beschäftigung am 1. 6., so ist eine am 2. 6. des vorangegangenen Jahres erfolgte Untersuchung ausreichend. Maßgebend ist der Tag der Untersuchung, der im allgemeinen in der Bescheinigung angegeben wird. Ist das nicht der Fall, dann muß der Jugendliche Ergänzung beantragen, falls nicht das Datum der Ausstellung der Bescheinigung gilt.

Immer muß es sich aber um eine ärztliche Untersuchung entsprechend § 46 Abs. 1 handeln. Eine in Verfolg einer anderen Untersuchung, insbesondere in bezug auf Tauglichkeit bei gesundheitsgefährlichen Arbeiten (vgl. Vorbem.) ausgestellte Bescheinigung genügt nicht, sofern sie sich nicht zugleich auf die in § 46 Abs. 1 normierten Umstände erstreckt. Sie muß auch von einem Arzt vorgenommen sein. Die Untersuchung durch einen Heilpraktiker genügt nicht. Ohne Belang ist es aber, ob der Arzt Facharzt, homöopathischer Arzt, praktischer Arzt ist, ob er frei praktiziert oder beamtet oder angestellter Arzt ist (Gewerbearzt, Arzt beim Arbeitsamt, Werksarzt).

4. Weiterhin muß bei Beginn der Beschäftigung dem Arbeitgeber die vom Arzt ausgestellte Bescheinigung vorliegen. Unschädlich sind aber amtlich beglaubigte Abschriften oder Fotokopien. Da die Bescheinigung bei Beschäftigungsbeginn vorzuliegen hat, kann der Arbeitgeber sich nicht auf die bloße Erklärung des Jugendlichen, daß eine Untersuchung stattgefunden habe und die Bescheinigung nachgereicht werde, verlassen. Es schließt eine Fahrlässigkeit im Sinne des § 68 Ziff. 5 nicht aus. Allerdings müßte es genügen, wenn bei wechselnder Beschäftigung die Bescheinigung vorhanden und diese dann unverzüglich nach § 47 Abs. 1 ausgehändigt wird. Das Gesetz hat es aber ausdrücklich auf die Person des Arbeitgebers abgestellt — „demjenigen" —, so daß sich bei einem solchen Wechsel, insbesondere bei Versendung der Bescheinigung nach § 47, Nachteile durch Arbeitsausfall für den Jugendlichen nicht vermeiden lassen werden.

Wie der Arbeitgeber die Bescheinigung erhält, sagt das Gesetz nur für den Fall eines Wechsels der Beschäftigung (§ 47, 1 Satz 2). Er kann sie von dem früheren Arbeitgeber einfordern. Im internen Verhältnis ist es Sache des Jugendlichen, für die Vorlage der Bescheinigung zu sorgen. Aus dem Beschäftigungsverbot folgt nicht etwa eine bürgerlich-rechtliche Pflicht des Arbeitgebers, die Bescheinigung herbeizuschaffen.

5. Das Beschäftigungsverbot führt bei einem etwa bereits geschlossenen Arbeits- bzw. Lehrvertrag zu einer Unmöglichkeit der Leistung. Es finden daher die Regeln des § 306 ff. BGB Anwendung: In Betracht kommt vornehmlich § 308, nach dem der Vertrag gültig ist, wenn die Unmöglichkeit behoben werden kann und der

Vertrag für den Fall geschlossen ist, daß die Leistung möglich wird. Erfolgt die Untersuchung und enthält die Bescheinigung keinen die Beschäftigung nach § 47 Abs. 2 hindernden Vermerk oder einen solchen, der der vertraglichen Leistung und ihrer möglichen Erbringung nicht im Wege steht, so ist der Vertrag ab nun voll wirksam. Enthält sie aber Beschäftigungsverbote, auch solche, die nur Teilleistungen berühren, so liegt eine völlige Unmöglichkeit vor. An sich kommt es bei der teilweisen Unmöglichkeit auf die Art und ihren Grad an. Immer müssen aber die Leistungen im Rahmen des konkreten Schuldverhältnisses liegen und vor allem wirtschaftlich nicht etwas anderes bedeuten (Coing SJZ 49, 534, Palandt § 275 Anm. 5). Voraussetzung einer Beschäftigung ist aber in der Regel immer die volle Einsatzfähigkeit zu der vertraglich umschriebenen Tätigkeit. Wird daher z. B. bei einem jugendlichen Hilfsarbeiter der Vermerk aufgenommen, daß er nur für leichte Arbeiten eingesetzt werden kann, so bedingt das schon eine Unmöglichkeit. Ebenso kann die Verzögerung der ärztlichen Untersuchung durch den Jugendlichen einer dauernden Unmöglichkeit gleichgesetzt werden, wenn dadurch der Vertragszweck in Frage gestellt oder die Aufrechterhaltung des Vertrages unzumutbar wird (RGZ 146, 16, BGH LM Nr. 4 und 7 zu § 323 BGB). Bringt daher der Jugendliche nicht innerhalb angemessener Frist, meist also zum vereinbarten Beginn der Arbeitsaufnahme die Bescheinigung bei, so besteht ein Recht zur fristlosen Kündigung, soweit man das Rücktrittsrecht des § 325 BGB verneint (vgl. BAG AP 2 zu § 615 Betriebsrisiko, Hueck-Nipperdey I, 202, 207, h. A.). Ebenso können noch Ansprüche aus einer culpa in contrahendo — § 307 BGB bestehen, wenn der Jugendliche die Unmöglichkeit seiner Arbeitsleistung kannte.

6. Der Jugendliche soll nicht nur bei bzw. vor seiner Einstellung sich einer Untersuchung unterziehen, sondern auch innerhalb des ersten Beschäftigungsjahres — nicht etwa Berufsjahres — und zwar bei demselben Arbeitgeber, denn sonst kommt das Beibringen einer Bescheinigung gemäß Abs. 1 in Betracht. Nur durch die Nachuntersuchung scheint eine gesundheitliche Überwachung des Jugendlichen gesichert.

Für die Untersuchung gilt wiederum der in § 46 Abs. 1 nun letzter Halbsatz normierte Umfang, so daß eine Untersuchung aus anderem Anlaß nicht genügt (vgl. Anm. 3). Ebenso ist eine Untersuchung nicht ausreichend, über die eine solche Feststellung nicht getroffen werden kann, weil die erste Untersuchung zu kurze Zeit zurückliegt. Es muß ein Zeitraum dazwischen liegen, der die Beobachtung der Entwicklung des Jugendlichen im Berufsleben gestattet.

Auch hinsichtlich der Nachuntersuchung war im Reg.Entw. ein Beschäftigungsverbot vorgesehen. In zweiter Lesung ist dann die jetzige Fassung entstanden (5. Sitzung des Bundestages S. 6606 und Umdruck 629 Ziff. 12). Damit kann aber der Jugendliche, selbst wenn er die Bescheinigung nicht vorlegt, weiterbeschäftigt werden, und es besteht lediglich eine öffentlich-rechtliche Pflicht des Arbeitgebers, sich eine Bescheinigung über die Untersuchung vorlegen zu lassen. Diese ist allerdings durch eine mögliche Ahndung nach § 68 Ziff. 5 gesichert.

Legt der Jugendliche die Bescheinigung nicht vor, so kommt er in Verzug. Zur vollständigen Erfüllung seiner Arbeitspflicht gehört die Vorlage einer solchen Bescheinigung, so daß der Arbeitgeber die Arbeitsleistung ähnlich einer Teilleistung (§ 266) zurückweisen kann. Ebenso kann dies bei hartnäckiger Weigerung einen Grund zur fristlosen Kündigung darstellen.

Da der Arbeitgeber die öffentlich-rechtliche Pflicht nur mit Hilfe des Jugendlichen erfüllen kann, wird in der Regel eine Bestrafung entfallen, wenn er die Bescheinigung vergeblich verlangt.

7. Die Nachuntersuchung ist eine rein ärztliche Angelegenheit. Lediglich die Eltern sind davon zu unterrichten. Für eine so angeordnete Nachuntersuchung hat aber der Arbeitgeber Freizeit zu gewähren nach § 49. Auch trägt das Land die Kosten (§ 50).

Ergibt die Nachuntersuchung, daß ab jetzt bestimmte Arbeiten den Jugendlichen gefährden können, so ist eine Bescheinigung gemäß § 46 für den Arbeitgeber auszustellen. Der Jugendliche hat sie vorzulegen.

Hat der Arbeitgeber eventuell vom Jugendlichen erfahren, daß eine solche Untersuchung angeordnet ist, so hat er sich schon im Hinblick auf die Pflicht des § 40 über das Ergebnis zu orientieren. Der Jugendliche ist arbeitsvertraglich als verpflichtet anzusehen, den Arbeitgeber von dem Ergebnis der Untersuchung zu unterrichten.

8. Geringfügig ist die Beschäftigung, wenn nicht die volle Arbeitszeit des § 10, sondern nur ein Bruchteil davon zu erbringen ist.

Ist die Beschäftigung von vornherein für mehr als zwei Monate geplant, dann gilt diese Ausnahme nicht. Anders, wenn nach zwei Monaten der Vertrag auf unbestimmte Zeit verlängert wird und vor Ablauf des zweiten Monats die Untersuchung stattfindet.

9. Verletzung des Abs. 1 oder 2 wird nach § 68 Ziff. 5 als Ordnungswidrigkeit bzw. als Straftat (Abs. 3 und 4) geahndet.

§ 46 Durchführung der Untersuchungen; Bescheinigungen und Mitteilungen[1][6]

(1) Die ärztlichen Untersuchungen haben sich auf den Gesundheits- und Entwicklungsstand und die körperliche Beschaffenheit, die Nachuntersuchungen außerdem auf die Auswirkungen der Arbeit auf Gesundheit und Entwicklung des Jugendlichen zu erstrecken[2]).

(2) Den Untersuchungsbefund hat der Arzt schriftlich festzuhalten. Falls er eine Nachuntersuchung angeordnet hat (§ 45 Abs. 3) oder falls er die Gesundheit des Jugendlichen durch die Ausübung bestimmter Arbeiten für gefährdet hält, hat er dies gleichzeitig zu vermerken[3]).

(3) Der Arzt hat den Eltern oder dem Vormund des Jugendlichen das wesentliche Ergebnis der Untersuchung schriftlich mitzuteilen; in der Mitteilung hat er die Anordnung einer etwaigen Nachuntersuchung (§ 45 Abs. 3) und die Arbeiten, durch deren Ausübung er die Gesundheit des Jugendlichen für gefährdet hält, zu vermerken[4]).

Er hat außerdem eine für den Arbeitgeber bestimmte Bescheinigung darüber auszustellen, daß die Untersuchung stattgefunden hat, und darin die Arbeiten zu vermerken, durch deren Ausübung er die Gesundheit des Jugendlichen für gefährdet hält[5])[6]).

1. Diese Vorschrift regelt die Durchführung der Untersuchung und der dabei zu beachtenden Formvorschriften, die im Wege der Rechtsverordnung nach § 53 ergänzt werden sollen. Sie richten sich an den Arzt, der die Untersuchung oder Nachuntersuchung vornimmt. Eine Pflicht zur Erfüllung besteht nur privatrechtlich auf Grund des Arztvertrages gegenüber dem Jugendlichen bzw. dessen Eltern oder, falls die Untersuchung auf Antrag der Aufsichtsbehörde oder des Arbeitgebers vorgenommen wird, diesen gegenüber. Dabei ist aber noch die ärztliche Schweigepflicht zu beachten, von der das Gesetz keine Befreiung erteilt.

2. Der Umfang der Untersuchung ist für die Erstuntersuchung und für die Nachuntersuchung verschieden angegeben. Trotzdem liegt ein wesentlicher Unterschied nicht vor. Hat doch der Arzt den Zweck der Untersuchung — „Tauglichkeit" im Sinne dieses Abschnitts des Gesetzes — bereits bei der ersten Untersuchung zu beachten. Er hat schon bei dieser auf die möglicherweise den Jugendlichen gefährdenden Arbeiten hinzuweisen (Abs. 2). Die Beurteilung der Auswirkungen der Arbeit auf die Gesundheit und Entwicklung des Jugendlichen bei der Nachuntersuchung stellt daher nur ein durch die Untersuchung feststellbares Ergebnis dar. In welcher Weise der Arzt die Untersuchung vornimmt, bleibt ihm überlassen. Sie muß im Rahmen der ärztlichen Regeln liegen, er muß sich also anerkannter Untersuchungsmethoden bedienen.

Auch bei einer Untersuchung, die wegen Wechsels des Arbeitgebers als „Erstuntersuchung" nach Abs. 1 gilt, hat der Arzt die bisher ausgeübte Beschäftigung zu berücksichtigen und die Auswirkungen der Berufsarbeit festzustellen. Dies kann er durch Befragen des Jugendlichen jederzeit erfahren.

Die Schwierigkeiten einer solchen Untersuchung sind nicht von der Hand zu weisen. Sie bürden dem Arzt eine besondere Verantwortung auf, vor allem, da er die neuesten Erkenntnisse des medizinischen Wissens auf diesem Gebiet zugrunde zu legen hat (Herschel BB 60, 1064).

3. Den Untersuchungsbefund hat der Arzt schriftlich festzuhalten, ebenso die ärztlich begründete Befürchtung, daß der Jugendliche durch Ausübung bestimmter Arbeiten gefährdet wird. Der Untersuchungsbefund bleibt bei dem Arzt und gehört zu seiner Kartei. Er ist eventuell nach § 51 den dort aufgeführten Stellen vorzulegen. Im allgemeinen wird der Arzt ohnehin solche Aufzeichnungen machen. Die Herstellung solcher Unterlagen ist aber in Anbetracht der Nachuntersuchung, der Möglichkeit eines Arztwechsels und im Falle eines Regresses unbedingt notwendig. Die Nichtaufzeichnung kann zur Schadensersatzpflicht führen.

4. Nicht der Untersuchungsbefund, sondern nur das Ergebnis ist den Eltern oder dem Vormund des Jugendlichen mitzuteilen. Es betrifft die im Hinblick auf die „Tauglichkeit" des Jugendlichen zu treffende ärztliche Feststellung über seine Eignung, die eventuelle Gefährdung bei bestimmten Arbeiten und eine eventuelle

Nachuntersuchung. Das Untersuchungsergebnis kann nur die auf Grund des Untersuchungsbefundes gewonnene ärztliche Überzeugung wiedergeben. Schon demnach ist eine Haftung des Arztes nicht ohne weiteres gegeben. Einen Schadensersatzanspruch kann der Jugendliche, z. B. wenn ihm fälschlicherweise eine Tätigkeit untersagt würde, gegenüber dem Arzt nicht geltend machen. Nur wenn das Ergebnis nicht nur fehlerhaft ist, sondern den Arzt auch ein Verschulden daran trifft, er also schuldhaft anerkannte ärztliche Regeln nicht beachtet hat, könnte ein solcher Schadensersatzanspruch entstehen. (Vgl. auch Herschel a. a. O.) Es ist aber immer ein solcher des Jugendlichen gegen den Arzt, und nicht etwa gegen das Land.

Durch die Mitteilung soll der Erziehungsberechtigte in die Lage versetzt werden, eventuell erforderliche Maßnahmen hinsichtlich des Arbeitseinsatzes des Jugendlichen zu treffen. Sie ist nicht dem Arbeitgeber oder anderen Stellen, soweit nicht § 51 Platz greift, bekanntzugeben. Anderenfalls liegt eine Verletzung der ärztlichen Schweigepflicht vor (§ 300 StGB).

5. Die Bescheinigung für den Arbeitgeber darf dagegen nur die Tatsache der Untersuchung und die nach Ansicht des Arztes den Jugendlichen gefährdenden Arbeiten enthalten. Diese können auch nur der Art oder dem Schwierigkeitsgrad nach gekennzeichnet sein. Es muß jedoch aus der Bescheinigung hervorgehen, daß es sich um eine Untersuchung im Sinne dieser Vorschrift handelt. Zu vermerken wäre daher, daß die Untersuchung sich auf den Gesundheits- und Entwicklungszustand und die körperliche Beschaffenheit des Jugendlichen bezogen hat; bei einer Nachuntersuchung, daß auch die Auswirkung der Arbeit auf Gesundheit und Entwicklung des Jugendlichen geprüft wurde. Es sollen darüber Formblätter herausgegeben werden. Die Angabe in dieser Bescheinigung, daß es sich um eine N a c h u n t e r s u c h u n g handelte, ist zulässig.

Die Bescheinigung ist für den Arbeitgeber bestimmt, der sie gemäß § 45 benötigt. Damit ist aber noch nicht gesagt, daß der Arzt sie dem Arbeitgeber ohne weiteres aushändigen darf. Eine solche Erlaubnis gibt das Gesetz nicht. Würde doch damit die ärztliche Schweigepflicht durchbrochen. Die Hingabe kann vielmehr nur kraft des Arztvertrages erfolgen. Nimmt der Werksarzt die Untersuchung vor, so liegt darin auch die Einwilligung der Aushändigung an den Arbeitgeber. Anderes kann auch nicht im Falle einer außerordentlichen Nachuntersuchung gelten (a. A. Schulte-Langforth § 47 Anm. 4). Hat der Gesetzgeber schon eine Unterrichtung des Arbeitgebers von der Anordnung einer notwendigen Nachuntersuchung vermieden und die Unterrichtung anderer Ärzte nach § 51 Abs. 1 von der Zustimmung des Personensorgeberechtigten abhängig gemacht, so liegt kein Anlaß vor, für das Untersuchungsergebnis selbst etwas anderes gelten zu lassen. Der Jugendliche ist ohnehin verpflichtet, die ärztliche Bescheinigung, und zwar die letzte vorzulegen. Daraus ergeben sich auch eventuelle Beschäftigungsverbote. Es besteht schon dehalb kein Anlaß, zum Schutz des Jugendlichen nun eine Pflicht oder ein Recht des Arztes zur Mitteilung an den Arbeitgeber einzuräumen. Im übrigen ist noch zu beachten, daß der Jugendliche die freie Arztwahl hat (vgl. Herschel a. a. O.), so daß selbst bei Anberaumung der Nachuntersuchung er jederzeit das Untersuchungsergebnis durch eine andere ärztliche Bescheinigung u. U. ersetzen kann. Eine angenommene Berechtigung des Arztes, den Arbeitgeber zu unterrichten, könnte sich daher für den Jugendlichen noch nachteilig auswirken.

6. Die hier normierten Pflichten des Arztes sind solche, die auf Grund des Arztvertrages entstehen. Deren Erfüllung läßt die Untersuchung erst zu einer solchen nach diesem Gesetz werden. Schon dehalb entfällt die Annahme, daß es sich hier um öffentlich-rechtliche Pflichten des Arztes handelt (a. A. Schulte-Langforth § 46 Anm. 5). Eine Subordination besteht nicht. Die Ahndung einer „Pflicht"-Verletzung ist nicht angeordnet.

Zudem müßten sonst diese Pflichten als solche zum Schutz für den Jugendlichen angesehen werden.

Ein Schutzgesetz i. S. v. § 823 stellt dieses nicht dar (vgl. Herrschel a. a. O.). Sonst könnte auch eine Haftung nach § 839 BGB aus Amtspflichtverletzung bejaht werden.

§ 47 Aufbewahrung der Bescheinigungen[1])[6])

(1) Der Arbeitgeber hat die Bescheinigung aufzubewahren und der Aufsichtsbehörde sowie der Berufsgenossenschaft auf Verlangen zur Einsicht vorzulegen oder einzusenden[2]). Wechselt der Jugendliche während des Laufes der Nachuntersuchungsfrist (§ 45 Abs. 1 bis 3) den Arbeitgeber, so ist die Bescheinigung dem neuen Arbeitgeber auf dessen Verlangen und Kosten unverzüglich auszuhändigen[3]).

(2) Enthält die Bescheinigung des Arztes einen Vermerk über Arbeiten, durch deren Ausübung er die Gesundheit des Jugendlichen für gefährdet hält (§ 46 Abs. 3), so darf der Jugendliche mit solchen Arbeiten nicht beschäftigt werden[4]), es sei denn, daß die Aufsichtsbehörde die Beschäftigung, gegebenenfalls unter bestimmten Auflagen, im Einvernehmen mit einem Arzt zuläßt[5])[6]).

1. Die in dieser Vorschrift normierten Pflichten sind als öffentlich-rechtliche ausgestaltet (§ 68 Ziff. 5). Sie betreffen die Aufbewahrung der Bescheinigungen, die Verpflichtung zur Vorlage und Einsendung an die Aufsichtsbehörde und Berufsgenossenschaft sowie die Abgabe an einen neuen Arbeitgeber.

2. Die Aufbewahrung hat unter Beachtung der im Verkehr üblichen und erforderlichen Sorgfalt und nicht etwa mit der in eigenen Angelegenheiten nach § 690 BGB zu erfolgen. Stellt sich doch diese Pflicht zugleich als arbeitsvertragliche Nebenpflicht dar. Zudem folgt es aus der öffentlich-rechtlichen Pflicht, so daß der Haftungsmaßstab der unentgeltlichen Verwahrung nicht in Betracht kommt.

Wie lange die Bescheinigung aufzubewahren ist, sagt das Gesetz nicht. Die Bescheinigung dient aber zum Nachweis einer nach § 45 oder 47 Abs. 2 nicht verbotenen Beschäftigung und der Erfüllung der Pflichten des § 45 Abs. 2. Sie ist daher während der ganzen Dauer der Beschäftigung bis zum 18. Lebensjahr aufzuheben, so daß die Aufsichtsbehörde jederzeit feststellen kann, ob der Forderung nach Einstellungsuntersuchung, Nachuntersuchung und einer eventuellen Beschäftigungsbeschränkung Genüge getan ist. Endet das Beschäftigungsverhältnis, so erlischt auch die öffentlich-rechtliche Pflicht zur Aufbewahrung, und es entsteht die zur Aushändigung an den neuen Arbeitgeber. Privatrechtlich endet die Pflicht, wenn feststeht, daß der Jugendliche die Bescheinigung nicht mehr benötigt, was nach Ablauf eines Jahres seit der letzten Untersuchung der Fall ist. Ab Beendigung beschränkt sich die Haftung auf eine Sorgfalt in eigenen Angelegenheiten, da die Aufbewahrungspflicht nur noch eine Nachwirkung des Dienstvertrages, nicht aber mehr eine Nebenverpflichtung darstellt.

Die Verletzung der Aufbewahrungspflicht läßt den Arbeitgeber schadensersatzpflichtig werden. Der Schadenersatz kann auch über die erneut vorzunehmende ärztliche Untersuchung hinausgehen und einen Schaden wegen Verdienstausfalles betreffen.

3. Die Verpflichtung, die Bescheinigung dem neuen Arbeitgeber auszuhändigen, besteht danach bei Wechsel im ersten Beschäftigungsjahr, in darauffolgenden Jahren hinsichtlich der bereits durchgeführten Nachuntersuchung; ebenso, wenn eine sonstige Nachuntersuchung nach § 45 Abs. 2 angeordnet ist, sofern der Arbeitgeber davon Kenntnis hat.

Auch dieser an sich privatrechtliche Anspruch ist durch § 68 Ziff. 5 als öffentlich-rechtliche Pflicht normiert.

Zweifelhaft kann es sein, ob neben dieser Pflicht noch der Arbeitgeber berechtigt ist, dem Jugendlichen selbst die Bescheinigung auszuhändigen (verneinend Schulte-Langforth § 47 Anm. 2, Thumser § 47 Anm. 3). Für eine Verneinung spricht an sich der Gesetzestext sowie die Tatsache, daß der Ausschuß für Arbeit (vgl. Anhang 11) eine dementsprechende Änderung des Reg.Entw. vorgeschlagen hat, die aber in der zweiten Lesung nicht beachtet wurde. Statt dessen wurde die ursprüngliche Fassung beibehalten. Trotzdem muß aber eine Aushändigung an den Jugendlichen zulässig sein. Er ist an sich Eigentümer der Bescheinigung. Sie wurde ihm nicht kraft öffentlichen Rechts, sondern auf Grund des privatrechtlichen Arztvertrages erteilt. Das die öffentlich-rechtliche Verpflichtung zur Aufbewahrung begründende Beschäftigungsverhältnis ist beendet. Eine weitergehende öffentlich-rechtliche Pflicht zur Aufbewahrung besteht nicht. Sie wird hinsichtlich der dem Arbeitgeber ausgehändigten Bescheinigung nicht mehr von dem Moment der Überwachung getragen. Es tritt lediglich die öffentlich-rechtliche Verpflichtung zur Übersendung an ihre Stelle. Damit sollte aber doch offensichtlich nur die unverzügliche Übersendung der Bescheinigung sichergestellt sein und der Jugendliche nicht auf den Weg der Privatklage verwiesen werden. Aus dem öffentlich-rechtlichen Charakter können daher u. E. Bedenken gegen eine solche Handhabung nicht hergeleitet werden, da nur die schuldhafte Nichtübersendung zu ahnden ist. Sollte damit aber öffentlich-rechtlich die Aufbewahrungspflicht erweitert sein, so würde in das Eigentum des Jugendlichen eingegriffen. Er wäre auch nur benachteiligt. Der neue Arbeitgeber darf ihn nicht beschäftigen, bevor die Bescheinigung vorliegt (§ 45). Bis das Anfordern und die Übersendung erfolgt sind, vergehen erfahrungsgemäß einige Tage, während der

der Jugendliche kein Einkommen hätte, insbesondere, wenn er fristlos entlassen ist oder kurze Kündigungsfristen bestehen wie z. B. im Baugewerbe (3 Tage).

Anders wäre nur zu urteilen, wenn die Bescheinigung und die ärztliche Untersuchung einen öffentlich-rechtlichen Charakter erhalten hätten, was wohl beabsichtigt, aber nicht durchgeführt wurde, da sonst die Grundrechte des Art. 2 Abs. 2 nach Art. 19 GG hätten eingeschränkt werden müssen.

Eine Beschränkung des Anspruchs des Jugendlichen auf Herausgabe oder gar ein Verbot ist daher aus dieser Vorschrift nicht zu entnehmen.

Diese Vorschrift gibt auch dem Jugendlichen einen privatrechtlichen Anspruch auf unverzügliche, also ohne schuldhaftes Verzögern vorzunehmende Übersendung (§ 6).

4. Abs. 2 enthält ein individuelles Beschäftigungsverbot. Der Jugendliche darf nicht mit den in der Bescheinigung nach § 46 anzuführenden Arbeiten beschäftigt werden, die nach Ansicht des Arztes seine Gesundheit gefährden. Maßgebend ist allein der Inhalt der Bescheinigung. Sind versehentlich solche Arbeiten nicht aufgeführt, so besteht nur bei sicherer Kenntnis des Arbeitgebers darüber das Beschäftigungsverbot. Unterrichtung durch die Eltern ist nicht ausreichend. Der Arbeitgeber wird vielmehr beim Arzt die Richtigkeit solcher Behauptungen überprüfen und der Jugendliche eine berichtigte Bescheinigung vorlegen müssen. Dieses Beschäftigungsverbot stimmt nicht mit einem nach § 37 überein. Vielmehr handelt es sich um ein neues, selbständiges Verbot, dessen Verletzung auch gegenüber einem nach § 37 anders geahndet wird (§ 68 Ziff. 5).

Das Beschäftigungsverbot bleibt bestehen bis zur Nachuntersuchung; enthält auch die darüber ausgestellte Bescheinigung ein Verbot dieser Art, dann bis zum 18. Lebensjahr (über Ausnahmen vgl. Anm. 5). Bei einem Wechsel der Beschäftigung ist maßgebend die vom Jugendlichen vorzulegende Bescheinigung, also die der letzten Untersuchung. Im allgemeinen wird aber ein Arzt, der Mängel der im § 45 Abs. 3 aufgeführten Art feststellt, ohnehin von sich aus die Nachuntersuchung anordnen, sofern es sich nicht um organische Fehler handelt.

Werden bei einer Nachuntersuchung solche Mängel des Jugendlichen festgestellt, die zu einem Beschäftigungsverbot führen, so liegt eine nachfolgende (rechtliche) Unmöglichkeit vor. Es gelten dann die allgemeinen Regeln. Arbeitnehmer wie Arbeitgeber sind von ihren Leistungen frei (§§ 275, 323 BGB) und haben das Recht zur fristlosen Kündigung (vgl. Hueck-Nipperdey S. 300). Bei einer teilweisen Unmöglichkeit, also wenn nur ein Teil der vertraglich festgelegten Arbeiten erledigt werden kann, kommt es auf den Vertragsinhalt an, insbesondere, ob die mögliche Leistung noch im Rahmen des gesamten Schuldverhältnisses liegt (vgl. im übrigen § 45 Anm. 4). Eine Pflicht zur Umsetzung wird im allgemeinen nicht bestehen, wenn die Vertragsleistungen selbst beeinträchtigt sind. Aus der Fürsorgepflicht folgt sie auch nicht ohne weiteres, da der Jugendliche der ihm gemäßen Ausbildung und Arbeit zugeführt werden soll.

5. Ausnahmen von dem Verbot können auf Antrag des Jugendlichen wie des Arbeitgebers zugelassen werden. Voraussetzung für eine Ausnahmebewilligung

— es ist die nach § 63 — ist das Einverständnis eines Arztes. Es braucht aber nicht der Arzt zu sein, der die Bescheinigung über das Beschäftigungsverbot ausgestellt hat. Die Ausnahmebewilligung kann erteilt werden wegen einer im Laufe der Entwicklung eingetretenen Besserung des Zustandes des Jugendlichen, aber auch weil die konkreten betrieblichen Verhältnisse doch einen solchen Einsatz des Jugendlichen gestatten, ohne daß seine Gesundheit gefährdet wird. Im ersten Fall wird gegen eine Befristung der Bewilligung bis zum 18. Lebensjahr nichts einzuwenden sein, so daß die Ausnahmebewilligung einer Aufhebung des Beschäftigungsverbotes gleichkommt. Sie kann auch mit Auflagen versehen werden, was vornehmlich im letzteren Fall geboten sein wird.

Bei einem Wechsel des Arbeitgebers ist, sofern eine Nachuntersuchungsfrist nicht läuft und die letzte Untersuchung länger als ein Jahr zurückliegt, eine neue ärztliche Untersuchung erforderlich, so daß diese dann maßgebend ist.

6. Zuwiderhandeln gegen die Pflicht zur Aufbewahrung nach Abs. 1 Satz 1, gegen die Pflicht zur Übersendung nach Abs. 1 Satz 2 und gegen das Beschäftigungsverbot des Abs. 2 wird als Ordnungswidrigkeit gemäß § 68 Ziff. 5 geahndet.

§ 48 Eingreifen der Aufsichtsbehörde[1])

Die Aufsichtsbehörde hat, wenn die dem Jugendlichen übertragenen Arbeiten Gefahren für seine Gesundheit befürchten lassen[2]), dies dem Personensorgeberechtigten und dem Arbeitgeber mitzuteilen und die ärztliche Untersuchung zu fordern[3]).

1. Die hier der Aufsichtsbehörde eingeräumte Befugnis zum „Eingreifen" enthält zugleich die Pflicht dazu. Ein schuldhaftes Unterlassen kann daher eine Amtspflichtverletzung (Art. 34 GG, § 839 BGB) nicht nur gegenüber dem Jugendlichen bzw. dem Personensorgeberechtigten, sondern u. U. auch gegenüber dem Arbeitgeber darstellen (die Behörde erhält z. B. Kenntnis von einer neuen Untersuchung des Jugendlichen, die seine Untauglichkeit bedingt, die dem Arbeitgeber aber unbekannt ist).

Die Befugnis erstreckt sich auf jede diesem Abschnitt unterliegende Beschäftigung, auch auf die kurzfristige Beschäftigung im Sinne des § 45 Abs. 4, da für diese nur die Bestimmungen von § 45 Abs. 1—3 nicht gelten.

2. Voraussetzung für ein Eingreifen ist die Feststellung, daß die übertragenen Arbeiten Gefahren für die Gesundheit des Jugendlichen befürchten lassen. Die „Befürchtung" muß aber objektiv an Hand von Tatsachen berechtigt sein; Tatsachen, die in der Regel durch Überprüfung des Betriebes, neue wissenschaftliche Erkenntnisse, Kenntnisnahme von Untersuchungen u. a. feststellbar sind. Bloßen Mutmaßungen — eventuell noch von dritter Seite geäußert — braucht die Aufsichtsbehörde nicht nachzugehen, wohl aber, u. U. wenn z. B. der Vater eine Verschlechterung des Gesundheitszustandes des Jugendlichen meldet und Untersuchung begehrt. Liegen solche Feststellungen vor, dann sind die hier vorgeschriebenen drei

Handlungen vorzunehmen, nämlich Mitteilung an den Personensorgeberechtigten, Mitteilung an den Arbeitgeber und das „Fordern" der Untersuchung.

3. Die gesetzliche Formulierung, „die ärztliche Untersuchung zu fordern", ist erst in zweiter Lesung aufgenommen (vgl. Prot. der 115. Sitzung S. 6606 Umdr. 629 Z. 13). Der Reg.Entw. sprach noch von einer Anordnung. Er enthielt weiterhin noch die Bestimmung: „Der Jugendliche ist verpflichtet, der Anordnung Folge zu leisten." Das bedeutete aber eine Beschränkung des Grundrechts des Art. 2 Abs. 2 GG, die nach Art. 19 GG im Gesetz zu benennen war. Die dementsprechend abgeänderten Vorschläge sind dann nicht angenommen worden.

Der Aufforderung der Aufsichtsbehörde, die Untersuchung vorzunehmen, fehlt daher ein tatsächliches Gewicht. Der Jugendliche ist nicht verpflichtet, dem nachzukommen. Das Befolgen dieser Aufforderung kann auch nicht mit polizeilichen Mitteln erzwungen werden, da sonst Art. 2 GG verletzt würde. Eine Ermächtigung zur Vornahme einer Zwangsvorführung zur Untersuchung ist nicht gegeben. Auch Ordnungsstrafen und Bußen sind nicht vorgesehen.

Wohl kann aber im Falle der Weigerung ein Verbot nach § 37 Abs. 3 erlassen und dann die Entfernung nach § 61 erzwungen werden. Bei verwandten Jugendlichen bleibt für die Aufsichtsbehörde nur ein Tätigwerden nach § 71 Abs. 3.

Ist aber seitens der Aufsichtsbehörde eine solche Mitteilung an den Arbeitgeber erfolgt, dann wird er schon von sich aus zur Vermeidung eventueller Schadensersatzansprüche auf Einhaltung der Untersuchung drängen. Der Aufforderung zur Untersuchung nachzukommen, ist als arbeitsvertragliche Pflicht des Jugendlichen dem Arbeitgeber gegenüber zu betrachten.

§ 49 Freizeit für Untersuchungen[1])[2])

Der Arbeitgeber hat dem Jugendlichen die für die ärztlichen Untersuchungen nach diesem Abschnitt erforderliche Freizeit zu gewähren. Ein Entgeltausfall darf hierdurch nicht eintreten[1]).

1. Die Pflicht zur Gewährung der erforderlichen Freizeit ist ebenfalls als öffentlich-rechtliche Pflicht gestaltet (Ahndung nach § 68 Ziff. 5). Sie ist eine bürgerlichrechtliche Pflicht aus dem Arbeitsverhältnis zumindest nach § 6, wenn man in diesem Beschluß nicht schon die Normierung eines unmittelbaren zwingenden Anspruchs sieht.

Die Pflicht zur Freizeitgewährung setzt voraus, daß die Untersuchung in die Arbeitszeit fällt. Anders als die Zeit für den Besuch des Berufsschulunterrichts ist sie zeitrechtlich auf die Arbeitszeit nicht anzurechnen. Ein Nachholen der Stunden der Dienstbefreiung ist daher im Rahmen der Zeitgrenzen des § 10 möglich. Allerdings darf kein Verdienstausfall dadurch eintreten. Es sind daher die Ausfallstunden zu bezahlen, und zwar nach dem Lohnausfallprinzip. Der Jugendliche hat also das zu erhalten, was er während dieser Zeit verdient hätte. In Betracht kommt aber nur die für die Untersuchung erforderliche Zeit einschließlich der Wegezeit, nicht etwa Zeiten für eine weitergehende Privatuntersuchung oder sonstiges.

Auch eine Vereinbarung über die Verlegung der Untersuchung in dienstfreie Zeiten ist zulässig, soweit nicht die unabdingbare Pflicht zur Zahlung des Lohnausfalls beeinträchtigt wird.

Ist der Jugendliche noch nicht eingestellt, so bedarf es keiner Dienstbefreiung und keiner Bezahlung, selbst wenn sich der Jugendliche der Untersuchung zur Aufnahme der Tätigkeit unterzieht. Bei rechtlichem Beginn des Arbeitsverhältnisses vor Untersuchung handelt es sich um eine Dienstverhinderung im Sinne von § 616 BGB, die dann nach der hier vorliegenden Vorschrift zu bezahlen wäre.

Im tatsächlichen Arbeitsleben wird diese Vorschrift nur Wirkung bei Nachuntersuchungen, sei es einer nach § 45 Abs. 2 bew. 3 oder einer solchen nach § 48, haben.

2. Verletzung der Freizeitgewährung wird nach § 68 Ziff. 5 als Ordnungswidrigkeit geahndet.

§ 50 Kosten der Untersuchungen[1])

Die Kosten der Untersuchungen trägt das Land.

1. Die hier normierte Kostentragung setzt eine Kostenschuld voraus. Schuldner wäre an sich derjenige, der den Arzt beauftragt, die Untersuchung vorzunehmen, also mit ihm den Arztvertrag abschließt. Da aber weder dem Jugendlichen bzw. dessen Eltern noch dem Arbeitgeber die Kosten aufgebürdet werden sollten — liegt doch die Untersuchung letztlich im Interesse der Volksgesundheit —, wurde die Kosten*tragungs*pflicht des Landes statuiert. Eine Kostentragung entfällt, wenn üblicherweise keine Gebühren erhoben werden, also eine Kostenschuld nicht besteht (vgl. Herschel BB 60, 1063). In Betracht kommen nur Kosten für Untersuchungen nach diesem Abschnitt, also die sogenannte Einstellungsuntersuchung, die Nachuntersuchung sowie die angeordneten Nachuntersuchungen nach § 45 Abs. 3 bzw. § 48. Die Untersuchungen nach § 47 zur Befreiung von Beschäftigungsverboten fallen nicht darunter (ebenso Schulte-Langforth § 50 Anm. 1).

Wie die Abrechnung zwischen dem Arzt und dem Land zu erfolgen hat und welches Honorar der Arzt dem Kostenträger gegenüber in Rechnung stellen kann, wird durch RechtsVO der Landesregierung geregelt (§ 53 Abs. 2). Die Festsetzung von Pauschalbeträgen ist dabei zulässig.

§ 51 Gegenseitige Unterrichtung der Ärzte[1])

(1) Die Ärzte, die Untersuchungen nach diesem Abschnitt vorgenommen haben, müssen, wenn der Personensorgeberechtigte damit einverstanden ist[2]),

1. dem staatlichen Gewerbearzt,

2. dem Arzt, der einen Jugendlichen nach diesem Abschnitt nachuntersucht, auf Verlangen die Aufzeichnungen über die Untersuchungsbefunde zur Einsicht aushändigen[3]).

(2) Unter den gleichen Voraussetzungen ist der Amtsarzt des Gesundheitsamtes unbeschadet des Absatzes 1 befugt, einem Arzt, der einen Jugendlichen nach diesem Abschnitt untersucht, vertraulichen Einblick in andere in seiner Dienststelle vorhandene Unterlagen über Gesundheit und Entwicklung dieses Jugendlichen zu gewähren[4]).

1. Eine gegenseitige Unterrichtung der Ärzte über die bei der jeweiligen Untersuchung getroffenen Feststellungen erscheint schon im Interesse des Jugendlichen wünschenswert und notwendig, um eine sachgerechte Begutachtung zu erreichen. Der Rechtsausschuß machte aber Bedenken im Hinblick auf Art. 1 (Würde des Menschen) und Art. 2 Abs. 1 GG (freie Entfaltung der Persönlichkeit) geltend. Deshalb ist die Unterrichtung von der Zustimmung des Personensorgeberechtigten abhängig gemacht worden.

2. Eine Pflicht zur Unterrichtung besteht daher nur, wenn der Personensorgeberechtigte (vgl. darüber § 70 Anm. 2) einverstanden ist. Wie und wem er das Einverständnis erklärt, ist ohne Belang. Es kann gegenüber dem anfordernden Arzt, aber auch gegenüber dem, der die Unterlagen aushändigen soll, geschehen. Die Mitteilung der anfordernden Stelle, daß das Einverständnis vorliegt, berechtigt den Arzt zur Aushändigung, da er sich auf die Richtigkeit der Mitteilung verlassen kann und sie von den Standespflichten getragen wird.

Hinsichtlich der Form wird in der Regel eine schriftliche Erklärung zu verlangen sein, schon damit ein Beweismittel vorhanden ist, wenn der Personensorgeberechtigte sein Einverständnis später nicht mehr wahrhaben will. Wird in Ausnahmefällen eine nur mündliche Erklärung als ausreichend angesehen, dann ist sie zumindest aktenkundig zu machen. Ist das Einverständnis nur beschränkt, d. h. für eine bestimmte Untersuchung (z. B. die Erstuntersuchung) erteilt, so gilt es nur für diese, und es dürfen Berichte über andere Untersuchungen, selbst wenn sie von demselben Arzt vorgenommen worden sind, nicht ausgehändigt werden.

Das Einverständnis des Jugendlichen ist nicht ausreichend. Es muß das des Personensorgeberechtigten vorliegen.

Stimmt der Personensorgeberechtigte nicht zu, so kann zwar der andere Elternteil die Ersetzung der Zustimmung durch das Vormundschaftsgericht herbeiführen lassen — für eine Maßnahme des Vormundschaftsgerichtes nach § 1666 BGB wird hier kaum Raum sein —, die Aufsichtsbehörde ist jedoch nicht befugt, solche Maßnahmen bei diesen Stellen anzuregen oder herbeizuführen.

3. Die Verpflichtung, die Aufzeichnungen und Untersuchungsbefunde auszuhändigen, besteht gegenüber dem Gewerbearzt schlechthin, also gleich, ob er den Jugendlichen untersuchen will oder nicht. Er ist berechtigt, mit Einverständnis des Personensorgeberechtigten die Untersuchungsbefunde sich immer aushändigen zu lassen. Sonst steht dieses Recht nur dem Arzt zu, der eine Nachuntersuchung im Sinne dieses Gesetzes, also nach § 45 Abs. 2 und 3 bzw. § 48 vornimmt.

Für die Aushändigung kommen auch nur die Befunde in Betracht, die eine Untersuchung, sei es eine Erst- oder Nachuntersuchung, zum Gegenstand haben.

Es muß aber auch die Untersuchung des § 47 Abs. 2 letzter Halbsatz für den Gewerbearzt darunter fallen. Die Aufsichtsbehörde wird von dem Vorliegen dieser Befunde wohl meist die Ausnahmegenehmigung abhängig machen müssen. Es gehören in keinem Falle dazu die Untersuchungsbefunde, die vielleicht anläßlich einer solchen Untersuchung gemacht worden sind, aber nicht die Untersuchung der „Tauglichkeit" des Jugendlichen betreffen, z. B. bei gleichzeitiger Behandlung von Krankheiten gehören die Krankheitsbefunde nicht dazu. Sie sind vor Abgabe zu trennen, oder es ist ein entsprechender Auszug anzufertigen, der dann an die Stelle der Originalaufzeichnungen tritt.

Anderen Ärzten steht nach dieser Vorschrift ein solches Recht nicht zu. Selbstverständlich kann aber der Personensorgeberechtigte auch sein Einverständnis zu deren Unterrichtung erteilen und ihnen eine Befundeinsicht ermöglichen. Ebenso kann er natürlich dem untersuchenden Arzt auch die Einsicht in andere Befunde gestatten. Eine Verpflichtung des Gewerbearztes, anderen Ärzten Einsicht zu gewähren, besteht dagegen nicht.

Da die Unterlagen nur eine Unterrichtung ermöglichen sollen, sind sie nach Einsichtnahme dem Arzt, der die frühere Untersuchung vorgenommen hat, zurückzugeben.

4. Hat der Amtsarzt des Gesundheitsamtes eine Untersuchung nach diesem Abschnitt vorgenommen, so ist er nach Abs. 1 zur Aushändigung der Aufzeichnungen und des Untersuchungsbefundes verpflichtet. Hier wird er ermächtigt, einem Arzt, der den Jugendlichen nach dem sechsten Abschnitt nachuntersucht, auch in sonstige bei ihm vorhandene Unterlagen einen vertraulichen Einblick zu gewähren. Es können Unterlagen verschiedenster Art sein (Untersuchung des Schularztes, Röntgenuntersuchungen usw.). Sie müssen aber den Jugendlichen betreffen. Unterlagen über die Eltern, selbst wenn sie über die Gesundheit und Entwicklung des Jugendlichen Aufschluß geben, gehören nicht dazu. Sie sind von der hier genannten Genehmigung des Personensorgeberechtigten nicht erfaßt.

Der Amtsarzt ist nur befugt — also berechtigt, nicht aber verpflichtet —, eine solche Einsichtnahme zu ermöglichen. Allerdings wird er schon im Hinblick auf den Gesundheitsschutz des Jugendlichen in der Regel den Einblick gewähren. Seine Weigerung kann im Wege der Dienstaufsicht überprüft werden.

Der Amtsarzt hat aber dem Merkmal „vertraulich" Rechnung zu tragen. Eine Abgabe der Unterlagen wird meist nicht opportun sein. Es kann dadurch die Vertraulichkeit in Frage gestellt sein, insbesondere, weil die Möglichkeit einer Einsichtnahme durch unbefugte Dritte, z. B. Sekretärin, die Post öffnet, gegeben ist.

„Vertraulich" bedeutet, daß auch der Einsicht nehmende Arzt die in den Unterlagen enthaltenen Tatsachen zwar zur Bildung seiner gutachtlichen Überzeugung verwerten, nicht aber nach außen hin, auch nicht den Eltern bekanntgeben darf (eventuell in der Mitteilung nach § 46 Abs. 3). Nur seine Kenntnisnahme ist gestattet. Bei Anfertigung von Auszügen aus den Akten des Gesundheitsamtes durch den Einblick nehmenden Arzt wird ebenfalls die Vertraulichkeit in Frage gestellt, vor allem, wenn er sie zu seinen Akten nehmen will.

§ 52 Übergangsvorschriften[1])

(1) Die Vorschriften dieses Abschnittes gelten nicht für Jugendliche, die bei Inkrafttreten dieses Abschnittes bereits 16 Jahre alt sind. Für die übrigen Jugendlichen gelten, sofern sie bei Inkrafttreten dieses Abschnittes bereits beschäftigt werden, die Vorschriften dieses Abschnittes während des ersten Jahres nach Inkrafttreten nur bei einem Wechsel des Arbeitgebers[2]).

(2) Für die ersten zwei Jahre nach Inkrafttreten dieses Abschnittes kann die Aufsichtsbehörde, soweit dies mit der Rücksicht auf Gesundheit und Entwicklung eines Jugendlichen vereinbar ist, Ausnahmen von allen oder einzelnen Vorschriften dieses Abschnittes bewilligen[3]).

1. Nach § 46 tritt der gesamte Abschnitt erst am 1. 10. 1961 in Kraft (vgl. Vorbem.). — Für Niedersachsen vgl. aber Anh. 1b und § 76 Abs. 3.

Die sofortige Durchführung einer gesundheitlichen Betreuung aller Jugendlichen würde in der Praxis Schwierigkeiten bereiten. Es wären etwa acht Millionen Jugendliche auf einmal zu untersuchen. Es fehlen auch noch die Ausführungsbestimmungen, so daß die Aufsichtsbehörden überfordert wären. Daher bedurfte es weiterer Ausnahmen für eine Übergangszeit.

2. Vollkommen von der Geltung dieses Abschnittes ausgenommen bleiben die Jugendlichen, die am 1. 10. 1961 bereits 16 Jahre alt sind, also alle die, die vor dem 1. 10. ihren 16. Geburtstag hatten. Für ihre Beschäftigung bedarf es auch bei einem Stellungswechsel nicht mehr einer Untersuchung. Ein Einschreiten der Aufsichtsbehörde bei gesundheitswidriger Beschäftigung ist nur nach § 40 eventuell möglich.

Für die Jugendlichen, die am 1. 10. 1961 noch nicht 16 Jahre alt sind, gelten diese Vorschriften ebenfalls in vollem Umfang nicht bis zum 30. 9. 1962; dies aber nur, wenn sie am 1. 10. 61 bereits beschäftigt sind und bei demselben Arbeitgeber bleiben. Für sie tritt die ärztliche Betreuung erst am 1. 10. 62 in Kraft. Dann können sie aber nur weiter beschäftigt werden, wenn sie sich der ärztlichen Untersuchung unterzogen haben. Das gilt auch, wenn die Beschäftigung bei demselben Arbeitgeber fortgesetzt wird.

Wechselt aber ein Jugendlicher dieses Alters ab 1. 10. 1961 seine Stellung oder tritt er überhaupt erst zu diesem Zeitpunkt in das Berufsleben ein, so gilt dieser Abschnitt sofort.

Es kommt aber nur ein Stellungswechsel des Jugendlichen in Betracht. Eine Betriebs- oder Rechtsnachfolge, auch das Auswechseln bzw. die Übernahme in einen anderen Betrieb desselben Arbeitgebers fallen nicht darunter.

3. Der Aufsichtsbehörde ist es erlaubt, bis zum 30. 9. 1963 ganz oder teilweise Ausnahmen zu bewilligen. Es sind solche nach § 63. Sie können nur bis zu diesem Zeitpunkt befristet sein. Die Ausnahmebewilligungen sind nur für den einzelnen, nicht etwa für eine Gruppe von Jugendlichen in einem Betrieb zu erteilen. Sind doch die Auswirkungen auf die Gesundheit und die Entwicklung und die Notwendigkeit einer Untersuchung u. U. individuell verschieden zu beurteilen.

§ 53 Ermächtigungen[1])[5])

(1) Der Bundesminister für Arbeit und Sozialordnung wird ermächtigt, durch Rechtsverordnung mit Zustimmung des Bundesrates und, soweit besondere Regelungen für bergbauliche Betriebe getroffen werden, im Einvernehmen mit dem Bundesminister für Wirtschaft

1. **zur Herbeiführung einer gleichmäßigen und wirksamen gesundheitlichen Betreuung Vorschriften über die Durchführung der ärztlichen Untersuchungen und über die für die Aufzeichnungen der Untersuchungsbefunde, die Bescheinigungen und Mitteilungen zu verwendenden Vordrucke zu erlassen[2]).**
2. **zur Abwendung von Gesundheitsgefahren vorzuschreiben, daß Personen, die über 18, aber noch nicht 21 Jahre alt sind und die in einem Beschäftigungsverhältnis im Sinne des § 1 stehen, in bestimmten Arten von Betrieben oder mit bestimmten Arbeiten, die gesundheitsgefährlich sind, nur beschäftigt oder weiterbeschäftigt werden dürfen, wenn sie vorher ärztlich untersucht worden sind, und daß die Vorschriften dieses Abschnittes ganz oder teilweise auch auf diese ärztlichen Untersuchungen Anwendung finden[3]).**

(2) Die Landesregierungen können zur Vereinfachung der Abrechnung durch Rechtsverordnung Pauschbeträge für die Kosten der ärztlichen Untersuchung im Rahmen der geltenden Gebührenordnungen festsetzen[4])[5]).

1. Zur Vervollständigung der nur in den Grundzügen geregelten ärztlichen Betreuung bedarf es weiterer Vorschriften. Nach Art. 80 GG ist hier die Ermächtigung zum Erlaß von Rechtsverordnungen dem Bundesminister für Arbeit und den Länderregierungen eingeräumt. Die RechtsVO müssen sich in dem hier angegebenen Inhalt, Zweck und Ausmaß der Ermächtigung halten.

2. Es handelt sich um Gegenstände des § 46 (vgl. dort), für die schon im Hinblick auf eine einheitliche Beurteilung eine eventuelle Verwendung von Vordrucken angemessen ist.

3. Die hierdurch gegebene Ermächtigung ermöglicht die Einbeziehung der Personen bis zum 21. Lebensjahr in die ärztliche Betreuung. Es wird damit einer eventuellen Schutzbedürftigkeit dieser Personen Rechnung getragen, die auch schon in § 37 Abs. 2 Satz 3 und § 14 beachtet wird. Die vorgesehene Ausdehnung der Schutzvorschriften entspricht der Empfehlung der IAO.

4. Vgl. § 50. Die festzusetzenden Pauschbeträge entsprechen nicht ohne weiteres auch der Kostenschuld beim Arztvertrag.

5. Ein Zuwiderhandeln gegen Vorschriften, die auf Grund des § 53 Abs. 1 Nr. 2 ergangen, oder gegen Anordnungen, die auf Grund des § 53 erlassen sind, kann nach § 68 Ziff. 7 bzw. 9 geahndet werden, soweit eine ausdrückliche Verweisung auf die Bußgeldvorschriften vorgenommen wird.

SIEBENTER ABSCHNITT

Durchführung des Gesetzes

Erster Titel

Aushänge und Verzeichnisse

§ 54 Auslage des Gesetzes; Aushang über die Arbeitszeit[1])[4])

Wer regelmäßig mindestens einen Jugendlichen als Lehrling, Anlernling, Arbeiter, Angestellten, Praktikanten oder Volontär beschäftigt[1]), hat

1. **einen Abdruck dieses Gesetzes und der auf Grund dieses Gesetzes erlassenen Rechtsverordnungen, mit Ausnahme der in § 58 Abs. 2 genannten und der Vorschriften, die Wirtschaftszweige anderer Art betreffen, an geeigneter Stelle im Betrieb zur Einsicht auszulegen oder auszuhängen[1])[2]),**
2. **einen Aushang über Beginn und Ende der regelmäßigen täglichen Arbeitszeit und der Ruhepausen der Jugendlichen an sichtbarer Stelle im Betrieb anzubringen[2])[4]).**

1. Gleich dem JSchG 38 und anderen Arbeitsschutzgesetzen ist die Pflicht zur Auslegung des Gesetzes und zum Aushang über die Arbeitszeit statuiert. Es handelt sich dabei nicht etwa um ein Schutzgesetz i. S. von § 823 Abs. 2 BGB, sondern um eine reine Ordnungsvorschrift (ebenso Schulte-Langforth § 54 Anm. 5, vgl. auch Nipperdey-Staudinger Vorb. 25 zu § 617). Deren Durchführung soll durch die Androhung in § 68 Ziff. 6 gesichert werden und ist nicht damit ein „Schutz des Jugendlichen bezweckt".

2. Schon bei Beschäftigung nur eines Jugendlichen ist diese Pflicht zu erfüllen, aber nur wenn er i. S. von § 1 Ziff. 1, also als Arbeitnehmer beschäftigt wird. Diese Verpflichtung entfällt, wenn die Sondervorschrift des § 57 Platz greift (vgl. dort). Ebenso bedarf es nicht des Aushanges, wenn die Beschäftigung durch eine Privatperson erfolgt, da nur in dem „Betrieb" ein solcher Aushang anzubringen ist (ebenso Schulte-Langforth a. a. O.).

3. Über die Art und Weise des Aushanges oder das Auslegen des Gesetzes kommen die sonst geltenden Grundsätze in Betracht. „Geeignet" ist eine Stelle, wenn sie den Personenkreis, hier also den Jugendlichen, jederzeit zugänglich ist. Deshalb ist in besonderen Betriebsabteilungen (Lehrwerkstätten) in diesen ein Aushang anzubringen und genügt nicht etwa der im Hauptbetrieb, den der Jugendliche nicht betritt.

4. Verstoß gegen die Pflicht des § 54 wird als Ordnungswidrigkeit geahndet (§ 68 Nr. 6).

§ 55 Verzeichnis der Jugendlichen[1])[4])

Der Arbeitgeber ist verpflichtet, ein Verzeichnis der jugendlichen Lehrlinge, Anlernlinge, Arbeiter, Angestellten, Praktikanten und Volontäre unter Angabe von Namen, Vornamen, Tag und Jahr der Geburt, Wohnort und Wohnung zu führen und darin zu vermerken[2])[4])

1. Tag des Beginns der Beschäftigung des Jugendlichen[3]),

2. den gewährten Urlaub.

1. Ein solches Verzeichnis war schon nach § 23 JSchG 38 zu führen. Diese Pflicht trifft jeden Arbeitgeber, der einen Jugendlichen gemäß § 1 Ziff. 1, also als „Arbeitnehmer", beschäftigt.

Es bestehen davon folgende Ausnahmen: Sie gilt nicht bei Beschäftigung verwandter Jugendlicher (über den Begriff vgl. § 70). Werden zugleich auch nichtverwandte Jugendliche beschäftigt, so ist lediglich für sie das Verzeichnis zu führen. Die verwandten Jugendlichen brauchen nicht aufgeführt zu werden.

Ebenso bedarf es nicht der Führung des Verzeichnisses, soweit § 57 Platz greift (vgl. dort).

2. Für die Eintragung gelten folgende Grundsätze:

Der Arbeitgeber ist zwar nicht verpflichtet, die Eintragungen, wie nach § 56 unverzüglich vorzunehmen. Sie müssen aber in angemessenen Abständen erfolgen. Es darf nicht wochenlang mit der Eintragung gewartet werden. Die Eintragungen müssen stets lesbar, vollständig und wahrheitsgemäß sein. Eines Aushanges bedarf es nicht. Er kann aber erfolgen. Durch Rechtsverordnung kann der Aushang angeordnet werden. Geschieht das nicht, so ist das Verzeichnis so aufzubewahren, daß es während der Arbeitszeit ohne besonderen Umstände eingesehen werden kann. Betriebs- bzw. Personalvertretungen haben ein Recht zur Einsichtnahme (§ 58).

Ebenfalls durch Rechtsverordnung kann eine einheitliche Form für das Verzeichnis vorgeschrieben und eine Verbindung der Verzeichnisse nach §§ 55, 56 angeordnet werden.

Es kann zur Vereinfachung auch die Führung einer Kartei gestattet werden (§ 58 Abs. 2).

Ist das Verzeichnis versandt, so ruht das Recht zur Einsichtnahme. Zur Führung eines Duplikats besteht keine Verpflichtung. Die Aufbewahrung richtet sich nach § 59. Die Frist beträgt 2 Jahre nach der letzten Eintragung.

3. Gemeint ist der Tag der tatsächlichen Aufnahme der Beschäftigung, nicht etwa der Zeitpunkt des Vertragsabschlusses.

Durch die Eintragung des gewährten Urlaubs soll der Aufsichtsbehörde die Pflicht zur Überwachung der Einhaltung der Urlaubsvorschriften erleichtert werden. Es ist deshalb ein Vermerk über ein vom früheren Arbeitgeber erlangten Urlaubsanspruch zweckmäßig, soweit er für eine Anrechnung in Betracht kommt.

Weil die Anzahl der Urlaubstage sich verlängern kann, wenn der Urlaub nicht während der Berufsschulferien gegeben wird, ist die Angabe erforderlich, in welcher Zeit der Jugendliche Urlaub erhalten hat.

4. Verstoß gegen § 55 wird nach § 68 Nr. 6 als Ordnungswidrigkeit geahndet.

§ 56 Sonstige Verzeichnisse[1])[4])

Wer einen Jugendlichen als Lehrling, Anlernling, Arbeiter, Angestellten, Praktikanten oder Volontär beschäftigt, ist verpflichtet[2]), ein Verzeichnis der an Samstagnachmittagen nach § 17 Abs. 2 sowie an Sonn- und Feiertagen nach § 18 Abs. 2 und 3 und § 36 Nr. 6 beschäftigten Jugendlichen zu führen und bei jedem die ihm nach § 17 Abs. 4, § 18 Abs. 4 und § 36 Nr. 6 gewährten Freizeiten unverzüglich zu vermerken[3])[4]).

1. Dieses Verzeichnis soll eine leichtere Kontrolle darüber ermöglichen, daß diejenigen Arbeitgeber, die ausnahmsweise Jugendliche teilweise an Samstagen und am 24. und 31. 12. nach 14.00 Uhr (§ 17 Abs. 2) sowie an Sonn- und Feiertagen (§ 18 Abs. 2 und 3, § 36 Nr. 6) beschäftigen dürfen, die dem Jugendlichen zustehenden Ersatzfreiheiten gewährt haben.

Ein Einsichtsrecht haben sowohl der Jugendliche als auch der Betriebs- oder Personalrat (§ 58 Abs. 1) sowie die Aufsichtsbehörde (§ 59 Abs. 1 Nr. 2).

2. Bei mehrschichtigen Betrieben braucht das Verzeichnis nicht hinsichtlich der Beschäftigung an Samstagnachmittagen geführt zu werden, denn die Vorschrift des § 17 Abs. 2 gilt hier nach § 16 Abs. 4 nicht. Der unter 1 dargelegte Zweck der Vorschrift erfordert daher keine Eintragungen.

Neben der Pflicht, nach dieser Vorschrift die Beschäftigung von Jugendlichen an Sonn- und Feiertagen zu vermerken, besteht außerdem die Pflicht, über die erteilte Ausnahmegenehmigung nach § 63 Abs. 3 einen Aushang anzubringen.

3. „Unverzüglich" heißt nach der gesetzlichen Definition des § 121 BGB ohne schuldhaftes Zögern. Die Eintragungen sind daher in der Regel vollständig an den nach den Ereignissen liegenden Arbeitstagen vorzunehmen.

Hinsichtlich der Form, der Verbindung des Verzeichnisses sowie einer sonstigen Methode der Ausführung des Verzeichnisses vgl. Anm. 2 zu § 55; ebenso in bezug auf den Ort der Aufbewahrung.

4. Verstöße gegen die Pflicht zur Führung des Verzeichnisses werden als Ordnungswidrigkeit nach § 68 Abs. 1 Nr. 6 geahndet.

§ 57 Sondervorschriften für Familienhaushalte und landwirtschaftliche Betriebe[1])[5])

(1) Statt der in §§ 54 bis 56 vorgeschriebenen Aushänge und Verzeichnisse sind für die im Familienhaushalt mit hauswirtschaftlichen Arbeiten beschäftigten Jugendlichen in einem Verzeichnis, gesondert für jeden Jugendlichen, zu vermerken[2])

1. Name, Vorname, Tag und Jahr der Geburt, Wohnort und Wohnung,

2. Tag des Beginns der Beschäftigung,

3. Beginn und Ende der regelmäßigen täglichen Arbeitszeit,

4. der gewährte Urlaub.

(2) Die Vorschriften des Absatzes 1 gelten auch für Betriebe und Haushalte der in § 29 genannten Art, in denen regelmäßig nicht mehr als fünf Arbeitnehmer beschäftigt werden[3]).

(3) Wer Jugendliche im Familienhaushalt mit hauswirtschaftlichen Arbeiten beschäftigen will, hat dies bei Beginn der Beschäftigung der Aufsichtsbehörde schriftlich anzuzeigen[4])[5]).

1. Diese Vorschrift gibt eine Sonderregelung für Familienhaushalte und Kleinbetriebe, sowie Haushalte der in § 29 genannten Art. Sie entbindet den Arbeitgeber von der ihn sonst nach §§ 54 — 56 treffenden Pflicht bestimmte Verzeichnisse zu führen, das Gesetz und gewisse Rechtsverordnungen auszulegen oder auszuhängen sowie einen Arbeitszeitaushang anzubringen. Hier hat der Arbeitgeber nur ein Verzeichnis nach Ziff. 1 bis 4 zu führen und eventuell der Aufsichtsbehörde den Beginn der tatsächlichen Arbeitsaufnahme schriftlich anzuzeigen.

2. Für die Eintragung und Führung des Verzeichnisses gelten die sonstigen Grundsätze (vgl. dazu § 55 Anm. 2).

Hinsichtlich des Rechts zur Einsichtnahme der Jugendlichen sowie der Arbeitnehmervertretung (vgl. § 58 Abs. 1). Wegen des Rechts der Aufsichtsbehörde das Verzeichnis vorgelegt bzw. eingesandt zu bekommen (vgl. § 59 Abs. 1 Nr. 2).

3. Bei Betrieben und Haushalten i. S. des § 29 gelten die Erleichterungen des § 57 nur, wenn regelmäßig nicht mehr als fünf Arbeitnehmer beschäftigt werden. Bei der Berechnung der Zahl der Arbeitnehmer sind Erwachsene und Jugendliche zusammenzurechnen. Auch der Lehrling zählt als Arbeitnehmer (ebenso Schulte-Langforth § 57 Anm. 4; a. A. Thumser § 57 Anm. 8). Es liegt hier kein Anlaß vor, zwischen jugendlichen Lehrlingen oder jugendlichen Hilfsarbeitern, der zweifellos Arbeitnehmer ist, zu unterscheiden, da nur die Größe des Betriebes fixiert werden soll. Daß nur erwachsene Arbeitnehmer für die Größe des Betriebes maßgebend sein sollen, ist nicht zu erkennen und würde bei größerer Anzahl der Jugendlichen dem Sinn dieser Vorschrift „Vereinfachung der Führung des Verzeichnisses für Kleinbetriebe" widersprechen.

Erst wenn die Anzahl der regelmäßig beschäftigten Arbeitnehmer über 5 steigt, der Betrieb also größer wird, sind nunmehr sämtliche Verzeichnisse (§ 54—56) zu führen.

4. Nur die Beschäftigung im Familienhaushalt ist anzuzeigen, um der Aufsichtsbehörde eine Kontrolle zu ermöglichen, da sie sonst u. U. keine Kenntnis von der Beschäftigung eines Jugendlichen erlangt.

Bei Beschäftigung im landwirtschaftlichen Familienhaushalt i. S. des § 29 Ziff. 2 gilt die Anzeigepflicht nicht. Wohl aber, wenn der Jugendliche ausschließlich im Privathaushalt der dort angeführten Betriebe beschäftigt wird.

5. Verstoß gegen die Pflicht zur ordnungsmäßigen Führung des Verzeichnisses oder die zur Mitteilung der Beschäftigung von Jugendlichen wird als Ordnungswidrigkeit nach § 68 Nr. 6 geahndet.

§ 58 Einsicht in die Verzeichnisse; einheitliche Form[1][4])

(1) Den beteiligten Jugendlichen sowie der Betriebs- oder Personalvertretung ist auf Verlangen Einsicht in die Verzeichnisse nach §§ 55, 56 und 57 Abs. 1 und 2 zugewähren[1])[2]).

(2) Die Landesregierungen können durch Rechtsverordnung allgemein oder für einzelne Arten von Betrieben oder Arbeiten eine einheitliche Form für die Verzeichnisse vorschreiben und die Verbindung der Verzeichnisse nach §§ 55 und 56 untereinander oder mit dem Aushang nach § 54 Nr. 2 anordnen. Sie können zulassen, daß statt der Verzeichnisse Karteien geführt werden und daß die Eintragungen in den Lohnlisten oder der Lohnkartei gemacht werden[3])[4]).

1. Die beteiligten Jugendlichen haben einen Anspruch darauf, die Verzeichnisse nach §§ 55, 56, 57 Abs. 1 und 2 einzusehen. Ist ein Jugendlicher nicht in ein bestimmtes Verzeichnis aufzunehmen, so ist er nicht beteiligt und hat demzufolge das Recht nicht. Denkbar ist dieser Fall z. B. bei wechselschichtig arbeitenden Betrieben, wo der an Samstagen nach 14.00 Uhr beschäftigte Jugendliche nicht in das nach § 56 zu erstellende Verzeichnis aufgenommen zu werden braucht; ebenso, wenn der Jugendliche nicht auf Grund der Vorschriften der §§ 17 Abs. 2, 18 Abs. 2 und 3 und 36 Nr. 6 beschäftigt wird.

Die dem Arbeitgeber auferlegte öffentlich-rechtliche Pflicht zur Einsichtnahme gibt dem Jugendlichen zugleich einen privatrechtlichen Anspruch, wie aus § 6 folgt.

2. Das gleiche Recht auf Einsichtnahme hat die Betriebs- bzw. Personalvertretung. Eines besonderen Grundes oder Anlasses bedarf es nicht.

Die Vorschrift ist eine Ergänzung zu § 54 Abs. 1b Betriebsverfassungsgesetz und zu § 57 Abs. 1b Personalvertretungsgesetz. Nach diesen Bestimmungen hat der Betriebs- bzw. der Personalrat über die Beachtung der zugunsten der Beschäftigten erlassenen Gesetze und Verordnungen zu wachen. In § 54 Abs. 2 Betriebsverfassungsgesetz und § 57 Abs. 2 Personalvertretungsgesetz ist bereits das Recht des Betriebs- bzw. Personalrates verankert, die zur Überwachungstätigkeit erforderlichen Unterlagen (Gesetze, Verordnungen) einzusehen.

Zweifelhaft ist, ob die Jugendvertretung ein eigenes Recht auf Einsichtnahme besitzt. Der Bundestagsausschuß für Familien- und Jugendfragen hat das bejaht. Er meint, die Begriffe „Betriebs- bzw. Personalvertretung“ seien umfassender als „Betriebs- bzw. Personalrat“. Dem dürfte zuzustimmen sein, denn der Jugendvertreter gehört zur Betriebs- bzw. Personalvertretung. Daß er kein eigenes Stimmrecht im Betriebs- bzw. Personalrat hat, hindert nicht.

Das Recht auf Einsichtnahme ruht, wenn und solange die Aufsichtsbehörde die Verzeichnisse angefordert hat.

3. Durch RechtsVO kann eine bestimmte Form für die Verzeichnisse nach §§ 55 und 56 vorgeschrieben werden. Gleichzeitig kann angeordnet werden, daß die Verzeichnisse untereinander oder mit dem Aushang über die tägliche Arbeitszeit verbunden werden.

Die RechtsVO selber braucht nicht ausgehängt oder ausgelegt zu werden (§ 54 Abs. 1 Nr. 1).

Eine Pflicht, statt der Verzeichnisse Karteien zu führen oder die Eintragungen in Lohnlisten oder der Lohnkartei vorzunehmen, kann durch RechtsVO nicht auferlegt werden. Dem Arbeitgeber kann hierdurch nur ein Wahlrecht eingeräumt werden.

4. Wird eine RechtsVO erlassen und verstößt der Arbeitgeber hiergegen vorsätzlich oder fahrlässig, so handelt er ordnungswidrig und kann — sofern in der RechtsVO auf die Bußgeldbestimmungen verwiesen wird —, mit einer Buße belegt werden (vgl. § 68 Nr. 7).

Das gleiche gilt, wenn er gegen eine Anordnung der Aufsichtsbehörde verstößt, die diese auf Grund einer erlassenen RechtsVO nach § 58 Abs. 2 trifft und die RechtsVO auf die Bußgeldvorschriften des § 68 Nr. 9 Bezug nimmt.

Nach § 68 Nr. 6 wird Verletzung der Pflichten des Abs. 1 geahndet.

§ 59 Auskunft; Vorlage der Verzeichnisse[1])[4])

(1) Der Arbeitgeber ist verpflichtet, der Aufsichtsbehörde auf Verlangen[2])

1. die zur Erfüllung der Aufgaben dieser Behörde erforderlichen Angaben wahrheitsgemäß und vollständig zu machen,

2. die Verzeichnisse gemäß §§ 55 bis 57, die Unterlagen, aus denen Namen, Beschäftigungsart und -zeiten der Jugendlichen sowie Lohn- und Gehaltszahlungen ersichtlich sind, und alle sonstigen Unterlagen, die sich auf die nach Nummer 1 zu machenden Angaben beziehen, zur Einsicht vorzulegen oder einzusenden.

(2) Die Verzeichnisse und Unterlagen sind mindestens bis zum Ablauf von zwei Jahren nach der letzten Eintragung aufzubewahren[3])[4]).

1. Die hier normierte Auskunftspflicht betrifft Umstände, die nicht in den Aufzeichnungen enthalten sind, sonst kann der Arbeitgeber auf diese verweisen. Seine Auskunft muß zwar wahrheitsgemäß und vollständig sein, sie braucht aber nur nach bestem Wissen zu erfolgen. Dabei hat er evtl. Zweifel mitzuteilen, damit die Auskunft vollständig ist.

2. Die Aufsichtsbehörde entscheidet nach eigenem Ermessen, ob sie die Verzeichnisse und Unterlagen im Betrieb einsehen oder sich einsenden lassen will. Im allgemeinen hat sie von einer Übersendung abzusehen, führt sie doch zu betrieblichen Erschwernissen bei der Eintragung. Es wird auch das Recht des Jugendlichen und der Betriebs- bzw. Personalvertretung auf Einsichtnahme unnötig beschränkt. Die Einsicht wird daher in der Regel bei den Revisionen vorzunehmen sein.

Nur hinsichtlich der vorhandenen Unterlagen besteht dieses Recht der Aufsichtsbehörde. Der Arbeitgeber braucht nicht etwa besondere Unterlagen zu beschaffen, selbst wenn sie für die Kontrolle nützlich wären (so amtl. Begründung; vgl. Anh. 10). Die Kosten der notwendigen Übersendung hat der Arbeitgeber zu tragen.

3. Die Dauer der Aufbewahrungspflicht rechnet von der letzten Eintragung an. Die Berechtigten können an sich noch solange die Aufbewahrungspflicht besteht, die Einsichtnahme verlangen (§ 58). Nach Beendigung des Arbeitsverhältnisses ist dafür ein besonderes Interesse zu verlangen, daß das Verlangen rechtfertigt, sonst ist es als rechtsmißbräuchlich abzulehnen.

4. Verstoß gegen die Vorschriften des § 59 wird als Ordnungswidrigkeit geahndet.

Zweiter Titel

Aufsicht

§ 60 Aufsichtsbehörden[1])

(1) Die Aufsicht über die Ausführung der Vorschriften dieses Gesetzes und der auf Grund dieses Gesetzes erlassenen Vorschriften obliegt den von den Landesregierungen bestimmten Behörden (Aufsichtsbehörden). Die Landesregierungen können durch Rechtsverordnung die Aufsicht über die Ausführung der für die Beschäftigung in Familienhaushalten geltenden Vorschriften auf gelegentliche Revisionen[6]) beschränken[2]).

(2) Die Aufsichtsbehörden haben dieselben Befugnisse und Obliegenheiten wie nach § 139b der Gewerbeordnung die dort genannten besonderen Beamten[3]). Das Grundrecht der Unverletzlichkeit der Wohnung (Artikel 13 des Grundgesetzes) wird insoweit eingeschränkt[4])[5])[6]).

1. Nach Art. 83 GG führen die Länder ein Bundesgesetz als eigene Angelegenheit aus. Sie regeln daher nach Art. 84 GG die Einrichtung der Behörden und der Verwaltungsverfahren, soweit im Gesetz nichts anderes bestimmt ist. Inzwischen sind in den einzelnen Ländern die Aufsichtsbehörden bestimmt (vgl. Übersicht Anh. 12). In den VOen ist auch die sachliche und örtliche Zuständigkeit niedergelegt.

Die Art und Weise der Durchführung der Aufsicht ist durch Verwaltungsvorschriften zu regeln, in denen auch die Anhörung anderer Behörden vorgeschrieben sein wird.

Das Aufsichtsrecht betrifft alle Betriebe und einzelne Personen, auf die das Gesetz Anwendung findet.

Dem Gegenstand nach erfährt es eine Begrenzung aus den Vorschriften des Gesetzes. Es soll sich zwar generell auf die Ausführung der Vorschriften des Gesetzes erstrecken. — Dazu gehören weiterhin die auf Grund des Gesetzes erlassenen Vorschriften und die von der Aufsichtsbehörde selbst erlassenen Anordnungen und Verfügungen. — Für eine Aufsicht kommen aber nur die öffentlich-rechtlichen Pflichten in Betracht. Lediglich bei ihnen besteht ein Subordinationsverhältnis, das allein zur Aufsicht berechtigt. Die Erfüllung der Zahlungspflichten und sonstiger bürgerlich-rechtlicher Ansprüche gehört nicht dazu (a. A. Schulte-Langforth § 60 Anm. 1). Anderes folgt auch nicht etwa aus der Pflicht des § 59, die Lohn- und Gehaltslisten vorzulegen. Besteht diese doch nur, damit die Innehaltung der Vorschriften über die Arbeitszeit (verbotene Akkordarbeit usw,) überprüft werden kann (vgl. auch OLG Düsseldorf Gew.Arch. 27, 447).

2. Auch von dieser Ermächtigung ist Gebrauch gemacht worden (vgl. Anh. 12).

3. Die Befugnisse und Obliegenheiten nach § 139b GewO betreffen:

a) das Recht zur jederzeitigen Revision der Anlagen eines Betriebes, auch während der Nachtzeit. Es bedurfte dazu der Einschränkung des Grundrechts des Art. 13 (Art. 19 GG),
b) die Pflicht zur Geheimhaltung über die amtlich zur Kenntnis gelangenden Geschäfts- und Betriebsverhältnisse (§ 139b Abs. 1),
c) die Pflicht zur Erstattung von Jahresberichten über die amtliche Tätigkeit (§ 139 Abs. 3),
d) die Pflicht zur Sammlung von statistischem Material (§ 139b Abs. 5).

Dazu kommen die Befugnisse nach dem vorliegenden Gesetz, also vornehmlich die Erteilung von Ausnahmebewilligungen (z. B. nach §§ 8, 11, 14 usw.) und von Anordnungen (z. B. nach § 37 Abs. 3, § 39 Abs. 3 und § 48), ferner die sonst noch ausdrücklich erwähnten Befugnisse (z. B. § 71, 3) und die Annahme und Verfolgung von Anzeigen und Verstößen.

Für die Ausübung dieser Tätigkeit stehen der Aufsichtsbehörde polizeiliche Befugnisse zu (§ 139b Abs. 1 GewO). Ihr Umfang ergibt sich vornehmlich aus den Landesgesetzen. Die Aufsichtsbehörde ist berechtigt, polizeiliche Auflagen zu erlassen. Die Ausübung eines unmittelbaren Zwanges ist dem Polizeivollzugsdienst vorbehalten. Zudem werden ihm im allgemeinen erst einmal Vorstellungen der Aufsichtsbehörde vorangehen.

4. Gegen die Verfügungen der Aufsichtsbehörde, die als polizeiliche gelten, ist, soweit nicht im Wege der Dienstaufsichtsbeschwerde abgeholfen wird, der Rechtsweg zulässig (vgl. auch Art. 19 Abs. 4 GG). Er richtet sich nach dem VwGO.

Es kann die Aufhebung des Verwaltungsaktes aber auch die Verurteilung zur Erteilung eines abgelehnten Verwaltungsaktes begehrt werden (§ 42 VwGO). Ebenso kann im Wege der Feststellungsklage eine evtl. Nichtigkeit des Verwaltungsaktes geltend gemacht werden (§ 43) aber nur wenn ein Interesse daran besteht, was bei den hier denkbaren Möglichkeiten kaum der Fall sein dürfte.

Der Verwaltungsakt hat die Belehrung über einen Rechtsbehelf zu enthalten (§ 59 VwGO).

Im allgemeinen wird aber der Klageweg nicht erforderlich sein. Die Rechtmäßigkeit und Zweckmäßigkeit des Verwaltungsaktes sind ohnehin im Vorverfahren nachzuprüfen (§ 68), was lediglich bei einem von der obersten Landesbehörde erteilten Verwaltungsakt nicht erforderlich ist.

Wesentlicher Gegenstand einer Prüfung sind vornehmlich nur die sog. Ermessensüberschreitung und der sog. Ermessensfehlgebrauch.

Nur eine willkürliche Ermessensausübung, insbesondere die Verletzung des Grundsatzes „der Gleichheit aller vor dem Gesetz" und ein Handeln aus zweckfremden und somit unsachlichen Beweggründen könnte dabei von Bedeutung sein. Im Wege der Dienstaufsichtsbeschwerde werden aber solche Umstände in der Regel beseitigt werden können.

5. Für Bußgeldfestsetzungen, die von der Aufsichtsbehörde herbeizuführen und im Rahmen der Ermächtigung des § 73 OwiG selbst zu erlassen sind, ist der Rechtsweg nach dem Gesetz über Ordnungswidrigkeiten vom 25. 3. 1952 i. d. F. vom 26. 7. 1957 (BGBl. 52, 117 und 57 I 801 und II 713) zulässig. Dabei steht der Verwaltungsbehörde das Recht zu, Ermittlungen vorzunehmen, Zeugen und Sachverständige zu vernehmen. Sie kann diese Vernehmung aber auch durch die Polizei herbeiführen (§ 35 OwiG). Ihr steht das Einsichtsrecht zur Erlangung von Beweismitteln nach § 36 zu; z. B. wenn die Verzeichnisse, die die Arbeitszeit betreffen, zu Dritten verbracht sind, kann sie sie dort einsehen.

Im übrigen steht der Aufsichtsbehörde zur Durchführung ihrer Aufgaben die Amtshilfe anderer Behörden, insbesondere der Polizei, zur Verfügung (vgl. den Grundsatz Art. 35 GG; ferner § 35 Abs. 2 und 3 OwiG).

6. Hinsichtlich der Revisionen, die vornehmlich die Aufsicht über die Durchführung des Gesetzes ermöglichen, kommen noch folgende zu § 139b entwickelte Grundsätze in Betracht (vgl. auch Rohlfing-Kiskalt § 139b Anm. 7).

Wenn eine Revision auch in der Nacht erfolgen kann, so ist doch vorauszusetzen, daß der Betrieb noch zu dieser Zeit arbeitet (KG in Reger Bd. 20, 187). In einem stillgelegten Betrieb sind Revisionen zwecklos, so daß auch am Sonntag eine Revision nicht ohne weiteres zulässig ist (OLG Darmstadt Gew.Arch. 27, 614). Sie hat in der Regel während der Betriebszeit zu erfolgen. Das ist nicht etwa nur die Arbeitszeit, sondern es gehören auch die Arbeitspausen dazu (KG Gew.Arch. 26, 281). Außerhalb der Betriebszeit ist die Durchführung einer Revision nur im Rahmen von § 102ff. StPO zulässig, wenn der Verdacht einer strafbaren Handlung, also im wesentlichen einer solchen nach §§ 66, 67 besteht. Dann wird auch ein Betreten des Betriebes ohne Wissen des Arbeitgebers erlaubt sein. Sonst ist er zu unterrichten und wird bei der Revision anwesend sein, schon weil er von der Aufsichtsbehörde auch hinsichtlich der betrieblichen Gefahren beraten wird und diese erst im Wege einer gütlichen Vermittlung tätig zu sein hat.

§ 61 Entfernung Jugendlicher durch die Aufsichtsbehörde[1])

Werden Kinder oder Jugendliche entgegen §§ 7, 37, 39, 45 oder entgegen den auf § 37 gestützten Vorschriften und Anordnungen beschäftigt, so kann die Aufsichtsbehörde die Entfernung dieser Kinder oder Jugendlichen nach den landesrechtlichen Bestimmungen erzwingen. Die Grundrechte der Freiheit der Person (Artikel 2 Abs. 2 Satz 2 des Grundgesetzes) und der Unverletzlichkeit der Wohnung (Artikel 13 des Grundgesetzes) werden insoweit eingeschränkt.

1. Die Möglichkeit der zwangsweisen Entfernung bestand schon im Falle des § 106 GewO und § 81 HGB. Die Durchführung dieser Maßnahme richtet sich nach den landesrechtlichen Bestimmungen. Die Überprüfung im Verwaltungsgerichtsverfahren ist möglich (vgl. § 60 Anm. 3).

Entsprechend Art. 19 GG waren die angeführten Grundrechte einzuschränken.

Ob die zwangsweise Entfernung nur n a c h Durchführung eines Verfahrens gemäß § 66ff. dieses Gesetzes Platz greifen kann, wie es bei anderen Zwangsmaßnahmen dem Arbeitsschutzrecht entspricht, bleibt einer Regelung in Ausführungsbestimmungen vorbehalten. Für die Frage der Notwendigkeit des Verwaltungszwanges gibt § 25 AZO nebst Ausf.VO einen hinreichenden Anhaltspunkt.

Bei Beschäftigung verwandter Kinder und Jugendlicher entfallen Zwangsmaßnahmen (§ 71 Abs. 3 letzter Satz). Es kann nur die dort vorgesehene Mitteilung erfolgen.

§ 62 Ausnahmen aus Gründen des Gemeinwohls[1])

Die von den Landesregierungen bestimmten Behörden können weitergehende Ausnahmen von den Vorschriften dieses Gesetzes, als dieses Gesetz vorsieht, bewilligen, wenn es das Gemeinwohl dringend fordert[2]). Dies gilt nicht für §§ 16 und 31.

1. Befugt zur Bewilligung dieser Ausnahmen sind nur die besonders dazu bestimmten Behörden (vgl. Übersicht Anh. 12).

Die Befugnis erstreckt sich auf alle Vorschriften dieses Gesetzes (außer § 16 und § 31), gleich, ob in ihnen eine Ausnahmebewilligung vorgesehen ist oder nicht. Auch wenn bereits aus dringenden Gründen des Gemeinwohls eine Ausnahmebewilligung durch die Aufsichtsbehörde vorliegt (z. B. § 11 Abs. 1 Ziff. 2), kann eine weitergehende Ausnahmegenehmigung erteilt werden.

2. Hinsichtlich des Begriffes vgl. Anm. 5 zu § 11. Maßstab ist das, was volkswirtschaftlich vernünftig ist und nicht den einzelnen, sondern die Allgemeinheit betrifft, nicht etwa, wenn sonst lediglich der Betrieb beeinträchtigt wird (vgl. darüber § 11 Anm. 6). Es kommen aber auch sonstige volkswirtschaftliche Interessen, z. B. Außenhandel, in Betracht (vgl. auch Denecke § 8 Anm. 5).

Im übrigen muß aber das Bedürfnis für die gewünschte Ausnahme dringend, d. h. in anderer Weise als durch die Ausnahmebewilligung unabwendbar sein und diese auch erfordern.

Für die Bewilligung gilt § 63. Die Entscheidung der Behörde ist als Verwaltungsakt u. U. anfechtbar (vgl. § 60).

§ 63 Ausnahmebewilligungen[1])[5])

(1) Ausnahmen, zu deren Bewilligung die Behörden nach diesem Gesetz oder den auf Grund dieses Gesetzes erlassenen Vorschriften befugt sind, sind zu befristen[1]) und können mit Auflagen und Bedingungen verbunden werden[2]). Sie können jederzeit widerrufen werden.

(2) Ausnahmen können nur bewilligt werden für einzelne Beschäftigte, einzelne Betriebe oder einzelne Betriebsabteilungen[3]).

(3) Ist eine Ausnahme für einen Betrieb oder eine Betriebsabteilung bewilligt worden, so hat der Arbeitgeber hierüber an sichtbarer Stelle im Betrieb oder in der Betriebsabteilung einen Aushang anzubringen[4])[5]).

1. Die Ausnahmebewilligung ist zu befristen, gleich, auf Grund welcher Vorschrift sie ergeht. Ist das unterblieben, so ist die Frage, ob es sich um einen nichtigen oder nur fehlerhaften Verwaltungsakt handelt, davon abhängig, ob die Befristung derart zwingend ist, daß sie als ein Essential des Verwaltungsaktes zu betrachten ist. Das wird im allgemeinen zu verneinen sein. Ist die Befristung versehentlich unterblieben, was sich aus dem Antrag und dem ihm zugrunde liegenden Anlaß (z. B. Mehrarbeit, deren Dauer eventuell noch erkennbar ist) häufig ergeben wird, so ist er wohl fehlerhaft und unterliegt der Aufhebung, bleibt aber vorerst gültig. Anders, wenn erkennbar die Ausnahmebewilligung durch das Unterlassen der Befristung eine Genehmigung für die Dauer darstellt. Danach liegt eine Nichtbeachtung gesetzlicher Vorschriften vor, und sie ist nicht mehr von der Ermächtigung getragen (vgl. auch RAG ARS 7, 105 und 119 sowie Denecke § 8 Anm. 2).

2. Als Auflagen kommen nur solche Maßnahmen in Betracht, die unmittelbar dem Schutzzweck des Gesetzes und der jeweiligen Bestimmung entsprechen. Sie müssen in einem unmittelbaren Zusammenhang damit stehen und im Rahmen des Gesetzes liegen. So ist bei einer Arbeitszeitverlängerung wohl die Auflage einer Verlängerung der Pausen gerechtfertigt, ihre Anrechnung auf die Arbeitszeit widerspricht aber § 4. Anders, wenn sogenannte Kurzpausen, also solche unter 15 Minuten angeordnet werden, die ohnehin die Arbeitszeit nicht kürzen. Dann ist aber die Notwendigkeit solcher Pausen besonders zu prüfen, damit diese Anordnung gerechtfertigt ist und insbesondere in den Grenzen eines pflicht- und sachgemäßen Ermessens liegt.

Ein größerer Rahmen ist bei Bedingungen möglich. Liegt doch deren Erfüllung im Belieben des Arbeitgebers und ist lediglich davon die Durchführung der Ausnahmebewilligung abhängig. Es sind dabei auch Eingriffe in die private Rechtssphäre — die Übernahme privatrechtlicher Pflichten möglich, z. B. die Verpflichtung zur Gewährung von Mahlzeiten oder auch Anrechnung der Arbeitszeit auf die Pausen, sofern diese Bedingungen im Hinblick auf den Schutz des Jugendlichen notwendig sind und im Rahmen eines pflichtgemäßen Ermessens liegen.

3. Über die Ausnahmegenehmigung ist nach freiem, aber pflichtgemäßem Ermessen zu entscheiden. Die Entscheidung ist nach den Vorschriften des Vw.GO nachprüfbar (vgl. § 60). Das wird meist nur dann der Fall sein, wenn ein Ermessensfehlgebrauch oder eine willkürliche Ermessensausübung vorliegt. Dazu gehört aber auch bei einer Behörde der Verstoß gegen den Grundsatz der „Gleichheit aller vor dem Gesetz", so daß ohne sachlichen Grund ein Antrag bei gleichem Sachverhalt nicht anders behandelt werden darf als ein vorangehender oder späterer.

Ein subjektives Recht erlangt aber der Arbeitgeber durch die Ausnahmegenehmigung nicht; sie ist daher jederzeit widerruflich.

4. Die Ausnahmebewilligung darf nur für die hier angeführten Personen bzw. Betriebe erteilt werden. Für einen Wirtschaftszweig kann das nur durch RechtsVO geschehen. Eine generelle Erteilung durch die Aufsichtsbehörde wäre ein nichtiger Verwaltungsakt.

Ob sie dem Betrieb oder der Person zu erteilen ist, folgt aus der jeweiligen Bestimmung.

5. Die Verletzung dieser Pflicht wird als Ordnungswidrigkeit nach § 68 Nr. 6 geahndet.

Dritter Titel

Ausschüsse für Jugendarbeitsschutz

§ 64 Bildung der Ausschüsse[1])

(1) Bei der von der Landesregierung bestimmten obersten Landesbehörde wird ein Ausschuß für Jugendarbeitsschutz gebildet. Der Vorsitzende des Ausschusses wird von der obersten Landesbehörde bestimmt.

(2) Dem Ausschuß müssen mindestens angehören

1. **drei bis fünf Vertreter der Arbeitgeber und dieselbe Zahl von Vertretern der Arbeitnehmer; sie werden von den im Land wirkenden Arbeitgeberverbänden und Gewerkschaften vorgeschlagen und vom Vorsitzenden berufen,**
2. **je ein Vertreter eines Landesarbeitsamtes, eines Landesjugendamtes und der für das Gesundheitswesen zuständigen obersten Landesbehörde,**
3. **ein Arzt, ein Berufsschullehrer und ein Vertreter des Landesjugendringes; sie werden vom Vorsitzenden berufen.**

(3) Der Vorsitzende des Ausschusses kann weitere Mitglieder berufen. Mindestens zwei Mitglieder müssen Frauen sein.

1. Ein Ausschuß für Jugendarbeitsschutz bestand in Berlin, Niedersachsen und im Saarland. Seine Aufgabe war es, in allen Fragen des Jugendarbeitsschutzes beratend mitzuwirken. Ihm stand das Recht zu, von der Gewerbeaufsicht die Durchführung von Betriebskontrollen zu verlangen und dabei seine Hinzuziehung zu erwirken.

Hier wird die Zusammensetzung dieses Ausschusses geregelt. Mit ihm soll nach der amtl. Begründung ein weiteres Instrument geschaffen werden, um die zahlreichen Verstöße gegen den Jugendarbeitsschutz einzudämmen.

§ 65 Aufgaben der Ausschüsse[1])

(1) Der Ausschuß wirkt aufklärend über Sinn und Inhalt dieses Gesetzes.

(2) Die oberste Landesbehörde gibt in Angelegenheiten von besonderer Bedeutung dem Ausschuß Gelegenheit zur Stellungnahme[2]).

1. Ein unmittelbares Einwirkungs- oder Kontrollrecht wird dem Ausschuß nicht eingeräumt.

2. Eine Pflicht, den Ausschuß zu hören, besteht nicht. Vielmehr wird die oberste Landesbehörde schon von sich aus die besonderen Kenntnisse der Mitglieder nutzen.

ACHTER ABSCHNITT

Straftaten und Ordnungswidrigkeiten

Vorbemerkung: Zur Durchsetzung der öffentlich-rechtlichen Schutznormen hat sich das JSchG 38 mit einer Generalklausel begnügt, in der Strafvorschriften und Zwangsmaßnahmen angedroht waren. Nach § 24 JSchG 38 wird „ein Zuwiderhandeln gegen eine Vorschrift des Gesetzes oder einer dazu ergangenen VO bestraft“. Für besondere Fälle waren konkrete Tatbestände niedergelegt, für die zum Teil sogar Zuchthausstrafe vorgesehen war (§ 24 Abs. 3).

Demgegenüber hat das J.Arb.Sch.Ges. im Sinne einer Rechtsstaatlichkeit und zur Wahrung der Rechtssicherheit die zu ahndenden Verletzungstatbestände einzeln aufgeführt. Auch hinsichtlich des Maßes der Ahndung hat es eine dem jeweiligen Unrechtsgehalt angepaßte unterschiedliche Regelung getroffen. Es unterscheidet zwischen Straftaten und Ordnungswidrigkeiten.

Bei den Straftaten ist auch in schwereren Fällen eine dem Unrechtsgehalt kaum entsprechende Zuchthausstrafe nicht festgesetzt. Sie sind als Vergehen normiert. Bei den als Ordnungswidrigkeit gestalteten Tatbeständen wird unterschieden, ob sie unter qualifizierten Umständen erfolgen. Sie werden dann als Straftat geahndet. Nur die leichteren, gegen bloße Ordnungsvorschriften verstoßenden Handlungen, die den Jugendlichen selbst nicht beeinträchtigen, sind Ordnungswidrigkeiten. Hervorzuheben ist die Erhöhung der Geldbuße auf 5000 DM gegenüber 1000 DM nach § 5 OwiG.

Grundsätzlich richten sich die Straf- und Bußgelddrohungen gegen den Arbeitgeber im Sinne dieses Gesetzes (§ 3). Eine Ausnahme davon enthält § 69, nach dem die Ahndung eines Zuwiderhandelns des gesetzlichen Vertreters und des verantwortlichen Beauftragten möglich ist. Eine weitere Ausnahme ist in § 39 für den, der in verbotener Weise einen Jugendlichen beschäftigt oder beaufsichtigt, gegeben.

Für Jugendliche oder andere Personen sind Straf- oder Bußgeldandrohungen nicht vorgesehen, selbst wenn ihnen nach dem Gesetz gewisse Pflichten auferlegt sind.

Für eine Verfolgung gilt das Territorialitätsprinzip. Es können danach nur Verstöße gegen das Gesetz geahndet werden, die im Gebiet der Bundesrepublik begangen sind (vgl. Überblick § 1 Anm. 1).

Für eine Ahndung ist es ohne Belang, ob ein Einverständnis der verletzten Person oder des Sorgeberechtigten vorliegt. Das kann höchstens für bestimmte zivilrechtliche Ansprüche von Bedeutung sein, läßt aber die öffentlich-rechtlichen Pflichten nicht entfallen.

Weitere Strafvorschriften bestehen hinsichtlich der Verletzung von Beschäftigungsverboten und -beschränkungen, die auf Grund des § 20 Abs. 1 JSchG 38 ergangen sind, nach § 24 JSchG 38, der insoweit fortbesteht (vgl. Anm. 1 zu § 76 und Anh. 1a).

§ 66 Straftaten[1])

(1) Der Arbeitgeber, der vorsätzlich[2])

1. den Vorschriften der §§ 7, 8 Abs. 2 oder § 9 Abs. 1 oder 2 über die Beschäftigung von Kindern,

2. den Vorschriften des § 37 Abs. 1 über gefährliche Arbeiten oder des § 38 Abs. 1 über Akkord- und Fließarbeit,

3. den auf Grund des § 37 Abs. 2 Satz 1 oder 3 erlassenen Vorschriften, soweit die Vorschriften ausdrücklich auf diese Strafbestimmung verweisen,

zuwiderhandelt, wird mit Gefängnis bis zu einem Jahr und mit Geldstrafe oder mit einer dieser Strafen bestraft.

(2) Wer durch eine der in Absatz 1 bezeichneten Handlungen das Kind, den Jugendlichen oder im Falle des Absatzes 1 Nr. 3 die Person, die noch nicht 21 Jahre alt ist, gewissenlos in ihrer Arbeitskraft oder Gesundheit schwer gefährdet, wird mit Gefängnis nicht unter drei Monaten bestraft[3]).

(3) Wer eine der in Absatz 1 bezeichneten Handlungen fahrlässig begeht, wird mit Geldstrafe bestraft[4]).

1. Verstöße gegen die in dieser Vorschrift genannten Bestimmungen des Gesetzes werden als Straftaten, und zwar als Vergehen geahndet. Bei vorsätzlicher Verletzung der in Abs. 1 angeführten Vorschriften ist eine Bestrafung mit einem Jahr Gefängnis und mit einer Geldstrafe möglich. Das Gericht kann auch nur eine Strafe, entweder Gefängnis oder Geldstrafe, verhängen.

2. Zum Vorsatz gehört der direkte wie der indirekte Vorsatz. Unter direktem Vorsatz ist das bewußte Wollen aller Merkmale des äußeren Tatbestandes zu verstehen (vgl. RGSt. Band 58/249; 70/285). Der Täter muß also, um vorsätzlich zu handeln, den Tatbestand der strafbaren Handlung mit Wissen und Wollen verwirklichen. Er muß sich der Tatbestandsmerkmale bewußt sein und sie auch wollen.

Bedingter Vorsatz ist das Wollen des als nur möglich vorgestellten, aber auf Grund innerer Billigung in Kauf genommenen Erfolges. Der bedingte Vorsatz unterscheidet sich vom direkten Vorsatz durch die innere Einstellung des Täters. Das Vorstellungs- und Willensmoment muß daher bei dem bedingten Vorsatz selbständig festgestellt werden (vgl. RGSt. 33/6, 59/2, 65/192).

Irrt der Täter über Tatsachen, so wird der Vorsatz ausgeschlossen (§ 59 StGB). Der sogenannte Rechtsirrtum entschuldigt den Täter nur, wenn er unter Berücksichtigung seines Bildungsgrades, seiner Reife trotz gehöriger Anspannung seiner Sinne nicht in der Lage war, das Verbotene seines Tuns zu erkennen (vgl. BGHSt. 2/194, 4/1).

3. Abs. 2 enthält einen qualifizierten Tatbestand und setzt für ihn eine untere Strafgrenze fest. Der Täter muß mit Gefängnis von mindestens drei Monaten bestraft werden, wenn er das Kind, den Jugendlichen oder im Falle des Abs. 1 Nr. 3 die Person, die noch nicht 21 Jahre alt ist, gewissenlos in ihrer Arbeitskraft oder Gesundheit schwer gefährdet.

Diese Vorschrift ist dem § 24 Abs. 3 des JSchG 38 nachgebildet. Sie hat insoweit eine Erweiterung erfahren, als das Tatbestandsmerkmal Gesundheitsgefährdung hinzugefügt worden ist. Es wird also nicht nur die Leistungsfähigkeit des Jugendlichen, die sich als Arbeitskraft äußert, geschützt, sondern seine gesamte Entwicklung und Gesundheit.

Eine schwere Gefährdung der Arbeitskraft oder der Gesundheit kann sowohl durch Überanstrengung als auch durch eine in einer speziellen Tätigkeit besonders liegende Gefahr herbeigeführt werden. Die Überanstrengung kann durch übermäßige körperliche oder geistige Inanspruchnahme erfolgen, insbesondere durch die Notwendigkeit besonderer Konzentration auf Gefahren und sonstiges trotz eventuell leichter körperlicher Arbeit. In der Regel wird eine häufigere Beschäftigung mit Akkord- oder Fließarbeit sowie mit Nachtarbeit den äußeren Tatbestand der Vorschrift erfüllen. Einmalige Verstöße dürften nur in den seltensten Fällen ausreichen.

Zum inneren Tatbestand gehört, daß der Täter gewissenlos handelt. Erforderlich ist also ein grober Mangel an Pflichtgefühl. Das ist dann gegeben, wenn der Täter unter Hintansetzung der Belange der geschützten Personen aus eigennützigen und selbstsüchtigen Beweggründen handelt, was meist bei Gewinnsucht der Fall ist. Sie liegt vor, wenn der an sich berechtigte Erwerbssinn auf ein ungewöhnliches, ungesundes, sittlich anstößiges Maß gesteigert wird (vgl. RGSt. 60/307; OLG Braunschweig MDR 1947/136).

Eine Bestrafung wegen Verstoßes gegen Abs. 2 ist nur bei vorsätzlichem Handeln möglich. Der bedingte Vorsatz reicht aus.

4. Nach Abs. 3 macht sich auch derjenige strafbar, der fahrlässig gegen eine in Abs. 1 angeführte Vorschrift verstößt. Fahrlässigkeit ist die Außerachtlassung der vom Täter nach den Umständen und nach seinen persönlichen Verhältnissen zu erwartenden Sorgfalt, bei deren Anwendung er den Erfolg der Tat hätte voraussehen können. Erforderlich ist somit die Voraussicht oder Voraussehbarkeit des Erfolges und die Pflichtwidrigkeit der Willensbetätigung. Es ist Vergehen. Die mögliche Geldstrafe beträgt 5—10000 DM (§ 27 StGB).

§ 67 Ordnungswidrigkeiten[1])[5]) und Straftaten

(1) Ordnungswidrig handelt der Arbeitgeber, der vorsätzlich oder fahrlässig

1. den Vorschriften des § 5 Abs. 1, § 10 Abs. 1 bis 4 oder § 11 Abs. 1 über die Grenzen der Arbeitszeit, des § 13 Abs. 1 Satz 2 oder 3 über die Berufsschule, des § 14 Abs. 1 oder 2 über die Ruhepausen, des § 15 über die tägliche Freizeit, des § 16 Abs. 1 bis 4 über die Nachtruhe, des § 16 Abs. 5 Satz 4, § 17 Abs. 4 oder § 18 Abs. 4 über die sonstige Freizeit, des § 17 Abs. 1 oder 3 über den Frühschluß vor Sonntagen, des § 18 Abs. 1 oder 2 Satz 3 über die Sonntagsruhe oder des § 20 Abs. 2 Satz 1 über den Ausgleich für Mehrarbeit,

2. den Vorschriften des § 19 Abs. 1 Satz 1, Abs. 2 Sätze 1 bis 3 oder Abs. 4 Satz 2 oder 3 oder § 22 Nr. 1, 3 Satz 1 oder 3, Nr. 4 Satz 1 oder Nr. 5 über den Urlaub, soweit sie nicht die Vergütung betreffen,

3. den Vorschriften des § 24 über die Arbeitszeit, § 25 über die Ruhepausen, § 26 Satz 1 über den freien Nachmittag oder § 27 Abs. 1 oder 2 Satz 1 oder 2 über die Sonntagsruhe im Familienhaushalt,

4. den Vorschriften des § 30 über die Arbeitszeit, § 31 über die Nachtruhe, § 32 über den Frühschluß vor Sonntagen oder § 33 über die Sonntagsruhe in der Landwirtschaft,

5. den Vorschriften des § 36 Nr. 1, 3, 5 Satz 2 oder Nr. 6 Satz 2 über die Grenzen der Arbeitszeit, die tägliche Freizeit, den Frühschluß vor Sonntagen und die sonstige Freizeit in der Binnenschiffahrt,

6. den Vorschriften des § 44 über die Abgabe von Alkohol und Tabak an Kinder und Jugendliche,

7. einer Anordnung der Aufsichtsbehörde nach § 8 Abs. 3 Satz 2, § 14 Abs. 4 Satz 2, § 37 Abs. 3 oder § 42 Abs. 2

zuwiderhandelt[1]).

(2) Die Ordnungswidrigkeit kann, wenn sie vorsätzlich begangen ist, mit einer Geldbuße bis zu 5000 Deutsche Mark, wenn sie fahrlässig begangen ist, mit einer Geldbuße bis zu 1000 Deutsche Mark geahndet werden[2])[5]).

(3) Wer vorsätzlich eine der in Absatz 1 bezeichneten Handlungen begeht und dadurch das Kind oder den Jugendlichen in seiner Arbeitskraft oder Gesundheit gefährdet, wird mit Gefängnis bis zu einem Jahr und mit Geldstrafe oder mit einer dieser Strafen bestraft[3]). Ebenso wird bestraft, wer vorsätzlich die Tat aus Gewinn-

sucht begeht oder sie wiederholt, obwohl er durch die Aufsichtsbehörde wenigstens zweimal schriftlich aufgefordert worden war, sie zu unterlassen[4]).

(4) Wer in den Fällen des Absatzes 3 Satz 1 die Gefahr fahrlässig herbeiführt, wird mit Gefängnis bis zu drei Monaten oder mit Geldstrafe bestraft.

1. Grundsätzlich liegt eine Ordnungswidrigkeit vor, wenn der Arbeitgeber vorsätzlich oder fahrlässig gegen die in den Ziffern 1—7 aufgeführten Vorschriften oder gegen eine Anordnung der Aufsichtsbehörde verstößt.

Es kommt dafür aber nicht jede Anordnung der Aufsichtsbehörde in Betracht. Vielmehr muß sie nicht nur auf Grund der angeführten Paragraphen, sondern auch rechtmäßig ergangen sein. Auch wenn sie nicht im Verwaltungswege angefochten ist, ist ihre Rechtsmäßigkeit vor Erlaß des Bußgeldbescheides zu prüfen.

Die Ahndung solcher Verletzungen erfolgt nach dem Gesetz über Ordnungswidrigkeiten (OwiG). Vgl. darüber Anm. 5.

Bei diesen Ordnungswidrigkeiten handelt es sich nicht um kriminelles Unrecht. Es besteht auch kein Zwang zur Verfolgung, sei es durch Bußgeldbescheid oder Verwarnung. Sie verjähren nach 6 Monaten. Die Verjährung wird nach den Vorschriften des StGB unterbrochen (vgl. im übrigen Anm. 5).

Für jeden Fall der Zuwiderhandlung ist die Buße gesondert festzusetzen und kann jeweils den Höchstbetrag ausmachen (§ 16 OwiG).

2. Für die vorsätzliche, also mit Wissen und Wollen erfolgte Zuwiderhandlung gegen eine in diesem Absatz aufgeführte Vorschrift ist der Rahmen des möglichen Bußgeldes 5000 DM (sonst nur 2,— bis 1000,— DM; § 5 OwiG). Die Höhe des Betrages ist nach pflichtgemäßen Ermessen der Behörde festzusetzen, wobei Unrechtsgehalt und persönliche Umstände, auch die Art der Verletzung berücksichtigt werden müssen. Auch die Beachtung der wirtschaftlichen Lage gehört dazu.

3. Zur Straftat wird ein Verstoß gegen die Vorschriften des Abs. 1, wenn die Zuwiderhandlung zugleich das Kind, den Jugendlichen in seiner Arbeitskraft oder Gesundheit gefährdet. Hier ist schon die Gefährdung ausreichend und nicht wie nach § 66 Abs. 2 eine schwere Gefährdung erforderlich.

Der Täter muß aber vorsätzlich handeln. Auch hier reicht der bedingte Vorsatz aus. Er muß sich auf den Verstoß gegen eine Bestimmung des Abs. 1 und auf die Gefahr, also ein Wissen darum, erstrecken.

Wird dagegen die Gefahr nur fahrlässig herbeigeführt — war sie voraussehbar, kann bedingter Vorsatz vorliegen —, so ist ein solches Tun nach Abs. 4 zu bestrafen.

4. Ebenso ist eine Straftat, wenn die Tat vorsätzlich aus Gewinnsucht begangen wird. Gewinnsucht liegt vor, wenn der Erwerbssinn auf ein ungesundes, sittlich anstößiges Maß gesteigert wird (vgl. Anm. 3 zu § 66).

Ebenfalls als Straftat zu verfolgen ist die wiederholte Zuwiderhandlung trotz Aufforderung zum Unterlassen seitens der Aufsichtsbehörde. Liegt eine zweimalige Aufforderung vor, dann genügt ein erneutes Zuwiderhandeln. Voraussetzung ist aber, daß die Aufforderung in beiden Fällen schriftlich ergangen ist. Sie muß auch denselben Verstoß zum Gegenstand haben. Betreffen die Aufforderungen tatbestandsmäßig verschiedene Zuwiderhandlungen, so liegen keine zwei Aufforderungen bezüglich dieses Verstoßes vor.

Bei Zuwiderhandlungen gegen Abs. 3 beträgt die Höchststrafe ein Jahr Gefängnis nebst Geldstrafe. Zulässig ist auch der Ausspruch nur einer dieser Strafen.

5. Die Ahndung von Ordnungswidrigkeiten erfolgt nach dem Gesetz über Ordnungswidrigkeiten, und zwar vornehmlich durch Erlaß des Bußgeldbescheides, für dessen Erteilung die Verwaltungsbehörde (§ 48 OwiG) sachlich zuständig ist.

Zu seiner Unterzeichnung ist nur der Leiter der Verwaltungsbehörde, sein allgemein bestellter Vertreter oder ein Verwaltungsangehöriger, der die Befähigung zum Richteramt oder zum höheren Verwaltungsdienst besitzt, befugt (§ 48 Abs. 1 Satz 2 OwiG). Die örtliche Zuständigkeit richtet sich nach § 51 OwiG. Danach ist zuständig die Verwaltungsbehörde, in deren Bezirk der Betroffene seinen Wohnsitz hat, bei Begehen der Ordnungswidrigkeiten in einem Betrieb die Verwaltungsbehörde, die für den Sitz des Betriebes oder des Zweigbetriebes zuständig ist.

Der Bußgeldbescheid ist zu begründen und dem Betroffenen wie der Staatsanwaltschaft zuzustellen. Der notwendige Mindestinhalt der Begründung besteht in der Angabe der festgestellten Ordnungswidrigkeit, der verletzten Rechtsvorschriften und der Beweismittel. Ferner muß der zulässige Rechtsbehelf mitgeteilt werden und auf die Möglichkeit der gerichtlichen Zuständigkeitsprüfung hingewiesen werden. Fehlt jegliche Begründung oder der notwendige Mindestinhalt, so ist der Bußgeldbescheid nach § 55 Abs. 5 OwiG aufzuheben, „sofern er auf der Gesetzesverletzung beruht". Bei Zweifeln ist das zugunsten des Betroffenen anzunehmen (vgl. Rotberg, Komm. zum OwiG § 52 Ziff. 5).

Gegen den Bußgeldbescheid kann binnen einer Ausschlußfrist von zwei Wochen nach Zustellung bei der Verwaltungsbehörde, die den Bescheid erlassen hat, der Antrag auf gerichtliche Entscheidung gestellt werden (§ 54 OwiG). Die Frist wird auch durch die rechtzeitige Stellung des Antrages bei dem zuständigen Gericht gewahrt. Die Verwaltungsbehörde hat dann den Vorgang mit ihrer Stellungnahme dem Gericht alsbald zu übersenden. Sie kann aber bis zur Abgabe den Bußgeldbescheid zurücknehmen, von Geldbuße absehen oder auch einen neuen Bescheid erlassen (§ 54 Abs. 3 OwiG), gegen den dann wiederum auf Antrag durch gerichtliche Entscheidung angegangen werden kann.

Für die Entscheidung über den Antrag ist das Amtsgericht zuständig. Mündliche Verhandlung ist nur zwingend für den Fall vorgeschrieben, wenn der Betroffene es beantragt. Über das Verfahren vgl. im übrigen § 55 OwiG. Gegen die Entscheidung des Amtsgerichts ist die Rechtsbeschwerde (§ 56 OwiG) zulässig.

Nicht nur der Betroffene, sondern auch die Staatsanwaltschaft kann binnen zwei Wochen nach Zustellung des Bußgeldbescheides das Gericht um Entscheidung angehen mit dem Antrag auf gerichtliche Überprüfung der „Zuständigkeit".

„Zuständig" bedeutet hier die Prüfung, ob die dem Bußgeldbescheid zugrunde liegende Handlung nicht doch als Straftat gerichtlich zu verfolgen ist (vgl. § 58 OwiG). Häufig wird ein solcher Antrag dann gestellt werden müssen, wenn zwei verschiedene Tatbestände tateinheitlich verwirklicht worden sind und der eine als Ordnungswidrigkeit, der andere als Straftat zu werten ist. Ein Bußgeldbescheid darf dann nicht ergehen, da bei tateinheitlichen Handlungen von Ordnungswidrigkeit und Straftat nur das Strafgesetz anzuwenden ist (§ 4 OwiG).

Zuständig für das sogenannte Zuständigkeitsüberprüfungsverfahren ist die Strafkammer des Landgerichts (§ 59 OwiG). Beteiligt am Verfahren sind die Staatsanwaltschaft und die Verwaltungsbehörde. Beide können gegen die Entscheidung des Landgerichts Rechtsbeschwerde einlegen (§ 60 OwiG). Der Betroffene hat kein Beschwerderecht.

Ist der Bußgeldbescheid rechtskräftig, so gilt noch folgendes: Ist die Vollstreckung einer Geldbuße fruchtlos ausgefallen und besteht begründeter Anlaß zu der Annahme, daß der Betroffene die Vollstreckung vereiteln will, so kann auf Antrag der Verwaltungsbehörde das zuständige Amtsgericht die Erzwingungshaft anordnen. Der Betroffene ist aber vorher zu hören. Die höchste Dauer der Erzwingungshaft beträgt 6 Wochen. Sie ist aufzuheben, wenn die Zahlungspflicht erfüllt wird.

Ein rechtskräftig gewordener Bußgeldbescheid ist weiterhin aufzuheben, wenn danach für den Betroffenen günstigere Tatsachen beigebracht oder bekannt werden (§ 66 OwiG).

§ 68 Ordnungswidrigkeiten[1])

(1) Ordnungswidrig handelt der Arbeitgeber, der vorsätzlich oder fahrlässig

1. der Vorschrift des § 8 Abs. 4 Satz 2 über den Beginn der Beschäftigung eines Kindes,

2. der Vorschrift des § 14 Abs. 3 Satz 1 oder 3 über die Aufenthaltsräume und den Aufenthalt während der Pausen,

3. der Vorschrift des § 20 Abs. 1 Satz 2 über die Anzeige von Notfällen,

4. der Vorschrift des § 41 Abs. 1 über die Gefahrenbelehrung,

5. den Vorschriften des § 45 Abs. 1 oder 2 über die ärztliche Untersuchung, des § 47 über die Aufbewahrung und Aushändigung der ärztlichen Bescheinigung und über die Beschäftigung oder des § 49 Satz 1 über die Freizeit,

6. den Vorschriften der §§ 54 bis 57 oder des § 63 Abs. 3 über Aushänge, Auslagen, Verzeichnisse und Anzeigen oder des § 58 Abs. 1 oder § 59 über die Einsicht, Aufbewahrung und Vorlage der Verzeichnisse und über die Auskunft,

7. den auf Grund des § 40 Abs. 2 Satz 1 erster Halbsatz, § 53 Abs. 1 Nr. 2 oder § 58 Abs. 2 Satz 1 erlassenen Vorschriften, soweit die Vorschriften ausdrücklich auf diese Bußgeldbestimmung verweisen,

8. einer Anordnung der Aufsichtsbehörde nach § 40 Abs. 3 Satz 1 oder

9. einer Anordnung, die von der zuständigen Behörde auf Grund einer nach § 37 Abs. 2 Satz 1 oder 3, § 40 Abs. 2 Satz 1 erster Halbsatz, §§ 53 oder 58 Abs. 2 erlassenen Rechtsvorschrift getroffen wird, wenn die Rechtsvorschrift für den Fall der Zuwiderhandlung gegen die Anordnung ausdrücklich auf diese Bußgeldvorschrift verweist,

zuwiderhandelt.

(2) Ordnungswidrig handelt, wer vorsätzlich oder fahrlässig

1. der Vorschrift des § 39 Abs. 1 über Beschäftigung, Beaufsichtigung und Anweisung durch bestimmte Personen oder

2. einem Verbot der zuständigen Behörden nach § 39 Abs. 2 zuwiderhandelt.

(3) Die Ordnungswidrigkeit kann, wenn sie vorsätzlich begangen ist, mit einer Geldbuße bis zu 1000 Deutsche Mark, wenn sie fahrlässig begangen ist, mit einer Geldbuße bis zu 500 Deutsche Mark geahndet werden[2]).

1. Die hier aufgeführten Verletzungen stellen nur Ordnungswidrigkeiten dar. Ihnen hat der Gesetzgeber nur eine mindere Bedeutung beigelegt. Es handelt sich letztlich nur um Ordnungsvorschriften, deren Verletzung eine wesentliche Auswirkung auf den Jugendlichen nicht haben wird. Deshalb ist auch der Rahmen für die Höhe der Geldbußen niedriger als nach § 67.

Bei Verstößen dieser Art wird primär eine Verwarnung Platz greifen, insbesondere, wenn ein fahrlässiges Handeln vorliegt.

Für jedes Zuwiderhandeln ist die Buße gesondert festzusetzen, und zwar unter Umständen jeweils bis zum Höchstbetrag (§ 16 OwiG).

Über das Verfahren vgl. im übrigen Anm. 5 zu § 67.

2. Auf die hier herabgesetzte Höhe des Bußgeldes ist besonders hinzuweisen.

§ 69 Straftaten und Ordnungswidrigkeiten von Vertretern[1]) und Beauftragten[2])

(1) Die Strafdrohungen der §§ 66 und 67 Abs. 3 und 4 sowie die Bußgelddrohungen des § 67 Abs. 1 und § 68 gelten auch für den gesetzlichen Vertreter des Arbeitgebers sowie für die vertretungsberechtigten Gesellschafter von Personengesellschaften und die Mitglieder der zur gesetzlichen Vertretung berufenen Organe von juristischen Personen, welche Kinder oder Jugendliche beschäftigen[1]).

(2) Hat der Arbeitgeber die Erfüllung von Pflichten, die ihm dieses Gesetz oder die auf Grund dieses Gesetzes erlassenen Vorschriften auferlegen, einem Angehörigen seines Betriebes ausdrücklich übertragen, so trifft, wenn der Betriebsangehörige den in den §§ 66 bis 68 bezeichneten Vorschriften oder Anordnungen zuwiderhandelt, diesen die Strafe oder Geldbuße[2]).

(3) Begeht ein Beauftragter im Sinne des Absatzes 2 eine durch dieses Gesetz mit Strafe oder Geldbuße bedrohte Handlung, so kann gegen den Inhaber des Betriebes

oder, falls der Inhaber eine juristische Person oder eine Personengesellschaft des Handelsrechts ist, gegen diese eine Geldbuße verhängt werden, wenn der Inhaber oder der zur gesetzlichen Vertretung Berechtigte wenigstens fahrlässig seine Pflicht zur sorgfältigen Auswahl des Beauftragten oder seine allgemeine Aufsichtspflicht verletzt hat und der Verstoß hierauf beruht. Die Geldbuße darf in den Fällen des § 66 und des § 67 Abs. 3 und 4 den Betrag von 5000 Deutsche Mark nicht übersteigen. In den Fällen des § 67 Abs. 1 und des § 68 darf sie nicht höher sein als die für die fahrlässige Begehung der Zuwiderhandlung angedrohte Geldbuße[3]).

1. Nach Abs. 1 erstreckt sich die Verantwortlichkeit bei Unrechtshandlungen im Sinne der §§ 66—68 auch auf den gesetzlichen Vertreter des Arbeitgebers (über den Begriff vgl. § 3). Bei Personalgesellschaften sind verantwortlich die vertretungsberechtigten Gesellschafter, bei juristischen Personen die zur gesetzlichen Vertretung berufenen Organe (G. m. b. H. — Geschäftsführer, A-G — Vorstand usw.).

2. Die Formulierung des Abs. 2 stimmt inhaltlich mit der des § 151 Abs. 1 Satz 1 GewO überein, wonach die Strafbarkeit wegen Übertretung gewerbepolizeilicher Vorschriften an Stelle des selbständigen Gewerbetreibenden in erster Linie die beauftragte Person (Hilfsperson) trifft.

Die Freistellung des Arbeitgebers von der Verantwortlichkeit greift nur Platz, wenn die Beauftragung ausdrücklich erfolgt ist. Dadurch, daß der Gesetzgeber das Wort „ausdrücklich" in den Gesetzestext aufgenommen hat, wird deutlich, daß eine stillschweigende Beauftragung an sich nicht ausreicht. Sie kann sich aber aus der Stellung im Betrieb ergeben und schon in der Übertragung des Aufgabenbereichs liegen, wenn sie die Erfüllung der nach dem JArbSchG obliegenden Pflichten zum Inhalt hat. Im allgemeinen wird eine wirksame Beauftragung nur dann angenommen werden können, wenn dem Betriebsangehörigen ein klarer Auftrag erteilt ist. Die Beauftragung setzt eine gewisse Selbständigkeit der Hilfsperson voraus. Bei dem Personenkreis des § 45 GewO ist sie stets gegeben.

3. Neben den Beauftragten bleibt jedoch der Arbeitgeber (Betriebsinhaber, juristische Person, Personengesellschaft) verantwortlich, das aber nur, wenn er oder der zur gesetzlichen Vertretung Berechtigte wenigstens fahrlässig die Auswahl oder Aufsichtspflicht verletzt hat und der Gesetzesverstoß auf der Pflichtverletzung beruht (Abs. 3). Der Arbeitgeber hat dabei immer zu prüfen, ob der Beauftragte zur Erfüllung dieser Pflichten die genügenden Kenntnisse und Fähigkeiten besitzt. Er hat ihn auch zumindest in der ersten Zeit daraufhin zu kontrollieren und dann erst im Rahmen der allgemeinen Aufsicht zu beobachten.

Wird eine ungeeignete Hilfsperson beauftragt oder erweist sie sich später als ungeeignet, die Beachtung des Gesetzes zu gewährleisten, so muß der Arbeitgeber unverzüglich für Abhilfe sorgen, wenn er sich nicht selbst einer Ahndung aussetzen will.

Die Pflichtverletzung wird als Ordnungswidrigkeit geahndet. Hinsichtlich der Höhe der verwirkten Geldbuße vgl. Satz 2 und 3 des Abs. 3.

Über das Verfahren vgl. § 67 Anm. 5.

NEUNTER ABSCHNITT

Verwandte Kinder und Jugendliche

§ 70 Begriff

Verwandte[1]) Kinder und Jugendliche im Sinne dieses Gesetzes sind Kinder und Jugendliche, die

1. von einem Elternteil beschäftigt werden, dem die Sorge für die Person des Kindes oder des Jugendlichen zusteht[2]),

2. vom Vormund beschäftigt werden, falls er mit dem Kinde oder dem Jugendlichen bis zum dritten Grade verwandt ist[3]).

1. Den verwandten Kindern und Jugendlichen ist eine besondere Stellung eingeräumt. Zum Teil sind sie aus dem Geltungsbereich des Gesetzes herausgenommen (vgl. § 1). Es lassen sich aber bei ihrer Beschäftigung auch die sonstigen Bestimmungen des Gesetzes kraft des Verwandtschaftsverhältnisses nicht in vollem Umfang durchführen, wenn nicht das Elternrecht und die verwandtschaftlichen Beziehungen eingeschränkt und verletzt werden sollen. Bei einem Mißbrauch der elterlichen Gewalt in der Ausübung der Personenfürsorge bestehen ohnehin gesetzliche Möglichkeiten eines Einschreitens, insbesondere nach § 1666 BGB und § 170 d StGB. Zudem ist der Begriff des verwandten Kindes und Jugendlichen gegenüber dem bürgerlichen Recht eingeschränkt.

2. Die Sorge für die Person regelt sich nach § 1626 ff. BGB. Sie steht beim ehelichen Kind dem Vater und der Mutter zu, sofern kein Pfleger bestellt ist (§ 1630 BGB).

Die elterliche Gewalt kann einem Elternteil, der dann für eine Beschäftigung des Jugendlichen ausscheidet, entzogen werden (§ 1666 BGB). Nach § 1676 BGB wird sie verwirkt wegen eines an dem Kind verübten Verbrechens oder vorsätzlichen Vergehens mit einer Bestrafung zu Zuchthaus oder zu Gefängnis von mindestens 6 Monaten. Die Verwirkung tritt mit der Rechtskraft der Verurteilung ein.

Die elterliche Gewalt ruht bei Geschäftsunfähigkeit des Elternteils (§ 1673 BGB). Bei beschränkter Geschäftsfähigkeit (§ 1673 Abs. 2) besteht ein Nebensorgerecht. Das Kind kann dann beschäftigt werden.

Bei geschiedener Ehe kann nach § 1671 das Sorgerecht einem Elternteil übertragen werden. Bereits im Ehescheidungsverfahren ist nach § 627 ZPO eine solche Übertragung möglich.

Bei einem unehelichen Kinde steht die elterliche Gewalt der Mutter zu. Ist das Kind auf Antrag des Vaters für ehelich erklärt (§ 1723), so steht die Personensorge nur dem Vater, nicht aber dessen Ehefrau oder der Mutter des Kindes zu.

3. Die Verwandtschaft kann in gerader und in der Seitenlinie bestehen. Es ist gleich, ob es sich um voll- oder halbbürtige Verwandte handelt. Es gehören dazu die

Eltern, die Großeltern, die Urgroßeltern, die Geschwister der Eltern und die Geschwister des Jugendlichen. Es handelt sich hier nur um Blutsverwandtschaft. Adoption begründet kein solches Verwandtschaftsverhältnis.

§ 71 Ausnahmen

(1) Bei Beschäftigung verwandter Kinder und Jugendlicher finden §§ 12, 13 Abs. 3, § 18 Abs. 5, § 19 Abs. 6 § 20 Abs. 2 Satz 2, §§ 39, 42, 43 Abs. 1, §§ 44, 54 bis 56 und 66 bis 69 keine Anwendung.

(2) Verwandte Kinder über zwölf Jahre dürfen mit leichten Arbeiten beschäftigt werden, wenn die Beschäftigung gelegentlich ist oder nur kurze Zeit dauert und wenn die Arbeiten für Kinder geeignet sind. Die Beschäftigung bei den in § 8 bezeichneten Veranstaltungen richtet sich ausschließlich nach § 8[1]).

(3) Die Aufsichtsbehörde teilt jeden erheblichen Verstoß gegen eine Vorschrift dieses Gesetzes oder eine auf Grund dieses Gesetzes erlassene Rechtsverordnung, der sich gegen verwandte Kinder oder Jugendliche richtet, alsbald dem Jugendamt mit[2]). Polizeiliche oder ordnungsbehördliche Zwangsmittel dürfen bei Beschäftigung verwandter Kinder und Jugendlicher nicht angewendet werden[3]).

1. In Abweichung des grundsätzlich geltenden Verbotes des § 7 ist eine Beschäftigung verwandter Kinder auch im elterlichen Gewerbebetrieb zulässig. Die Voraussetzungen — leichte und geeignete Arbeit sowie gelegentliche oder nur kurzfristige Beschäftigung — beinhalten eine dem Kind angepaßte Inanspruchnahme.

Bei Veranstaltungen des § 8 bleibt aber die Genehmigungspflicht bestehen.

2. Nur erhebliche Verstöße hat die Aufsichtsbehörde mitzuteilen. Für eine Erheblichkeit kann die Einsichtsfähigkeit der Eltern nach Belehren von Bedeutung sein. Sie wird einer Meldung schon im Interesse des Kindes vorangehen. Der Maßstab dafür gibt die amtliche Begründung und die dort aufgezeigten Erwägungen (vgl. Anh. 10).

Bei einer Beschäftigung verwandter Jugendlicher kann ein „Verstoß" gegen eine Vorschrift des Gesetzes nur vorliegen, wenn die Vorschrift überhaupt auf das Beschäftigungsverhältnis zur Anwendung gelangt (a. A. Thumser § 71 Anm. 4). Die Mitteilung der „Verletzung" anderer Vorschriften kann daher nur gerechtfertigt sein, wenn ein arbeitsschutzrechtlicher Anlaß dazu besteht (vgl. amtl. Begr. Anh. 10). Es muß also nicht nur ein „Verstoß", sondern ein Mißbrauch vorliegen, der auch durch das Elternrecht nicht gerechtfertigt ist und letztlich eine Verletzung des § 1666 darstellt.

3. Es handelt sich dabei um Befugnisse, die aus § 60 folgen und die somit eingeschränkt sind.

ZEHNTER ABSCHNITT

Schlußvorschriften

§ 72 Änderung von Rechtsvorschriften

(1) § 8 Abs. 2 Buchstabe b des Mutterschutzgesetzes vom 24. Januar 1952 (Bundesgesetzbl. I S. 69) erhält folgende Fassung:

„b) von den Frauen unter 18 Jahren über acht Stunden täglich und 80 Stunden in der Doppelwoche[1]).“

(2) § 13 Abs. 3 des Gesetzes über die Arbeitszeit in Bäckereien und Konditoreien vom 29. Juni 1936 (Reichsgesetzbl. I S. 521) in der Fassung des § 30 Abs. 9 Nr. 4 des Jugendschutzgesetzes vom 30. April 1938 (Reichsgesetzbl. I S. 437) erhält folgende Fassung:

„(3) Für die Beschäftigung von Kindern und Jugendlichen unter 18 Jahren in den in § 1 genannten Betrieben gelten die Vorschriften des Jugendarbeitsschutzgesetzes vom 9. August 1960 (Bundesgesetzbl. I S. 665)[2]).“

(3) In § 80 des Bundesbeamtengesetzes in der Fassung vom 18. September 1957 (Bundesgesetzbl. I S. 1338)*) wird der Schlußpunkt durch ein Komma ersetzt und folgendes angefügt[3]):

„3. der Vorschriften des Jugendarbeitsschutzgesetzes vom 9. August 1960 (Bundesgesetzbl. I S. 665) auf Beamte unter 18 Jahren.“

1. Die Änderung des MSchG war in Anpassung an die Zeitvorschriften erforderlich (vgl. Anh. 7 sowie § 21 Anm. 1 und § 33 Anm. 4).

2. Vgl. Anh. 5 und auch § 16 Anm. 5.

3. Vgl. § 1 Anm. 1c.

Diese Regelung gilt nur für den Bund. Soweit Länder überhaupt noch Jugendliche in einem öffentlich-rechtlichen Verhältnis beschäftigt, haben sie den Jugendschutz zu gestalten.

§ 73 Urlaubsvorschriften der Länder[1])

Die Urlaubsvorschriften der Länder werden wie folgt geändert:

1. Baden-Württemberg:

Im Landesgesetz über Mindesturlaub für Arbeitnehmer vom 13. Juli 1949 (Badisches Gesetz- und Verordnungsblatt S. 289) werden in § 3 Abs. 1 die Worte „für jugendliche Arbeitnehmer bis zum vollendeten sechzehnten Lebensjahr vierundzwanzig Arbeitstage, für jugendliche Arbeitnehmer bis zum vollendeten achtzehnten Lebensjahr achtzehn Arbeitstage“ gestrichen; § 3 Abs. 3 und 4 Satz 1 Halbsatz 2 wird aufgehoben.

---

* Bundesgesetzbl. III 2030—2.

Im Gesetz Nr. 711 zur Regelung des Mindesturlaubs in der privaten Wirtschaft und im öffentlichen Dienst vom 6. August 1947 in der Fassung der Gesetze Nr. 735 vom 6. April 1949 und Nr. 743 vom 3. April 1950 (Regierungsblatt der Regierung Württemberg-Baden 1947 S. 78, 1949 S. 57, 1950 S. 30) werden in § 2 Abs. 1 Satz 1 die Worte „für Jugendliche unter achtzehn Jahren vierundzwanzig Arbeitstage" und in § 2 Abs. 3 Satz 2 die Worte „bei Jugendlichen nicht und" gestrichen; § 2 Abs. 2 Satz 2 wird aufgehoben.

In der Verordnung Nr. 727, Dritte Verordnung zur Durchführung des Gesetzes zur Regelung des Mindesturlaubs in der privaten Wirtschaft und im öffentlichen Dienst, vom 26. Mai 1948 in der Fassung der Verordnung Nr. 738 vom 14. Juni 1949 (Regierungsblatt der Regierung Württemberg-Baden 1948 S. 76, 1949 S. 154) wird § 3 Abs. 2 aufgehoben; in § 6 Abs. 2 Satz 2 werden die Worte „bezw. 8 v. H.', gestrichen.

2. Bayern:

Im Urlaubsgesetz vom 11. Mai 1950 in der Fassung des Gesetzes vom 8. November 1954 (Bereinigte Sammlung des bayerischen Landesrechts IV S. 583) werden Artikel 4 Abs. 2 und 3, Artikel 5 Abs. 2 und Artikel 7 Abs. 1 Satz 2 aufgehoben.

3. Berlin:

Im Urlaubsgesetz vom 24. April 1952 in der Fassung des Gesetzes vom 22. Dezember 1952 (Gesetz- und Verordnungsblatt für Berlin 1952 S. 297, 1953 S. 1) wird § 1 Abs. 2 aufgehoben; in § 2 werden die Worte „(sofern sie nicht dem Jugendschutzgesetz unterliegen)" gestrichen.

4. Bremen:

Im Urlaubsgesetz vom 4. Mai 1948 in der Fassung der Gesetze vom 25. April 1949 und 21. Januar 1950 (Gesetzblatt der Freien Hansestadt Bremen 1948 S. 67, 1949 S. 71, 1950 S. 23) werden in § 3 Abs. 1 die Worte „für Jugendliche unter achtzehn Jahren vierundzwanzig Arbeitstage" gestrichen; § 3 Abs. 3 wird aufgehoben.

5. Hessen:

Im Urlaubsgesetz vom 29. Mai 1947 in der Fassung des Gesetzes vom 26. August 1950 (Gesetz- und Verordnungsblatt für das Land Hessen 1947 S. 33, 1950 S. 165) wird § 2 Abs. 2 aufgehoben.

6. Niedersachsen:

Im Urlaubsgesetz vom 10. Dezember 1948 (Niedersächsisches Gesetz- und Verordnungsblatt S. 179) werden in § 2 Abs. 1 die Worte „jüngere Arbeitnehmer mindestens vierundzwanzig Werktage" gestrichen.

In der Verordnung zur Durchführung des Urlaubsgesetzes vom 26. Juli 1949 (Niedersächsisches Gesetz- und Verordnungsblatt S. 180) wird in II „Zu § 2 Abs. 1" der Absatz 3 aufgehoben.

7. Rheinland-Pfalz:

Im Landesgesetz zur Regelung des Urlaubs vom 8. Oktober 1948 (Gesetz- und Verordnungsblatt der Landesregierung Rheinland-Pfalz S. 370) wird § 2 aufgehoben.

8. Saarland:

In der Verfügung Nummer 47—65 über das Urlaubswesen vom 18. November 1947 (Amtsblatt des Saarlandes S. 704) in der Fassung der Verordnung vom 16. August 1950 (Amtsblatt des Saarlandes S. 788) werden in Artikel 2 Abs. 2 Satz 1 die Worte „Für Arbeitnehmer und Lehrlinge, welche das 18. Lebensjahr noch nicht vollendet haben, erhöht sich die Mindestdauer des Urlaubs auf zwei Arbeitstage" gestrichen und hinter den Worten „21 Jahren" die Worte „erhöht sich die Mindestdauer des Urlaubs" eingefügt.

In der Verordnung zur Entlohnung der in Gartenbaubetrieben beschäftigten Arbeitnehmer vom 30. Juli 1951 (Amtsblatt des Saarlandes S. 1184) werden in § 18 Abs. 1 Satz 2 die Worte „bis zum vollendeten 18. Lebensjahr zwei Arbeitstage pro Monat" gestrichen.

In der Verordnung zur Festsetzung der Lohn- und Arbeitsbedingungen in den landwirtschaftlichen Betrieben vom 30. November 1951 (Amtsblatt des Saarlandes S. 1482) werden in § 10 Abs. 1 Satz 2 die Worte „bis zum vollendeten 18. Lebensjahr zwei Arbeitstage pro Monat" gestrichen.

1. § 19 enthält eine abschließende Regelung, so daß die Urlaubsbestimmungen für die Jugendlichen voll ersetzt sind und aufzuheben waren.

§ 74 Geltung in Berlin

Dieses Gesetz gilt nach Maßgabe des § 13 Abs. 1 des Dritten Überleitungsgesetzes vom 4. Januar 1952 (Bundesgesetzbl. I S. 1) auch im Land Berlin. Rechtsverordnungen, die auf Grund dieses Gesetzes erlassen werden, gelten im Land Berlin nach § 14 des Dritten Überleitungsgesetzes.

§ 75 Sonderbestimmungen für das Saarland[1])

Wird in diesem Gesetz auf Bestimmungen verwiesen, die im Saarland nicht gelten, so treten innerhalb des Saarlandes die entsprechenden saarländischen Bestimmungen an ihre Stelle.

1. Es bedurfte dieser Bestimmung, da einzelne Vorschriften (z. B. § 18 Lad. Schl.Ges.) im Saarland nicht gelten.

§ 76 Inkrafttreten; Aufhebung von Rechtsvorschriften

(1) Dieses Gesetz tritt am 1. Oktober 1960 in Kraft, die §§ 45 bis 53 jedoch erst am 1. Oktober 1961.

(2) Am 1. Oktober 1960 treten folgende Vorschriften außer Kraft, soweit dies nicht bereits geschehen ist:

1. **Jugendschutzgesetz vom 30. April 1938 (Reichsgesetzbl. I S. 437) mit Ausnahme des § 24 Abs. 1, 2, 4 und 5 und des § 26, soweit diese Vorschriften zur Durchführung der auf Grund von § 20 Abs. 1 des Jugendschutzgesetzes erlassenen Beschäftigungsverbote und -beschränkungen dienen[1]),**
2. **Ausführungsverordnung zum Jugendschutzgesetz vom 12. Dezember 1938 (Reichsgesetzbl. I S. 1777) mit Ausnahme der Nummer 52 und, soweit zur Durchführung der auf Grund des § 20 Abs. 1 des Jugendschutzgesetzes erlassenen Beschäftigungsverbote und -beschränkungen erforderlich, der Nummern 66 und 67[1]),**
3. **Jugendurlaubsverordnung vom 15. Juni 1939 (Reichsgesetzbl. I S. 1029),**
4. **Verordnung über die Beschäftigung Jugendlicher in bergbaulichen Betrieben vom 20. Januar 1939 (Reichsgesetzbl. I S. 97),**
5. **Gewerbeordnung §§ 106 und 120c,**
6. **Niedersächsisches Arbeitsschutzgesetz für Jugendliche vom 9. Dezember 1948 (Niedersächsisches Gesetz- und Verordnungsblatt S. 179) in der Fassung der Gesetze vom 16. Mai 1949 (Niedersächsisches Gesetz- und Verordnungsblatt S. 116) und vom 21. Juni 1951 (Bundesgesetzbl. I S. 399) mit Ausnahme des § 9[2]),**
7. **Verordnung zur Durchführung des Niedersächsischen Arbeitsschutzgesetzes für Jugendliche vom 26. Juli 1949 (Niedersächsisches Gesetz- und Verordnungsblatt S. 176) mit Ausnahme der Nummern 19 bis 25 und 33[2]),**
8. **Württemberg-Hohenzollernsches Gesetz zur Änderung des Jugendschutzgesetzes vom 6. August 1948 (Regierungsblatt für das Land Württemberg-Hohenzollern S. 103),**
9. **Württemberg-Hohenzollernsche Verordnung zur Änderung der Ausführungsverordnung zum Jugendschutzgesetz vom 19. April 1949 (Regierungsblatt für das Land Württemberg-Hohenzollern S. 186),**
10. **Berliner Verordnung zum Jugendarbeitsschutzgesetz vom 25. November 1949 (Verordnungsblatt für Groß-Berlin S. 446),**
11. **Saarländisches Jugendarbeitsschutzgesetz (Regelung der Arbeitszeit der Jugendlichen und der in Ausnahmefällen beschäftigten Kinder) vom 7. Dezember 1949 (Amtsblatt des Saarlandes 1950, S. 69),**
12. **Erste Ausführungsverordnung zum Saarländischen Jugendarbeitsschutzgesetz vom 10. März 1951 (Amtsblatt des Saarlandes S. 549).**

(3) Am 1. Oktober 1961 treten außer Kraft § 9 des Niedersächsischen Arbeitsschutzgesetzes für Jugendliche vom 9. Dezember 1948 (Niedersächsisches Gesetz- und Verordnungsblatt S. 179) und Nummern 19 bis 25 der Verordnung zur Durch-

führung des Niedersächsischen Arbeitsschutzgesetzes für Jugendliche vom 26. Juli 1949 (Niedersächsisches Gesetz- und Verordnungsblatt S. 176).

(4) Ab 1. Oktober 1960 finden § 3 der Anordnung zur Vereinheitlichung der Erziehungsbeihilfen und sonstigen Leistungen an Lehrlinge und Anlernlinge in der privaten Wirtschaft vom 25. Februar 1943 (Reichsarbeitsblatt I S. 164) in der Fassung der Anordnung über die Belohnung besonders tüchtiger Lehrlinge und Anlernlinge in der privaten Wirtschaft vom 5. August 1944 (Reichsarbeitsblatt I S. 289) und die entsprechenden Vorschriften der Länder auf Jugendliche keine Anwendung[3]).

(5) Die auf Grund des § 20 Abs. 1 des Jugendschutzgesetzes oder des § 120e der Gewerbeordnung erlassenen Vorschriften bleiben unberührt. Sie können durch Vorschriften auf Grund der Ermächtigungen in § 37 Abs. 2 und § 40 Abs. 2 geändert oder aufgehoben werden[4]).

(6) Verweisungen auf Vorschriften, die nach den Absätzen 2 bis 4 außer Kraft treten, gelten als Verweisungen auf die entsprechenden Vorschriften dieses Gesetzes oder der auf Grund dieses Gesetzes erlassenen Rechtsverordnungen.

1. Vgl. Anh. 1 und § 37.

2. Vgl. Anh. 1b.
Diese Vorschriften treten nach Abs. 3 am 31. Oktober 1961 außer Kraft.

3. § 3 dieser VO regelt die Vergütung regelmäßiger Mehrarbeit. Sie ist jetzt durch § 12 in vollem Umfang ersetzt. Im übrigen gilt aber die Anordnung zur Vereinheitlichung der Erziehungsbeihilfen weiterhin, wenn sie auch meist durch tarifliche Bestimmungen überholt ist (vgl. Nipperdey Arb.R 300).

4. Es gelten auch die auf Grund anderer gesetzlicher Vorschriften (Heimarbeitsgesetz, Gaststättengesetz) erlassenen Beschäftigungsverbote und -beschränkungen für Jugendliche weiter.
Vgl. auch § 37.

Das vorstehende Gesetz wird hiermit verkündet.

Bonn, den 9. August 1960

Der Bundespräsident
Lübke

Für den Bundeskanzler
Der Bundesminister für Verkehr
Seebohm

Der Bundesminister für Arbeit und Sozialordnung
Blank

Anhang

1A

Vorschriften des JSchG 38 (RGBl. I S. 437) und der AusfVO, die nach § 76 Abs. 2 Ziff. 1 und 2 weitergelten:
(„soweit diese Vorschriften zur Durchführung der auf Grund von § 20 Abs. 1 erlassenen Beschäftigungsverbote und -beschränkungen dienen“).

§ 24. Strafvorschriften und Zwangsmaßnahmen

(1) Wer einer Vorschrift dieses Gesetzes oder einer auf Grund dieses Gesetzes ergangenen Verordnung oder Anordnung zuwiderhandelt, wird mit Geldstrafe bis zu einhundertfünfzig Reichsmark oder mit Haft bestraft.

(2) In besonders schweren Fällen ist die Strafe Gefängnis und Geldstrafe oder eine dieser Strafen.

(3) Aufgehoben.

(4) Bei einer Zuwiderhandlung gegen die auf Grund des § 20 erlassenen Bestimmungen über die Beschäftigung bei gefährlichen Arbeiten kann das Gewerbeaufsichtsamt bis zur Herstellung des den Bestimmungen entsprechenden Zustandes die Einstellung des Betriebes, soweit er durch die Bestimmungen getroffen wird, anordnen, falls dessen Fortsetzung erhebliche Nachteile oder Gefahren herbeizuführen geeignet wäre.

(5) Die Vorschriften der GO § 151 über die Verantwortlichkeit der vom Unternehmer zur Leitung des Betriebes oder eines Betriebsteiles oder zur Beaufsichtigung bestellten Personen finden entsprechende Anwendung.

§ 26. Arbeitsaufsicht und Behördenzuständigkeit

(1) Die Aufsicht über die Ausführung der Vorschriften dieses Gesetzes und der auf Grund dieses Gesetzes erlassenen Bestimmungen obliegt den Gewerbeaufsichtsämtern. Gewerbeaufsichtsamt im Sinne dieses Gesetzes ist die örtlich zuständige Dienststelle der Gewerbeaufsicht.

(2) Die nach diesem Gesetz dem Gewerbeaufsichtsamt zustehenden Befugnisse üben bei bergbaulichen Betrieben die Bergbehörden aus.

(3) Auf die Befugnisse und Obliegenheiten der Aufsichtsbehörden finden die Vorschriften des § 139b der GO Anwendung.

(4) Die nach diesem Gesetz dem Gewerbeaufsichtsamt zustehenden Befugnisse übt für den Bereich mehrerer Gewerbeaufsichtsämter die höhere Verwaltungsbe-

hörde aus, für Fälle, die sich über deren Bezirk hinaus erstrecken, der *Reichsarbeitsminister* und bei bergbaulichen Betrieben der *Reichswirtschaftsminister.*

(5) Der *Reichsarbeitsminister* ist ermächtigt, die ihm nach diesem Gesetz zustehenden Befugnisse auf eine andere Stelle zu übertragen.

(6) Bei den Betrieben und Verwaltungen *des Reichs, des „Unternehmens Reichsautobahnen", der Reichsbank* und der Länder und bei den Verwaltungen der Gemeinden und Gemeindeverbände üben die vorgesetzten Dienstbehörden die dem *Reichsarbeitsminister* oder anderen Behörden nach diesem Gesetz zustehenden Befugnisse aus; die Verordnungsbefugnis steht jedoch nur *den obersten Reichsbehörden* zu. Die zuständige *oberste Reichs- oder* Landesbehörde kann diese Befugnisse *im Einvernehmen mit dem Reichsarbeitsminister* dem Gewerbeaufsichtsamt übertragen.

AusfVO vom 12. Dezember 1938 (RGBl. I S. 1777)

Nr. 52

Weibliche Jugendliche dürfen in Bergwerken, Salinen, Aufbereitungsanstalten und unterirdisch betriebenen Brüchen und Gruben nicht unter Tage, ferner bei der Förderung mit Ausnahme der Aufbereitung (Separation, Wäsche), bei dem Transport und der Verladung auch nicht über Tage beschäftigt werden. Sie dürfen ferner nicht in Hochofen- und Stahlwerken, Metallhütten, Walz-, Preß- und Hammerwerken für Eisen, Stahl und andere Metalle, in denen diese Stoffe nicht kalt verarbeitet werden, in Kokereien und Bauten aller Art mit den eigentlichen Betriebsarbeiten beschäftigt werden. Das Gewerbeaufsichtsamt kann jedoch die Beschäftigung eines weiblichen Bauzeichnerlehrlings oder einer weiblichen Jugendlichen, die für den Besuch einer Bauschule eine praktische Tätigkeit in einem Bauhaupt- oder -nebenberuf nachweisen muß, auf einer oder mehreren Baustellen bis zur vorgeschriebenen Dauer der praktischen Tätigkeit zulassen, wenn

1. die Jugendliche das 16. Lebensjahr vollendet hat,
2. die Baustellen zur Beschäftigung von weiblichen Jugendlichen geeignet sind und
3. eine Gefährdung der Gesundheit der Jugendlichen nicht zu befürchten ist.

Die Zulassung erstreckt sich nicht auf die Beschäftigung mit der Beförderung von Roh- und Werkstoffen.

Nr. 66

Zur Erzwingung der nach § 20 angeordneten Maßnahmen ist in der Regel zunächst das Strafverfahren auf Grund des § 24 Abs.1 und 2 durchzuführen. Von der Befugnis des § 24 Abs. 4 ist erst dann Gebrauch zu machen, wenn auch nach rechtskräftiger Bestrafung ein den Bestimmungen entsprechender Zustand nicht hergestellt wird; nur wenn die Nichtausführung der angeordneten Maßnahmen eine unmittelbare und erhebliche Gefahr für die Gesundheit und Sittlichkeit der Jugendlichen zur Folge hat, ist die Einstellung des Betriebes schon vor Erledigung des Strafverfahrens anzuordnen. Drei Abschriften der Verfügung sind dem *Reichsarbeitsminister*, bei bergbaulichen Betrieben drei Abschriften dem *Reichswirtschaftsminister* auf dem Dienstwege vorzulegen.

Nr. 67

Die Einstellung des Betriebes darf nur angeordnet werden, soweit der Betrieb von den auf Grund des § 20 erlassenen Bestimmungen betroffen wird. Die Anordnung ist unverzüglich aufzuheben, wenn Maßnahmen getroffen werden, durch die eine Fortsetzung der Beschäftigung ohne erhebliche Nachteile oder Gefahren für die Jugendlichen möglich ist.

1B

Nach § 76 Abs. 2 Ziff. 5 und 6 bis zum 30. 9. 1961 fortgeltende Bestimmungen des Niedersächsischen ArbSchG vom 9. 12. 1948 (GuVBl. 176):

§ 9. Ärztliche Untersuchung

(1) Bei Aufnahme eines Arbeitsverhältnisses hat eine für den jugendlichen Arbeitnehmer kostenlose ärztliche Untersuchung zur Feststellung der körperlichen Berufseignung und zur Überwachung seiner Gesundheit zu erfolgen.

(2) Die ärztliche Untersuchung ist in jährlichen Abständen zu wiederholen.

(3) Die nach Absatz 1 erwachsenden Kosten trägt der Arbeitgeber, die nach Absatz 2 erwachsenden Kosten einstweilen die Gesundheitsverwaltung.

(4) Ergibt der ärztliche Befund die Notwendigkeit von Vorsorgemaßnahmen, so sind diese sofort einzuleiten.

Ausführungsverordnung

III. Abschnitt. Arbeit Jugendlicher

Zu § 9 Abs. 1:

19. Die Vornahme der vorgeschriebenen ärztlichen Untersuchungen der Jugendlichen bei Aufnahme eines Berufsausbildungs- oder Arbeitsverhältnisses hat der Arbeitgeber zu veranlassen.

20. Bei den Einstellungsuntersuchungen und den jährlichen Nachuntersuchungen ist festszustellen, ob der Jugendliche nach seinem allgemeinen Kräftezustand und dem Untersuchungsbefund für den für ihn in Frage kommenden Beruf oder für die für ihn in Frage kommende Arbeit tauglich ist.

21. Die Einstellungsuntersuchungen werden vom Werkarzt oder einem praktischen Arzt vorgenommen, den der Arbeitgeber bestimmt. Das Untersuchungsergebnis ist dem Arbeitgeber vom untersuchenden Arzt mitzuteilen. Der Arbeitgeber hat die Bescheinigung hierüber dem Gewerbeaufsichtsamt auf Anforderung vorzulegen.

Zu § 9 Abs. 2:

22. Die ärztlichen Untersuchungen sind auch auf die Jugendlichen zu erstrecken, die bei der Aufnahme ihres Arbeitsverhältnisses nicht ärztlich untersucht worden waren.

23. Die Nachuntersuchungen gehören zu den Pflichtaufgaben der Gesundheitsämter im Rahmen der Schul-Gesundheitsfürsorge, die sich auch auf Berufsschüler erstreckt. Sie werden für den Jugendlichen kostenlos durchgeführt. Die Gesundheitsämter geben die Termine für die Untersuchungen bekannt. Ort und Zeit der Untersuchungen sind so zu wählen, daß möglichst wenig Arbeitszeit durch sie verlorengeht und die Jugendlichen nicht gezwungen werden, zu weite Wege zurückzulegen. Zu diesem Zweck sind die Untersuchungen nach Möglichkeit am Berufsschultage, jedoch nicht während des Unterrichts, durchzuführen. Der Arbeitgeber hat das Datum der Untersuchung in das Verzeichnis nach § 27 Abs. 1 einzutragen. Falls Bedenken bestehen, den Jugendlichen weiter an seinem bisherigen Arbeitsplatz zu beschäftigen, gibt das Gesundheitsamt dem Gewerbeaufsichtsamt und dem Arbeitgeber entsprechende Nachricht.

Zu § 9 Abs. 3:

24. Unter Gesundheitsverwaltung sind die Gesundheitsämter zu verstehen.

Zu § 9 Abs. 4:

25. Sind nach dem Befund des untersuchenden Arztes Vorsorgemaßnahmen zu treffen, so ist der für den Jugendlichen zuständige Sozialversicherungsträger durch den Arzt von der Notwendigkeit zur Einleitung der Vorsorgemaßnahmen zu benachrichtigen. Ist der Jugendliche noch nicht versichert, benachrichtigt der Arzt das zuständige Gesundheitsamt. Sozialversicherungsträger oder Gesundheitsamt haben die zur Durchführung erforderlichen Maßnahmen gemäß den gesetzlichen Vorschriften sofort in die Wege zu leiten. Sofern betriebliche Maßnahmen erforderlich sind, ist das zuständige Gewerbeaufsichtamt zu benachrichtigen.

Zu § 22:

33. Weibliche Jugendliche dürfen in Bergwerken, Salinen, Aufbereitungsanstalten und unterirdisch betriebenen Brüchen und Gruben nicht unter Tage, ferner bei der Förderung mit Ausnahme der Aufbereitung (Separation, Wäsche), bei dem Transport und der Verladung auch nicht über Tage beschäftigt werden. Sie dürfen ferner nicht in Hochofen- und Stahlwerken, Metallhütten, Walz-, Preß- und Hammerwerken für Eisen, Stahl und andere Metalle, in denen diese Stoffe nicht kalt verarbeitet werden, in Kokereien und bei Bauten aller Art mit den eigentlichen Betriebsarbeiten beschäftigt werden.

2

Aus der Gewerbeordnung:

§ 139 b Gewerbeaufsichtsbeamte

(1) Die Aufsicht über die Ausführung der Bestimmungen der §§ 105a, 105b Abs. 1, §§ 105c bis 105h, 120a bis 120f, 133g bis 139aa ist ausschließlich oder neben den ordentlichen Polizeibehörden besonderen von den Landesregierungen zu

ernennenden Beamten zu übertragen. Denselben stehen bei Ausübung dieser Aufsicht alle amtlichen Befugnisse der Ortspolizeibehörden, insbesondere das Recht zur jederzeitigen Revision der Anlagen zu. Sie sind, vorbehaltlich der Anzeige von Gesetzwidrigkeiten, zur Geheimhaltung der amtlich zu ihrer Kenntnis gelangenden Geschäfts- und Betriebsverhältnisse der ihrer Revision unterliegenden Anlagen zu verpflichten.

(2) Die Ordnung der Zuständigkeitsverhältnisse zwischen diesen Beamten und den ordentlichen Polizeibehörden bleibt der verfassungsmäßigen Regelung in den einzelnen *Bundesstaaten* vorbehalten.

(3) Die erwähnten Beamten haben Jahresberichte über ihre amtliche Tätigkeit zu erstatten. Diese Jahresberichte oder Auszüge aus denselben sind dem *Bundesrat* und dem *Reichstage* vorzulegen.

(4) Die auf Grund der Bestimmungen der §§ 105 a bis 105 h, 120 a bis 120 f, 133g bis 139 aa auszuführenden amtlichen Revisionen müssen die Arbeitgeber zu jeder Zeit, namentlich auch in der Nacht, während des Betriebes gestatten.

(5) Die Arbeitgeber sind ferner verpflichtet, den genannten Beamten oder der Polizeibehörde diejenigen statistischen Mitteilungen über die Verhältnisse ihrer Arbeiter zu machen, welche vom *Bundesrat* oder von der Landes-Zentralbehörde unter Festsetzung der dabei zu beobachtenden Fristen und Formen vorgeschrieben werden.

3

Aus dem Heimarbeitsgesetz vom 14. 3. 51 (BGBl. I S. 191):

§ 1 Geltungsbereich

(1) In Heimarbeit Beschäftigte sind

a) die Heimarbeiter (§ 2 Abs. 1);

b) die Hausgewerbetreibenden (§ 2 Abs. 2).

(2) Ihnen können, wenn dieses wegen ihrer Schutzbedürftigkeit gerechtfertigt erscheint, gleichgestellt werden:

a) Personen, die in der Regel allein oder mit ihren Familienangehörigen (§ 2 Abs. 5) in eigener Wohnung oder selbstgewählter Betriebsstätte eine sich in regelmäßigen Arbeitsvorgängen wiederholende Arbeit im Auftrage eines anderen gegen Entgelt ausüben, ohne daß ihre Tätigkeit als gewerblich anzusehen oder daß der Auftraggeber ein Gewerbetreibender oder Zwischenmeister (§ 2 Abs. 3) ist;

b) Hausgewerbetreibende, die mit mehr als zwei fremden Hilfkräften (§ 2 Abs. 6) arbeiten;

c) andere im Lohnauftrag arbeitende Gewerbetreibende, die infolge ihrer wirtschaftlichen Abhängigkeit eine ähnliche Stellung wie Hausgewerbetreibende einnehmen;

d) Zwischenmeister (§ 2 Abs. 3).

(3) Die Gleichstellung erstreckt sich, wenn in ihr nichts anderes bestimmt ist, auf die allgemeinen Schutzvorschriften und die Vorschriften über die Entgeltregelung den Entgeltschutz und die Auskunftspflicht über Entgelte (Dritter, Sechster, Siebenter und Achter Abschnitt). Die Gleichstellung kann auf einzelne dieser Vorschriften beschränkt oder auf weitere Vorschriften des Gesetzes ausgedehnt werden. Sie kann für bestimmte Personengruppen oder Gewerbezweige oder Beschäftigungsarten allgemein oder räumlich begrenzt ergehen; auch bestimmte einzelne Personen können gleichgestellt werden.

§ 2 Begriffe

(1) Heimarbeiter im Sinne dieses Gesetzes ist, wer in selbstgewählter Arbeitsstätte (eigener Wohnung oder selbstgewählter Betriebsstätte) allein oder mit seinen Familienangehörigen (Absatz 5) im Auftrag von Gewerbetreibenden oder Zwischenmeistern gewerblich arbeitet, jedoch die Verwertung der Arbeitsergebnisse dem unmittelbar oder mittelbar auftraggebenden Gewerbetreibenden überläßt. Beschafft der Heimarbeiter die Roh- und Hilfsstoffe selbst, so wird hierdurch seine Eigenschaft als Heimarbeiter nicht beeinträchtigt.

(2) Hausgewerbetreibender im Sinne dieses Gesetzes ist, wer in eigener Arbeitsstätte (eigener Wohnung oder Betriebsstätte) mit nicht mehr als zwei fremden Hilfskräften (Absatz 6) im Auftrag von Gewerbetreibenden oder Zwischenmeistern Waren herstellt, bearbeitet oder verpackt, wobei er selbst wesentlich am Stück mitarbeitet, jedoch die Verwertung der Arbeitsergebnisse dem unmittelbar oder mittelbar auftraggebenden Gewerbetreibenden überläßt. Beschafft der Hausgewerbetreibende die Roh- und Hilfsstoffe selbst, oder arbeitet er vorübergehend unmittelbar für den Absatzmarkt, so wird hierdurch seine Eigenschaft als Hausgewerbetreibender nicht beeinträchtigt.

(3) Zwischenmeister im Sinne dieses Gesetzes ist, wer, ohne Arbeitnehmer zu sein, die ihm von Gewerbetreibenden übertragene Arbeit an Heimarbeiter oder Hausgewerbetreibende weitergibt.

(4) Die Eigenschaft als Heimarbeiter, Hausgewerbetreibender und Zwischenmeister ist auch dann gegeben, wenn Personen, Personenvereinigungen oder Körperschaften des privaten oder öffentlichen Rechts, welche die Herstellung, Bearbeitung oder Verpackung von Waren nicht zum Zwecke der Gewinnerzielung betreiben, die Auftraggeber sind.

(5) Als Familienangehörige im Sinne dieses Gesetzes gelten, wenn sie Mitglieder der häuslichen Gemeinschaft sind:

a) Personen, die mit dem in Heimarbeit Beschäftigten (§ 1 Abs. 1) oder nach § 1 Abs. 2 Buchstabe a Gleichgestellten oder deren Ehegatten bis zum dritten Grade verwandt oder verschwägert oder von ihnen an Kindes Statt angenommen sind;

b) Mündel, Pflegekinder und Fürsorgezöglinge des in Heimarbeit Beschäftigten oder nach § 1 Abs. 2 Buchstabe a Gleichgestellten oder deren Ehegatten;

c) uneheliche Kinder eines in Heimarbeit Beschäftigten oder nach § 1 Abs. 2 Buchstabe a Gleichgestellten oder deren Ehegatten oder eines ihrer Abkömmlinge.

(6) Fremde Hilfskraft im Sinne dieses Gesetzes ist, wer als Arbeitnehmer eines Hausgewerbetreibenden oder nach § 1 Abs. 2 Buchstaben b und c Gleichgestellten in deren Arbeitsstätte beschäftigt ist.

§ 11 Verteilung der Heimarbeit

(1) Wer Heimarbeit an mehrere in Heimarbeit Beschäftigte ausgibt, soll die Arbeitsmenge auf die Beschäftigten gleichmäßig unter Berücksichtigung ihrer Mitarbeiter Leistungsfähigkeit verteilen.

(2) Der Heimarbeitsausschuß kann zur Beseitigung von Mißständen, die durch ungleichmäßige Verteilung der Heimarbeit entstehen, für einzelne Gewerbezweige oder Arten von Heimarbeit die Arbeitsmenge festsetzen, die für einen bestimmten Zeitraum auf einen Entgeltsbeleg (§ 9) ausgegeben werden darf. Die Arbeitsmenge ist so zu bemessen, daß sie durch eine vollwertige Arbeitskraft ohne Hilfskräfte in der für vergleichbare Betriebsarbeiter üblichen Arbeitszeit bewältigt werden kann. Für jugendliche Heimarbeiter ist eine Arbeitsmenge festzusetzen, die von vergleichbaren jugendlichen Betriebsarbeitern in der für sie üblichen Arbeitszeit bewältigt werden kann. Die Festsetzung erfolgt durch widerrufliche Entscheidung nach Anhörung der Beteiligten. Sie ist vom Vorsitzenden zu unterschreiben und bedarf der Zustimmung der zuständigen Arbeitsbehörde und der Veröffentlichung im Wortlaut an der von der zuständigen Arbeitsbehörde bestimmten Stelle. Sie tritt am Tage nach der Veröffentlichung in Kraft, wenn in ihr nicht ein anderer Zeitpunkt bestimmt ist. Die Vorschriften des § 8 Abs. 1 über die Auslegung und Vorlegung von Entgeltverzeichnissen gelten entsprechend.

(3) Soweit für einzelne Gewerbezweige oder Arten von Heimarbeit Bestimmungen nach Abs. 2 getroffen sind, darf an einen in Heimarbeit Beschäftigten eine größere Menge nicht ausgegeben werden. Die Ausgabe einer größeren Menge ist zulässig, wenn Hilfskräfte (Familienangehörige oder fremde Hilfskräfte) zur Mitarbeit herangezogen werden. Für diese Hilfskräfte sind dann weitere Entgeltbelege nach § 9 auszustellen.

(4) Aus wichtigen Gründen, insbesondere wenn nach Auskunft des Arbeitsamtes geeignete unbeschäftigte Heimarbeiter und Hausgewerbetreibende nicht oder nicht in ausreichender Zahl vorhanden sind, oder wenn besondere persönliche Verhältnisse eines in Heimarbeit Beschäftigten es rechtfertigen, kann der Vorsitzende des Heimarbeitsausschusses einem Auftraggeber die Ausgabe größerer Arbeitsmengen auf einen Entgeltbeleg gestatten. Die Erlaubnis kann jeweils nur für einen bestimmten Zeitraum, der sechs Monate nicht überschreiten darf, erteilt werden.

§ 24 Aufforderung zur Nachzahlung der Minderbeträge

Hat ein Auftraggeber oder Zwischenmeister einem in Heimarbeit Beschäftigten oder einem Gleichgestellten ein Entgelt gezahlt, das niedriger ist als das in einer Entgeltregelung gemäß den §§ 17 bis 19 festgesetzte, so kann ihn die Oberste Arbeitsbehörde des Landes oder die von ihr bestimmte Stelle auffordern, innerhalb einer in der Aufforderung festzusetzenden Frist den Minderbetrag nachzuzahlen und den Zahlungsnachweis vorzulegen.

§ 25 Klagebefugnis der Länder

Das Land, vertreten durch die Oberste Arbeitsbehörde oder die von ihr bestimmte Stelle, kann im eigenen Namen den Anspruch auf Nachzahlung des Minderbetrages an den Berechtigten gerichtlich geltend machen. Das Urteil wirkt auch für und gegen den in Heimarbeit Beschäftigten oder den Gleichgestellten.

4

Aus dem Gesetz zum Schutz der Jugend in der Öffentlichkeit i. d. F. vom 27. 7. 1957 (BGBl. I S. 1058):

§ 3

(1) Kindern und Jugendlichen darf in Gaststätten und Verkaufsstellen Branntwein weder abgegeben noch sein Genuß gestattet werden. Das gleiche gilt für überwiegend branntweinhaltige Getränke.

(2) Andere alkoholische Getränke dürfen in Gaststätten und Verkaufsstellen zum eigenen Genuß nicht abgegeben werden an

1. Kinder
2. Jugendliche unter 16 Jahren, die nicht von Erwachsenen begleitet werden.

§ 4

(1) Kindern und Jugendlichen unter sechzehn Jahren darf die Anwesenheit bei öffentlichen Tanzveranstaltungen nicht gestattet werden.

(2) Jugendlichen von sechzehn Jahren oder darüber darf die Anwesenheit bei öffentlichen Tanzveranstaltungen bis 24 Uhr gestattet werden, jedoch ab 22 Uhr nur in Begleitung eines Erziehungsberechtigten.

(3) Ausnahmen von Abs. 1 und 2 können auf Vorschlag der in § 2 des Reichsgesetzes für Jugendwohlfahrt vom 9. Juli 1922 (RGBl. I S. 633) vorgesehenen Organe (Landesjugendamt, Jugendamt) zugelassen werden.

§ 5

(1) Die Anwesenheit bei Varieté-, Kabarett- oder Revueveranstaltungen darf Kindern und Jugendlichen nicht gestattet werden.

(2) § 4 Abs. 3 gilt entsprechend.

§ 8

(1) Der Bundesminister des Innern ist ermächtigt, durch Rechtsverordnung mit Zustimmung des Bundesrates Veranstaltungen zu bezeichnen, die ihrer Art nach geeignet sind, auf Kinder und Jugendliche einen verrohenden Einfluß auszuüben.

(2) Kindern und Jugendlichen darf die Anwesenheit bei Veranstaltungen nicht gestattet werden, die in einer auf Grund des Absatzes 1 ergangenen Rechtsverordnung bezeichnet sind.

§ 9

Kindern und Jugendlichen unter sechzehn Jahren darf der Tabakgenuß in der Öffentlichkeit nicht gestattet werden.

§ 13

(1) Wer vorsätzlich als Veranstalter oder Gewerbetreibender

1. einer der in den §§ 2 bis 9 enthaltenen Vorschriften zuwiderhandelt und dadurch wenigstens leichtfertig ein Kind oder einen Jugendlichen in seiner körperlichen, geistigen oder sittlichen Entwicklung schwer gefährdet oder

2. Zuwiderhandlungen gegen die §§ 2 bis 9 beharrlich wiederholt,

wird mit Gefängnis bis zu einem Jahr und mit Geldstrafe oder mit einer dieser Strafen bestraft.

(2) Dem Veranstalter oder Gewerbetreibenden steht gleich, wer von diesen mit der Leitung oder Beaufsichtigung eines Betriebes oder Betriebsteiles oder ausdrücklich damit beauftragt ist, die Einhaltung der durch dieses Gesetz auferlegten Pflichten zu überwachen.

Erste Verordnung

zur Bezeichnung von Veranstaltungen gemäß § 8 Abs. 1 des Gesetzes zum Schutze der Jugend in der Öffentlichkeit

vom 2. April 1959 (BGBl. I S. 240)

§ 1

Veranstaltungen, die ihrer Art nach geeignet sind, auf Kinder und Jugendliche einen verrohenden Einfluß auszuüben, sind

a) Catcherveranstaltungen und Ringkampfveranstaltungen, die nicht nach den Regeln des griechisch-römischen Stils oder des olympischen Freistils ausgetragen werden,

b) Frauenringkämpfe,

c) Ringkämpfe im Schlamm und

d) Box- und Ringkämpfe auf Jahrmärkten, Schützenfesten oder ähnlichen öffentlichen Veranstaltungen.

5

Aus dem Gesetz über die Arbeitszeit in Bäckereien und Konditoreien vom 29. 6. 1936 i. d. F. vom 30. 4. 1938 (RGBl. I S. 521 und S. 437):

§ 1 Geltungsbereich

(1) Das Gesetz gilt

1. für gewerbliche Bäckereien und Konditoreien,

2. für Bäckereien und Konditoreien von Konsum- und anderen Vereinen,

3. für gewerbliche Betriebe, die neben Bäcker- oder Konditorwaren Zwieback, Keks, Biskuit, Honigkuchen, Lebkuchen oder Waffeln herstellen,

4. für andere gewerbliche Betriebe, soweit in ihnen Bäcker- oder Konditorwaren hergestellt werden, insbesondere in Gast-, Schank- und Bahnhofswirtschaften, Speiseanstalten aller Art (z. B. Pensionen, Heilanstalten, Kantinen), Warenhäusern und Mühlen.

(2) Für Betriebe, in denen Eisspeisen hergestellt werden, gilt das Gesetz insoweit, als die Herstellung in Räumen stattfindet, die gleichzeitig zur Herstellung von anderen Bäcker- oder Konditorwaren dienen.

§ 5 Nachtbackverbot

(1) In der Nachtzeit von einundzwanzig bis vier Uhr darf an Werktagen in den zur Herstellung von Bäcker- oder Konditorwaren dienenden Räumen niemand arbeiten.

(2) Unabhängig von dem Zeitpunkt ihrer Herstellung ist die Abgabe von Bäcker- oder Konditorwaren an die Verbraucher und das Austragen oder Ausfahren zur Belieferung der Verbraucher nur in der Zeit von sechseinhalb bis zweiundzwanzig Uhr, zur Belieferung von offenen Verkaufsstellen von sechseinviertel bis zweiundzwanzig Uhr zulässig. Die Vorschriften über die Abgabe aus offenen Verkaufsstellen werden hierdurch nicht berührt.

6

Aus der VO über die Arbeitszeit in Krankenpflegeanstalten vom 13. 2. 1924 (RGBl. I S. 66)

§ 1

In Krankenpflegeanstalten darf das Pflegepersonal in der Woche — einschließlich der Sonn- und Feiertage — bis zu 60 Stunden, die Pausen nicht eingerechnet, beschäftigt werden. Die tägliche Arbeitszeit soll in der Regel 10 Stunden nicht überschreiten und durch angemessene Pausen unterbrochen sein.

Als Krankenpflegeanstalten gelten öffentliche und private Anstalten, in denen Kranke oder Sieche versorgt werden, die ständiger ärztlicher Aufsicht oder fachkundiger Pflege bedürfen, ferner Entbindungsanstalten, Säuglingsheime und Irrenanstalten.

Als Pflegepersonal im Sinne dieser Verordnung gelten die Personen, die in einer derartigen Anstalt auf Grund eines Arbeits- oder Lehrverhältnisses überwiegend pflegerische Arbeiten leisten oder Arbeiten häuslicher oder sonstiger Art verrichten, die unmittelbar der Versorgung der Kranken dienen. Für Anstalten des Reichs wird durch den Reichsarbeitsminister, für die übrigen Anstalten durch die höheren Verwaltungsbehörden bestimmt, welche Arbeiten als pflegerische oder sonst unmittelbar der Versorgung der Kranken dienende anzusehen sind.

§ 2

Für Personen, die in einer von der obersten Landesbehörde als gemeinnützig anerkannten Krankenpflegeanstalt beschäftigt sind, gelten die Vorschriften dieser

Verordnung auch dann, wenn sie nicht zu dem Pflegepersonal (§ 1 Abs. 3) gehören, es sei denn, daß etwas anderes vereinbart ist. Im übrigen gilt für die in Krankenpflegeanstalten beschäftigten, nicht zum Pflegepersonal gehörenden Personen die Verordnung über die Arbeitszeit vom 21. Dezember 1923 (RGBl. I S. 1249).

Keine dieser Verordnungen gilt für die Krankenpflegeanstalten beschäftigten Personen,

a) die nach § 10 des Betriebsrätegesetzes nicht als Arbeitnehmer gelten,

b) die um ihrer eigenen dauernden Versorgung willen in der Anstalt aufgenommen sind.

7

Aus dem Mutterschutzgesetz vom 24. 1. 1952 (BGl. I S. 69) und vom 9. 8. 1960 (BGBl. I S. 665):

§ 8 Mehrarbeit, Nacht- und Sonntagsarbeit

(1) Werdende und stillende Mütter dürfen nicht mit Mehrarbeit, nicht in der Nacht zwischen 20 und 6 Uhr und nicht an Sonn- und Feiertagen beschäftigt werden. Das Verbot der Sonn- und Feiertagsarbeit gilt nicht für werdende und stillende Mütter, die im Haushalt mit hauswirtschaftlichen Arbeiten beschäftigt werden.

(2) Mehrarbeit im Sinne des Absatzes 1 ist jede Arbeit, die

a) von den im Haushalt mit hauswirtschaftlichen Arbeiten und den in der Landwirtschaft Beschäftigten über 9½ Stunden täglich und 108 Stunden in der Doppelwoche,

b) von Frauen unter 18 Jahren über 8 Stunden täglich und 80 Stunden in der Doppelwoche,

c) von sonstigen Frauen über 8½ Stunden täglich und 96 Stunden in der Doppelwoche

hinaus geleistet wird. In die Doppelwoche werden die Sonntage eingerechnet.

(3) Abweichend vom Nachtarbeitsverbot des Absatzes 1 dürfen werdende Mütter in den ersten vier Monaten der Schwangerschaft und stillende Mütter beschäftigt werden

a) in Gast- und Schankwirtschaften und im übrigen Beherbergungswesen bis 22 Uhr,

b) in der Landwirtschaft mit dem Melken von Vieh ab 5 Uhr.

(4) Im Verkehrswesen, in Gast- und Schankwirtschaften und im übrigen Beherbergungswesen, in Krankenpflege- und in Badeanstalten, bei Musikaufführungen, Theatervorstellungen, anderen Schaustellungen, Darbietungen oder Lustbarkeiten dürfen werdende oder stillende Mütter, abweichend von Absatz 1, an Sonn- und Feiertagen beschäftigt werden, wenn ihnen in jeder Woche einmal eine ununterbrochene Ruhezeit von mindestens 24 Stunden im Anschluß an eine Nachtruhe gewährt wird.

(5) An in Heimarbeit Beschäftigte und ihnen Gleichgestellte, die werdende oder stillende Mütter sind, darf Heimarbeit nur in solchem Umfang und mit solchen Fertigungsfristen ausgegeben werden, daß sie von der werdenden Mutter voraussichtlich während einer achtstündigen Tagesarbeitszeit, von der stillenden Mutter voraussichtlich während einer $7^1/_4$stündigen Tagesarbeitszeit an Werktagen ausgeführt werden kann. Das Gewerbeaufsichtsamt kann in Einzelfällen nähere Bestimmungen über die Arbeitsmenge treffen; falls ein Heimarbeitsausschuß besteht, hat es diesen vorher zu hören.

(6) Das Gewerbeaufsichtsamt kann in begründeten Einzelfällen Ausnahmen von den vorstehenden Vorschriften zulassen.

8

Aus dem Ladenschlußgesetz vom 28. 11. 1956 (BGBl. I S. 875) i. d. F. vom 14. 11. 1960 (BGBl. I S. 845):

§ 1 Verkaufsstellen

(1) Verkaufsstellen im Sinne dieses Gesetzes sind

1. Ladengeschäfte aller Art, Apotheken, Tankstellen, Warenautomaten und Bahnhofsverkaufsstellen,

2. sonstige Verkaufsstände und -buden, Kioske, Basare und ähnliche Einrichtungen, falls in ihnen ebenfalls von einer festen Stelle aus ständig Waren zum Verkauf an jedermann feilgehalten werden. Dem Feilhalten steht das Zeigen von Mustern, Proben und ähnlichem gleich, wenn Warenbestellungen in der Einrichtung entgegengenommen werden,

3. Verkaufsstellen von Genossenschaften.

(2) Zur Herbeiführung einer einheitlichen Handhabung des Gesetzes kann der Bundesminister für Arbeit im Einvernehmen mit dem Bundesminister für Wirtschaft durch Rechtsverordnung mit Zustimmung des Bundesrates bestimmen, welche Einrichtungen Verkaufsstellen gemäß Abs. 1 sind.

§ 13 Verkaufssonntage vor Weihnachten

Aufgehoben durch zweites Gesetz zur Änderung des Ladenschlußgesetzes vom 14. 11. 1960 (BGBl. I S. 845).

§ 17 Besonderer Schutz der Arbeitnehmer

(1) In Verkaufsstellen dürfen Arbeitnehmer an Sonn- und Feiertagen nur während der ausnahmsweise zugelassenen Öffnungszeiten (§§ 4 bis 15 und die hierauf gestützten Vorschriften) und, falls dies zur Erledigung von Vorbereitungs- und Abschlußarbeiten unerläßlich ist, während insgesamt weiterer dreißig Minuten beschäftigt werden.

(2) Die Dauer der Beschäftigungszeit des einzelnen Arbeitnehmers an Sonn- und Feiertagen darf acht Stunden nicht überschreiten.

9

Aus dem Bundesbeamtengesetz i. d. F. vom 18. 9. 1957 (BGBl. I S. 1338) und 9. 8. 1960 (BGBl. I S. 665):

§ 80 Mutterschutz- und Schwerbeschädigtenvorschriften

Die Bundesregierung regelt durch Rechtsverordnung die der Eigenart des öffentlichen Dienstes entsprechende Anwendung

1. der Vorschriften des Mutterschutzgesetzes auf Beamtinnen;
2. der Vorschriften des Schwerbeschädigtengesetzes auf schwerbeschädigte Beamte und Bewerber;
3. der Vorschriften des Jugendarbeitsschutzgesetzes vom 9. August 1960 (BGBl. I S. 665) auf Beamte unter 18 Jahren.

10

Aus der amtlichen Begründung des Regierungsentwurfs zum JArbSchG:

(Die Zahlen in den Klammern bezeichnen die Paragraphen des Reg.Entw.)

zu § 10 Abs. 1 (§ 8)

Das Hauptanliegen des Entwurfs ist die Verkürzung der Arbeitszeit. Sie ist notwendig und in der vorgesehenen Form auch durchführbar.

Die Verkürzung der Arbeitszeit wird demgemäß im Entwurf mit längeren Ruhepausen während der Arbeit, mit einer längeren zusammenhängenden wöchentlichen Freizeit durch Beschneiden der Ausnahmen vom Frühschluß an Samstagen und von der Sonntagsruhe und mit einem vierwöchigen Urlaub gekoppelt.

Ob die Berufsausbildung durch die vorgesehene Verkürzung der Arbeitszeit leidet, mag dahingestellt bleiben. Angesichts des Vorrangs des Arbeitsschutzes vor der Berufsausbildung müßten solche Bedenken zurückgestellt werden. Abgesehen davon scheinen die Betriebe, die bereits die Arbeitszeit allgemein auf weniger als 48 Stunden festgesetzt haben, der Ansicht zu sein, sie könnten ihren Verpflichtungen zur Berufsausbildung auch bei einer kürzeren Ausbildungszeit als 48 Stunden nachkommen.

zu § 10 Abs. 2 (§ 8 Abs. 2)

Da es wegen der Verhältnisse im unterirdischen Betrieb aus Sicherheitsgründen erforderlich ist, daß die Jugendlichen mit den Erwachsenen zusammen ein- und ausfahren, sie also die volle Schicht der Erwachsenen mitmachen, muß zur

Erreichung einer 42stündigen durchschnittlichen Wochenarbeitszeit ein längerer Ausgleichszeitraum zur Verfügung gestellt werden; für den Ausgleich werden bei einer Schichtzeit von acht Stunden vier Wochen, während welcher Frist drei freie Schichten anfallen, ... benötigt.

zu § 10 Abs. 3 (§ 8 Abs. 3)

Die Bereitstellung eines Ausgleichszeitraums von fünf Wochen ist im Gegensatz zu § 9 Abs. 2 JSchG und zur Arbeitszeitordnung im Entwurf auf den Fall beschränkt worden, daß „in Verbindung mit Feiertagen" an Werktagen nicht gearbeitet wird. Dagegen soll die durch Betriebsfeiern, Volksfeste u. ä. ausfallende Arbeitszeit nicht mehr nachgearbeitet werden können, wenn dabei eine Arbeitszeit von acht Stunden täglich überschritten werden müßte. Eine Arbeitszeit von mehr als acht Stunden ist nur vertretbar, wenn ihr als Ausgleich eine längere zusammenhängende Freizeit gegenübersteht.

zu § 10 Abs. 5 (§ 8 Abs. 4)

Durch die Vorschrift, daß die Arbeitszeit, die infolge eines gesetzlichen Wochenfeiertages ausfällt, auf die Wochenarbeitszeit angerechnet wird, ist sichergestellt, daß der Wochenfeiertag nicht nachgearbeitet, also z. B. in einer solchen Woche nicht an dem sonst freien Samstag gearbeitet werden darf.

zu § 14 Abs. 4 (§ 12)

Die Ausnahmebestimmung entspricht dem geltenden Recht. Es gibt Betriebe, z. B. Verkehrsbetriebe, in denen Pausen, wie sie das Gesetz vorschreibt, nur unter erheblicher Behinderung durchgeführt werden könnten. Andererseits gibt es besonders belastende Arbeiten, z. B. in erheblichem Lärm oder Staub, oder körperlich anstrengende Arbeiten, bei denen zusätzliche Pausen notwendig sein können.

zu § 16 Abs. 2ff. (§ 14)

Die besonderen Verhältnisse in einzelnen Wirtschaftszweigen und bei bestimmten Beschäftigungsarten (z. B. Gast- und Schankwirtschaften, Bäckereien, mehrschichtigen Betrieben, öffentlichen Veranstaltungen) machen es nach wie vor notwendig, daß die Nachtruhe eingeschränkt wird in dem Sinn, daß sie erst nach 20 Uhr, jedoch nicht nach 23 Uhr beginnen und schon vor 6 Uhr, jedoch nicht vor 5 Uhr enden darf. Der Grundsatz des § 15 über die tägliche ununterbrochene Freizeit von zwölf Stunden bleibt hiervon unberührt. Wenn also ein Jugendlicher über 16 Jahre in einem mehrschichtigen Betrieb bis 23 Uhr beschäftigt wird, so darf er am nächsten Tag nicht vor 11 Uhr wieder zur Arbeit herangezogen werden. Das schließt einen Schichtwechsel in kürzeren als wöchentlichen Abständen in der Regel aus; der Schichtwechsel wird vielmehr nach dem Sonntag oder dem sonstigen freien Wochentag (vgl. § 18 Abs. 4) stattfinden müssen.

zu § 19 Abs. 1 u. 2 (§ 17)

Vor Ablauf dieser 3monatigen Wartezeit besteht keine Verpflichtung zur Urlaubserteilung, also bei Ausscheiden vor Ablauf der drei Monate auch keine Verpflichtung zur anteiligen Gewährung gemäß Absatz 2 Satz 2.

Die Vorschrift in Absatz 2, daß anteiliger Urlaub sowohl im Fall einer kürzeren als 6monatigen Beschäftigung im Kalenderjahr als auch im Fall einer fristlosen, auf schuldhaftes Verhalten des Jugendlichen gestützten Kündigung oder eines unberechtigten vorzeitigen Verlassens des Arbeitsplatzes zu gewähren ist, beruht auf der Erwägung, daß dem Arbeitgeber in diesen Fällen die Gewährung eines 4wöchigen Urlaubs nicht zugemutet werden kann.

zu § 19 Abs. 5 (§ 17)

Dadurch, daß dem Jugendlichen verboten wird, während des Urlaubs eine dem Urlaubszweck widersprechende Erwerbsarbeit zu leisten, soll verhindert werden, daß der Jugendliche den Urlaub nicht zur Erholung benutzt, sondern sich anderweitig Geld verdient, sei es durch abhängige, sei es durch selbständige Tätigkeit, falls hierdurch der Urlaubszweck beeinträchtigt wird. Das ist von Fall zu Fall zu prüfen. Bei einem Stadtjungen, der Arbeit im Sitzen verrichtet, wird z. B. die sich in Grenzen haltende Mithilfe in einem landwirtschaftlichen Betrieb während des Urlaubs der Erholung nicht schaden, vielmehr ihr u. U. sogar nützen.

zu § 19 Abs. 6 u. 7 (§ 17)

Die Verpflichtung zur Abgeltung besteht jedoch nicht, wenn der Jugendliche durch eigenes Verschulden fristlos entlassen ist oder wenn er das Beschäftigungsverhältnis vorzeitig löst. In diesem Fall dem Jugendlichen, der vielleicht nach unberechtigtem vorzeitigem Verlassen des einen Betriebes sofort eine Stelle in einem anderen Betrieb angetreten hat, auch noch eine Abgeltung zukommen zu lassen, wäre unbillig.

Absatz 7: Die Bestimmung soll verhindern, daß einem Jugendlichen, der vom ersten Beschäftiger bereits Urlaub oder eine Urlaubsabgeltung erhalten hat, noch vom zweiten Beschäftiger der volle Urlaub gewährt werden muß.

zu § 23 (§ 20)

Die Sondervorschriften gelten für die Beschäftigung im Familienhaushalt. Mädchen, die in Anstaltshaushalten beschäftigt werden, fallen unter die Allgemeinen Vorschriften des Ersten Titels über die Arbeitszeit. Ob die jungen Mädchen in die häusliche Gemeinschaft aufgenommen sind oder nicht, ist gleichgültig; die Sondervorschriften gelten auch für jugendliche Aufwartefrauen, Halbtagsmädchen usw.

Bei der Festlegung der Grenze der Arbeitszeit in der Landwirtschaft muß auf den erhöhten Arbeitsanfall in den Sommermonaten Rücksicht genommen werden. Dies ist dadurch geschehen, daß während der 6 Monate von Mai bis Oktober die Jugendlichen länger als während der übrigen Monate beschäftigt werden dürfen, und zwar 9 Stunden täglich und 96 Stunden in der Doppelwoche statt 8 Stunden täglich. zu § 30 (§ 27)

Die Beschäftigung Jugendlicher mit Akkord- und Fließarbeit ist bedenklich. Sie birgt die Gefahr in sich, daß der Jugendliche durch die Aussicht auf höheren Verdienst angereizt wird, sich übermäßig anzustrengen, zumal ihm die Erfahrungen der Erwachsenen, die wissen, was sie ihren Kräften zumuten dürfen, abgehen und er daher geneigt ist, seine Kräfte zu überschätzen. zu § 38 (§ 34)

Ähnlich liegen die Dinge bei Fließarbeit mit vorgeschriebenem Arbeitstempo. Hier kommt allerdings die Gefahr, die Kräfte übermäßig anzustrengen, von außen durch das vom Fließband vorgeschriebene Arbeitstempo. Nun ist einmal dieses Tempo in der Regel auf die Kräfte und die Arbeitsroutine von Erwachsenen zugeschnitten, zum andern ist für Jugendliche der Zwang, eine Arbeit gleichmäßig im selben Tempo für längere Zeit durchzuhalten, sehr viel belastender als für Erwachsene. Ob es sich hierbei um leichte oder schwere Arbeiten handelt, ist gleichgültig. Nicht die Schwere der Arbeit ist hier von Bedeutung, sondern der Zwang zur Einhaltung eines bestimmten, von außen vorgeschriebenen Tempos.

Bei Akkordarbeit handelt es sich begrifflich um eine Arbeit, bei der sich die Lohnhöhe nach dem Ergebnis der Arbeit bestimmt. Wenn also ein Jugendlicher mit erwachsenen Akkordarbeitern zusammen arbeitet, selbst aber in Zeitlohn beschäftigt wird, fällt er nicht unter das Verbot des § 38. Unter „sonstigen Arbeiten, bei denen durch ein gesteigertes Arbeitstempo ein höheres Entgelt erzielt werden kann", sind z. B. Arbeiten zu verstehen, bei denen der Arbeitnehmer dafür, daß er in einer bestimmten Zeit mehr als ein bestimmtes

Arbeitsquantum erledigt, zu seinem Zeitlohn noch Prämie erhält.

zu § 42 (§ 38)

Besagt an sich nicht mehr, als bereits in §§ 617 und 618 Abs. 2 BGB und § 22 Abs. 2 der Handwerksordnung vorgeschrieben ist. Seine Aufnahme in das Jugendarbeitsschutzgesetz ist trotzdem notwendig, weil die Pflichten des Beschäftigers damit zu öffentlich-rechtlichen Arbeitsschutzverpflichtungen erhoben werden, deren Einhaltung vom Gewerbeaufsichtsamt überwacht und notfalls erzwungen wird und deren Verletzung mit Strafe bedroht ist.

zu § 44 (§ 40)

Wenn dritte Personen im Zusammenhang mit einer Arbeitsleistung des Jugendlichen diesem Branntwein oder Zigaretten verabreichen (z. B. der Wohnungsinhaber anläßlich einer Reparatur in der Wohnung), so ist das weder verboten noch ist der Beschäftiger verpflichtet, das zu verhindern.

zu § 45 (§ 41)

Absatz 1 ordnet an, was im Falle der Neueinstellung eines Jugendlichen, sei es eines Jugendlichen, der mit 14 Jahren oder auch in einem späteren Lebensalter erstmals in das Erwerbsleben eintritt, sei es eines Jugendlichen, der vorher schon bei anderen gearbeitet hat, zu beachten ist. Ein solcher Jugendlicher darf erst eingestellt werden, nachdem er vorher ärztlich untersucht worden ist und darüber eine Bescheinigung vorliegt.

zu §§ 54—58 (§§ 51—56)

Die Vorschriften über die vom Arbeitgeber zu führenden Verzeichnisse sind im Entwurf gegenüber dem geltenden Recht (vgl. § 23 JSchG, Nr. 55 bis 65 der AVO) entsprechend den Wünschen der Gewerbeaufsicht der Länder erheblich vereinfacht worden, soweit dies nur mit dem Zwecke der Bestimmungen vereinbar ist, dem Aufsichtsbeamten ein Mindestmaß von Unterlagen, die er für die Nachprüfung braucht, zu verschaffen. Für Haushalte und kleinere landwirtschaftliche Betriebe würden auch diese Vorschriften zu weit gehen; für sie sind deshalb in § 5 Erleichterungen getroffen.

Im übrigen sind die Vorschriften über Auslage des Gesetzes, Einsicht in die Verzeichnisse, Pflicht des Arbeitgebers zur Auskunftserteilung und zur Vorlage der Verzeichnisse usw. fast unverändert aus dem geltenden Recht übernommen worden. Die in § 59 Abs. 1 und 2 aufgestellte Pflicht zur Vorlage von Unterlagen bezieht sich nur auf die beim Arbeitgeber bereits vorhandenen Unterlagen und bedeutet nicht, daß er Unterlagen, die er nicht besitzt, die aber für die Kontrolle nützlich wären, zu beschaffen brauchte.

Führt die Ausnahmen und Sonderregelungen für die Beschäftigung verwandter Kinder und Jugendlicher auf. zu § 71 (§ 69)

Zunächst wird die Anwendung der Vorschriften, die Zahlungsansprüche zum Inhalt haben, also der Vorschriften über Bezahlung der Mehrarbeit, der Berufsschulzeit und der Sonntagsarbeit sowie über die Urlaubsabgeltung ausgeschlossen. Weiter erschien es tunlich, von den Vorschriften betreffend häusliche Gemeinschaft, Züchtigungsverbot und Verbot der Abgabe von Alkohol und Tabak die Eltern auszunehmen. Die diesbezüglichen Pflichten des Arbeitsgebers lassen sich von denen, die den Eltern nach dem BGB obliegen, nicht trennen. Was Eltern ihren Kindern an Unterkunft, Kost und Pflege im Krankheitsfall zukommen lassen müssen, richtet sich nach familienrechtlichen Vorschriften, und die Anwendung angemessener Zuchtmittel, wozu auch die körperliche Züchtigung gehört, ist den Eltern nach § 1631 BGB gestattet. Es kann nicht Aufgabe des Jugendarbeitsschutzes sein, insoweit Vorschriften des BGB zu modifizieren. Was schließlich die Abgabe von Alkohol und Tabak angeht, so kann hier wohl nie mit Sicherheit festgestellt werden, ob dies auf Grund des Beschäftigungsverhältnisses geschieht oder unabhängig davon auf Grund der Eltern-Kind-Beziehungen. § 39 betreffend Verbot der Beschäftigung durch bestimmte Personen soll ebenfalls nicht gelten. Das Verbot der Beschäftigung von Kindern wird etwas gelockert, indem die eigenen Kinder über 12 Jahre mit leichten und für sie geeigneten Arbeiten gelegentlich beschäftigt werden dürfen.

Schließlich sollen auch die Vorschriften über Straftaten und Ordnungswidrigkeiten gegen die Eltern nicht angewendet werden. Zugleich wird die zwangsweise Durchsetzung der Vorschriften des Gesetzes gegen die Eltern (vgl. § 60 Abs. 2) und die zwangsweise Entfernung von Kindern und Jugendlichen aus dem elterlichen Betrieb (vgl. § 61) untersagt. Man verspricht sich mehr davon, wenn von erheblichen Verstößen das Jugendamt in Kenntnis gesetzt wird. Dieses kann alsdann mit seinen eigenen Mitteln eingreifen und evtl. das Vormundschaftsgericht benachrichtigen.

11

Aus dem schriftlichen Bericht des Ausschusses für Arbeit des Deutschen Bundestages, 3. Wahlperiode, Drucks. 1816

Der Ausschuß ist jedoch in Übereinstimmung mit dem Ausschuß für Familien- und Jugendfragen der Ansicht, daß es zur Zeit der Landwirtschaft, insbesondere den kleinbäuerlichen Betrieben, noch nicht zugemutet werden kann, völlig auf die Mithilfe fremder Kinder zu verzichten, weil sonst die Erledigung aller notwendigen Arbeiten, zumal in der Erntezeit, nicht gewährleistet ist, wenn es auch das Ziel bleibt, die Kinderarbeit in der Landwirtschaft in jeder Form zu beseitigen. zu § 9 (§ 7a)

Der Ausschuß hat deshalb beschlossen, die Beschäftigung fremder Kinder in der Landwirtschaft in einem sehr engen Rahmen zuzulassen. Die Beschäftigung wird demgemäß beschränkt auf Kinder über 12 Jahre; und auch diese dürfen nicht regelmäßig, sondern nur gelegentlich, z. B. bei der Obst- oder Kartoffelernte, herangezogen werden. Weitere Sicherungen sind dadurch getroffen, daß die Kinder nur mit leichten und für Kinder geeigneten Hilfeleistungen (das Wort „Arbeiten" ist bewußt vermieden worden), nicht zwischen 18 und 8 Uhr, nicht vor dem Schulunterricht und nicht an Sonn- und Feiertagen, beschäftigt werden dürfen.

Nach Ansicht der Mehrheit des Ausschusses ist es, um den Jugendlichen eine häufigere Teilnahme an Veranstaltungen der Jugendgruppen, an sportlichen Veranstaltungen o. ä. am Samstagnachmittag zu ermöglichen, geboten, die Zahl der Samstagnachmittage, die auf jeden Fall freibleiben müssen, auf zwei im Monat zu erhöhen. Der Ausschuß hat deshalb einen entsprechenden Beschluß gefaßt, wobei er gleichzeitig aus dieser Vorschrift — um ihrer Bedeutung willen — einen besonderen Absatz gemacht hat. zu § 17 Abs. 3 (§ 15)

Der Ausschuß stellt ausdrücklich fest, daß Heimarbeit, die nach Stückzahl entlohnt zu werden pflegt, nicht unter den Begriff „Akkordarbeit" und damit nicht unter § 34 fällt. zu § 38 Abs. 1 (§ 34)

Erörterungen im Ausschuß darüber, ob eine Ausnahme vom Verbot der Akkordarbeit überhaupt vorgesehen werden soll oder ob es nicht besser für Akkordarbeit bei dem uneingeschränkten Verbot des Absatzes 1 verbleibt, wie dies der Ausschuß für Familien- und Jugendfragen empfohlen zu § 38 Abs. 2 (§ 34) hat, ergaben als Ansicht der Mehrheit, daß Akkordarbeit nicht unbedingt belastender zu sein braucht als Fließarbeit, daß vielmehr auch u. U. Akkordarbeit unbedenklich sein kann und deshalb kein Anlaß besteht, die Möglichkeit einer Ausnahmebewilligung hier auszuschließen.

Bereits der Bundesrat hatte empfohlen, die Verpflichtung des Beschäftigers, einen in die häusliche Gemeinschaft aufgenommenen Jugendlichen bei Erkrankung zu versorgen, auf 6 Wochen zu beschränken; dem hatte die Bundesregierung zugestimmt. zu § 42 (§ 38)

Darüber hinaus hat der Rechtsausschuß vorgeschlagen, von einer Verpflichtung des Arbeitgebers zur Fürsorge im Krankheitsfall dann abzusehen, wenn die Erkrankung von dem Jugendlichen vorsätzlich oder fahrlässig herbeigeführt worden ist. Der Ausschuß hat sich diesen Vorschlägen, die sämtlich auf eine Beschränkung der Verpflichtung des Beschäftigers hinauslaufen, angeschlossen. Es erscheint dem Ausschuß unbillig, den Beschäftiger mit einer zeitlich unbegrenzten Fürsorgepflicht, wie sie im Regierungsentwurf vorgesehen ist, zu belasten, da sie ihn bei langdauernder Erkrankung des Jugendlichen u. U. in erhebliche Schwierigkeiten bringt.

Der Ausschuß hat deshalb entsprechende Einschränkungen der Pflichten des Beschäftigers bei Erkrankung nach dem Vorbild des § 617 Abs. 1 BGB beschlossen[1].

12

I. Als Aufsichtsbehörde gemäß § 60 sind bestimmt die Gewerbeaufsichtsämter. Für Betriebe, die der Bergaufsieht unterliegen das Bergamt.

II. In den einzelnen Ländern sind folgende Verordnungen zum JArbSchGes. ergangen:

Bayern

VO zur Durchführung des JArbSchGes. vom 13. 10. 1960 (Bayr.GVBl. 1960, S. 235, in Kraft getreten am 25. 10. 1960).

Darin wird bestimmt:

Maßnahmen für Betriebe der Landwirtschaft nach §§ 11 Abs. I, 14 Abs. IV, 37 Abs. III, 38 Abs. II, 40 Abs. III, 42 Abs. II, 47 Abs. II, 48, 52 Abs. II und 61 sind im Benehmen mit dem für den Betrieb zuständigen Landwirtschaftsamt zu treffen.

---

[1] Die Änderung ist vom BT. nicht angenommen.

Ausnahmegenehmigungen nach § 62 erteilt das Staatsministerium für Arbeit und soziale Fürsorge.

Für die Bergaufsicht unterliegende Betriebe:
im Einvernehmen mit dem Staatsministerium für Wirtschaft und Verkehr

für Landwirtschaft:
im Einvernehmen mit dem Staatsministerium für Landwirtschaft.

Der Ausschuß für Jugendarbeitschutz (§ 64) wird beim Staatsministerium für Arbeit und soziale Fürsorge als oberster Landesbehörde gebildet.

Die Aufsicht über die Beschäftigung im Familienhaushalt ist auf gelegentliche Revisionen beschränkt.

Bremen

VO über die Zuständigkeit der Verwaltungsbehörden nach dem JArbSchG vom 8. 11. 60 (GBl. Bremen 1960 S. 127, in Kraft getreten 18. 11. 60).

Zuständige Behörde für Maßnahmen nach § 39 Abs. 2 ist „der für den Arbeitsschutz zuständige Senator", der seine Entscheidung im Benehmen mit „dem für Wirtschaft und für die Jugend zuständigen Senator" trifft.

Der Ausschuß (§ 64) wird bei dem Senator für Arbeit gebildet.

Er ist zuständig für Ausnahmegenehmigung nach § 62.

Zur Ahndung von Ordnungswidrigkeiten zuständige Behörde ist für Bremen das Stadt- und Polizeiamt.

für Bremerhaven der Magistrat der Stadt Bremerhaven (Bek. v. 29. 11. 1960 GBl. S. 135).

Hessen

Anordnung über die Zuständigkeit von Verwaltungsbehörden nach dem JArbSchGes. vom 23. 9. 60, in Kraft getreten am 1. 10. 60 (Hess. GVBl. 1960, S. 207).

Zuständige Behörde für Maßnahmen nach § 39 Abs. II ist der Regierungspräsident.

Für der Bergaufsicht unterliegende Betriebe das Oberbergamt.

Für Ausnahmebewilligungen nach § 62 Min. für Arbeit, Volkswohlfahrt und Gesundheitswesen.

Dort wird auch der Ausschuß nach § 64 gebildet.

Nordrhein-Westfalen (vgl. auch unter III)

Erste VO zur Ausführung des JArbSchGes. vom 4. 10. 1960 (GVBl. NRW 1960, S. 338, in Kraft getreten am 15. 10. 1960).

Zuständig für Ausnahmen nach § 11 Abs. I Nr. 2 und § 18 Abs. III der Regierungspräsident.

Für Betriebe, die der Bergaufsicht unterliegen, das Oberbergamt.

Für Ausnahmebewilligungen nach § 62 der Arbeits- und Sozialminister.

Für Betriebe, die der Bergaufsicht unterliegen, der Minister für Wirtschaft und Verkehr.

Der Ausschuß für JArbSch. (§ 64) wird beim Arbeits- und Sozialministerium gebildet.

Die Aufsicht über die Beschäftigung im Familienhaushalt ist auf gelegentliche Revisionen beschränkt.

Zur Ahndung von Ordnungswidrigkeiten zuständige Behörde im Sinne von § 73 OwiG ist das staatliche Gewerbeaufsichtsamt.

Diese Behörde entscheidet auch über Abänderung und Aufhebung eines rechtskräftigen, gerichtlich nicht nachgeprüften Bußgeldbescheides (§ 66 OwiG).

Für die örtliche Zuständigkeit gilt § 1 Abs. III.

„Örtlich zuständig ist die Behörde, in deren Bezirk die Beschäftigung stattfindet oder stattfinden soll. Soll sich eine auf Grund des JArbSchGes. zu treffende Entscheidung auf die Beschäftigung an mehreren Orten erstrecken, so ist örtlich zuständig,

a) falls die Beschäftigung an einem Ort überwiegt, die Behörde, in deren Bezirk sich dieser Ort befindet,

b) im übrigen die Behörde, in deren Bezirk sich der Sitz oder Wohnsitz des Arbeitgebers befindet.“

Rheinland-Pfalz

Regelung der Zuständigkeiten nach dem JArbSchG AO der Landesregierung vom 8. 11. 60 — E 95/60 (MinBl. Rheinland-Pfalz 1960 Sp. 1089).

Zuständig für Maßnahmen nach § 39 Abs. II die Bezirksregierung.

Für die der Bergaufsicht unterliegende Betriebe das Oberbergamt.

Für Ausnahmebewilligung nach § 62 Sozialminister im Einvernehmen mit Wirtschafts- und Verkehrsminister.

Oberste Landesbehörde im Sinne von § 64 und zur Ahndung von Ordnungswidrigkeiten (§ 73 OwiG) Sozialminister.

Saarland

1. VO zur Durchführung des Gesetzes zum Schutze der arbeitenden Jugend vom 4. 10. 1960 (Amtsblatt des Saarlandes 1960 S. 799, in Kraft getreten am 1. 10. 1960).

Zuständig für Ausnahmebewilligung nach § 62 Ministerium für Arbeit und Sozialwesen.

Für der Bergaufsicht unterliegende Betriebe der Minister für Wirtschaft, Verkehr und Landwirtschaft.

Oberste Landesbehörde im Sinne von § 64 Minister für Arbeit und Sozialwesen.

III. Weitere Durchführungsbestimmungen Nordrhein-Westfalen:

Auszug aus dem RdErl. des Arbeits- und Sozialministers vom 10. 10. 1960 III B 5 — 8420 — (III B 63/60) MinBl. für das Land Nordrhein-Westfalen Nr. 115)

5. Zu § 11 JArbSchG:

5.1 . . . .

5.2 Voraussetzung für die Bewilligung verlängerter Arbeitszeiten für Jugendliche über 16 Jahre ist

a) das Vorliegen dringender Gründe des Gemeinwohls
oder

b) das drohende Eintreten eines unverhältnismäßigen, auf andere Weise nicht zu verhütenden erheblichen Schadens für den Betrieb, falls die gesetzlich vorgeschriebene Höchstarbeitszeit der Jugendlichen eingehalten werden müßte.

Zu a) Der Begriff des Gemeinwohls ist im Arbeitsschutzrecht eng auszulegen. Voraussetzung für die Bewilligung einer Ausnahme ist, daß übergeordnete und höherwertige Gründe des allgemeinen Wohls eine Durchbrechung der grundsätzlichen Höchstgrenze der Arbeitszeit gerechtfertigt erscheinen lassen. Darüber hinaus müssen diese Gründe dringend sein. Diese Voraussetzungen können z. B. vorliegen, wenn es sich um die Sicherung der Volksernährung, die Versorgung der Bevölkerung mit Strom, Gas und Wasser oder um den Schutz großer Mengen von Lebensmitteln vor drohenden Verderb handelt. Örtliche Gewohnheiten oder Bedürfnisse eines begrenzten Personenkreises, betriebswirtschaftliche oder betriebstechnische Belange stehen den Gründen des Gemeinwohls nicht gleich.

Zu b) Es ist davon auszugehen, daß es sich um eine Situation für den Betrieb handeln muß, die nur in außergewöhnlichen Fällen entstehen kann. Hierher gehören beispielsweise schwerwiegende Betriebsstörungen, die behoben und deren Auswirkungen kurzfristig überwunden werden müssen, ferner die unerwartete Anlieferung großer Mengen von Lebensmitteln oder Rohstoffen, die zur Verhütung ihres Verderbens verarbeitet oder gesichert untergebracht werden müssen, oder der plötzliche Ausfall einer erheblichen Zahl von Arbeitskräften, der den Betriebsfortgang in Frage stellt.

Dabei muß der Schaden, der in solchen außergewöhnlichen Fällen droht, für den Betrieb erheblich sein. Er muß über das normale Betriebsrisiko hinausgehen. Er muß aber auch unverhältnismäßig schwer wiegen gegenüber dem zu schützenden Gut: der gesunden Entwicklung der Jugendlichen. Er muß also so bedeutend sein, daß

die Verkürzung der Freizeit und die erhöhte Belastung durch Mehrarbeit ausnahmsweise in Kauf zu nehmen sind.
Weitere Voraussetzung für die Bewilligung einer Ausnahme ist, daß keine Möglichkeit bestand, dem Eintreten des Schadens vorzubeugen und daß der Schaden nicht ohne die Mehrarbeit der Jugendlichen abgewendet werden kann. Damit wird gefordert, daß der Unternehmer die Lage, mit der die Gefahr des Schadens verbunden ist, nicht planmäßig oder unter Außerachtlassung der notwendigen Sorgfalt bei seinen Dispositionen herbeigeführt hat. Er darf z. B. nicht Aufträge übernommen haben, die in der vereinbarten Frist bei der durch Einrichtung und Personal gegebenen betrieblichen Kapazität nur mit Mehrarbeit der Jugendlichen erledigt werden können. Es muß auch feststehen, daß andere Mittel als die Mehrarbeit der Jugendlichen — z. B. Zurückstellen weniger wichtiger Arbeiten, Einstellen von Zusatzkräften (evtl. für halbe Tage), Beteiligung eines Unterlieferanten — nicht angewandt werden können oder nicht ausreichen, um den Betrieb vor einem erheblichen Schaden zu bewahren. Nur wenn alle Möglichkeiten erschöpft sind, kann die Bewilligung einer Ausnahme in Betracht kommen.

6. Zu § 14 Absatz 4 JArbSchG:

6.3 Bei der Anwendung dieser Bestimmung ist folgendes zu beachten:

a) Es ist zu erwarten, daß die Befolgung der neuen Vorschriften in den Betrieben auf Schwierigkeiten stoßen wird, da u. U. drei voneinander abweichende Pausenregelungen einzuhalten sind, nämlich für erwachsene Männer, für erwachsene Frauen und für Jugendliche. Diese Schwierigkeiten werden zwar z. T. durch die Verkürzung der täglichen Arbeitszeit der Jugendlichen gemildert, sie werden aber nicht unerheblich sein, wenn Jugendliche mit Erwachsenen Hand in Hand arbeiten sollen. Der Gesetzgeber hat, wie aus der Entstehungsgeschichte des Gesetzes hervorgeht, diese Auswirkungen durchaus erkannt, er hat sie jedoch in Kauf genommen, weil er das Schutzbedürfnis der Jugendlichen höher bewertete. Anträge auf Pausenverkürzung, die mit dem Wunsch nach einheitlicher Arbeitszeiteinteilung für alle Arbeitnehmer — sei es auch wegen des Zusammenarbeitens von Jugendlichen und Erwachsenen — begründet werden, sind daher abzulehnen.

b) Einen wichtigen Grund im Sinn des Gesetzes können beispielsweise besonders ungünstige Verkehrsverhältnisse bilden. Doch ist hierbei zu prüfen, ob eine Pausenverkürzung nicht durch geeignete Maßnahmen betrieblicher Art vermieden werden kann. Ferner ist stets der zur Begründung des Antrags vorgebrachte Sachverhalt gegen das Schutzbedürfnis der Jugendlichen abzuwägen. Nur wenn er sich als so schwerwiegend erweist, daß das an sich vorrangige Interesse an der Einhaltung der vorgeschriebenen Mindestpausen ausnahmsweise zurücktreten kann, ist die Bewilligung einer Ausnahme zu erwägen.

11. Zu § 38 JArbSchG:

11.2 Zunächst greift das gesetzliche Verbot dann Platz, wenn dem Jugendlichen selbst durch die Art seiner Entlohnung ein Anreiz zur gesteigerten Arbeitsleistung geboten wird. Darüber hinaus werden aber auch die Fälle von dem Verbot erfaßt, in denen der Jugendliche zwar selbst nicht nach Mengenleistung entlohnt wird, jedoch mit in dieser Weise entlohnten Erwachsenen so zusammen arbeitet, daß er sich dem gesteigerten Arbeitstempo nicht entziehen kann. Andernfalls bestände die Gefahr, daß das gesetzliche Verbot durch eine dem Gesetzeszweck in gleicher Weise wie die Akkordarbeit zuwiderlaufende Arbeitsweise umgangen würde. Der Zweck des Gesetzes ist darauf gerichtet, Jugendliche vor den Folgen eines ihrem Leistungsvermögen nicht angepaßten Arbeitstempos zu bewahren. Deutlich wird dies u. a. daran, daß auch die Beschäftigung mit Fließarbeit in vorgeschriebenem Arbeitstempo verboten worden ist.

11.4 Während die in § 38 Abs. 1 JArbSchG genannten Arbeiten für Jugendliche unter 16 Jahren ausnahmslos verboten sind, können die Staatlichen Gewerbeaufsichtsämter unter bestimmter Voraussetzung für Jugendliche über 16 Jahre Ausnahmen bewilligen. Dabei ist folgendes zu beachten:

a) Von der generellen gesetzlichen Norm abweichende Verwaltungsentscheidungen sind nach rechtsstaatlichen Grundsätzen nur zulässig, wenn und solange sie den Charakter einer vorübergehenden Ausnahme besitzen. § 63 Abs. 1 JArbSchG sieht daher vor, daß Ausnahmen nur befristet bewilligt werden können. Von Bedeutung ist ferner die Vorschrift in § 63 Abs. 2 JArbSchG, wonach Ausnahmen höchstens für den Bereich e i n e s Betriebes zugelassen werden können, nicht also für Industriezweige oder Gruppen von Betrieben. Weitergehende Regelungen würden letzten Endes den Charakter einer Gesetzesänderung haben und geeignet sein, den Schutz, den der Gesetzgeber den Jugendlichen zugedacht hat, zu gefährden.

b) Daher kann Anträgen, mit denen — oft für ganze Industriezweige einheitlich — auf die Dauer eine Befreiung von den gesetzlichen Verboten erstrebt wird, nicht stattgegeben werden.

c) Betrieben, die infolge des erstmaligen Verbots der Beschäftigung Jugendlicher mit Fließarbeit durch das Inkrafttreten des Jugendarbeitsschutzgesetzes zu einer Umstellung genötigt sind und hierbei besonders große Schwierigkeiten zu überwinden haben, können — sofern die übrigen Voraussetzungen erfüllt sind — Ausnahmen bewilligt werden; solche Ausnahmen sind jedoch auf eine Übergangszeit von höchstens einem halben Jahr zu befristen.

d) Im übrigen sind Ausnahmen nur für kurzfristige Beschäftigung mit Akkord- oder Fließarbeit zu bewilligen, z. B. wenn ein Jugendlicher für einen erkrankten Erwachsenen einspringen soll oder in ähnlichen, vorübergehenden Fällen.

e) Voraussetzung für die Bewilligung einer Ausnahme ist in jedem Fall› daß Art und Tempo der Arbeit eine Beeinträchtigung der Gesundheit oder der körperlichen oder geistigen Entwicklung der Jugendlichen nicht befürchten lassen. Ob diese Voraussetzung erfüllt ist, muß für jeden einzelnen der beteiligten Jugendlichen geprüft werden. An dieser Prüfung ist — von den unter Buchstabe c genannten Übergangsfällen abgesehen — stets der Staatliche Gewerbearzt zu beteiligen. Die genannte Voraussetzung macht es ferner erforderlich, im Bewilligungsbescheid die Jugendlichen, auf die sich die Ausnahme erstrecken soll, namentlich zu bezeichnen.

Sachverzeichnis

Die Zahlen weisen auf die Seiten hin

A

Abendkurse 11, **44**, 45
Abschlußarbeiten 15
Abschlußverbote 21, 25, 92, 102, 103
Ähnliche Dienstleistungen **4**, 9, 10
Akkordarbeit 89, 90 u. Anh. 12 zu § 38
Alkohol, Verbot der Abgabe von — 99
Amtsarzt 102, **114**
Amtshilfe 125
Andere Verteilung der Arbeitszeit 28 ff., 53, 64, 65, 79, 80
Anlernlinge **4**, 8
Anordnungen der Aufsichtsbehörde 20, **124**, **127**
Anrechnung der Unterrichtszeit auf die Arbeitszeit 15, **36**, **37**
Anstalten 49, 73
Anzeige 64, 65, 120
Arbeitgeber 5, **13**, 129, 137
Arbeitnehmer 7 ff.
Arbeitnehmerähnliche Personen 11
Arbeitsbereitschaft 15, 30
Arbeitskraft, Erhaltung der — **94**, **131**, 133
Arbeitspausen 41
Arbeitsunterbrechungen 15, 41
Arbeitsstätte 94
Arbeitstempo 89
Arbeitsverhältnis 5, 7 ff., 21, 38
Arbeitsvertrag 19
Arbeitsweg 15, 16
Arbeitszeit 14, **15**, 17, 20, 27 ff., 30, 39, 73, 79, 83, 117
Artistische Darbietungen 22, 24, 45
Arzt 102, 116
Arzt, Ärztliche Bescheinigungen 102, **105 ff.**
— Aufbewahrung 107
— Ärztliche Betreuung und Untersuchung 101 ff., 110
— Nachuntersuchung 103, 104, 106
— Ärztliche Schweigepflicht 106, 113
Aufenthaltsräume **40**, **42**, **43**
Aufführungen 22, **44**, **47**, 50
Auflagen bei Ausnahmen 20, 25, 30, **127**
Aufrechnung 61
Aufsichtsbehörde 20, 30, 43, **123**
Auftraggeber **14**, 68, 136
Ausbesserungswerkstätten für Kraftfahrzeuge **47**
Ausbildungsverhältnis 7
Ausgleich von Arbeitszeit 29, 33, 48, 53, 64, **75**
Aushang 21, 117, 123, 127
Auskunft an Aufsichtsbehörde 67, 122
Auslage des Gesetzes 117, 123
Ausland, Beschäftigung im — 5
Ausländer 5, 12, 35
Ausnahmebewilligung 30, 42, 52, 126, **127**
Außerordentliche Nachuntersuchungen 101, 104, 110
Ausschuß für Arbeit 128, 129
Ausschuß für Jugendarbeitsschutz 128, 129

B

Bäckereien und Konditoreien 44, 46, 47
Baumschulen 77
Beamtenanwärter 7, 140
Beauftragter **14**, 91, **136**
Beherbergungswesen 44, 47
Belehrung über Gefahren 96

Belohnung 9, 10
Berechnungszeitraum für Heimarbeit 66
Bergbau 28, 40, 47, 86, 94, 116
— Urlaub 53
Bereitschaft 15
Berufsausbildung 11, 32
Berufsschule 34ff., 82, siehe auch Schule und Unterricht
Berufsschulpflicht 12, 35
Berufsschultage 15, 35
— Urlaub 59
Beschäftigung 5, 6, 57
— nicht dauernde 69
— nicht gleichmäßige 70
— im Familienhaushalt 4, 11, 12
Beschäftigungsverbote 86, 91, 101ff.
Beschäftigungsverhältnis 5, 67
Beschwerden 125
Betriebsvertretung 29, 121
Betriebszugehörigkeit 56
Bewilligungsbescheid 23, 127
Binnenschiffahrt 49, 83
Bodenbetriebe der Luftfahrt 49
Bürgerliche Ehrenrechte 91
Bürgerlich-rechtliche Pflichten 19
Bußgeld 130

C

Catcherveranstaltungen 47
Chöre 10, 23
Culpa in contrahendo 92, 103

D

Deputat 56, 100
Dienstleistungen 6, 9, 15
Dienstverschaffungsvertrag 14
Doppelbeschäftigung 14, 17, 38, 62

E

Einstellungsuntersuchungen 101
Eisdielen 45
Elterlicher Betrieb 6, 18, 139
Elterliche Gewalt 138
Entfernung Jugendlicher 126
Entgeltausfall 39, 68
Ermessensausübung 125, 127
Erwerbsarbeit während des Urlaubs 60
Erziehung 6
Erziehungsheime, Beschäftigung in — 11

F

Fachschulen 35
Faktisches Arbeitsverhältnis 6
Familienangehörige 68
Familienhaushalt 72ff., 121
Familienrechtliche Dienstleistungen 5, 9
Feiertage, gesetzliche 50, 51
— kirchliche 25, 27, 29
Fernsehrundfunk 44
Filmaufnahmen 22, 44, 47
Fischerei 77
Fließarbeit 89, 91
Flößerei 83ff.
Forstwirtschaft 12, 78
Freizeit 21, 22, 44, 53, 65, 76
— für ärztl. Untersuchungen 111
Freizeitausgleich 76
Friseurhandwerk 47
Frühschluß vor Sonn- und Feiertagen 47ff., 81
Fünftagewoche 29, 37, 38
Fürsorgeerziehung 11

G

Gartenbau 77
Gast- und Schankwirtschaften 44, 47
Gefährdung, sittliche 23, 87, 94, 97
Gefahren, Belehrung über — 96
Gefährliche Arbeiten 86, 130
Gefälligkeit 4, 11, 22
Geldbuße 125, 134
Gelegentliche Beschäftigung 25, 139
Geltungsbereich 4ff.
Gemeinwohl 30, 51, 126
Gesamthafenbetrieb 14
Gesellschafter 14, 136

Die Zahlen weisen auf die Seiten hin

Gestaltende Mitwirkung 23
Gesundheitliche Betreuung 100ff.

H

Halbtagsbeschäftigung 33, 73
Hausgehilfen 73
Hausgewerbetreibende 11, 67
Häusliche Gemeinschaft 73, 75, 97
Haushalt 11, 18
Hauswirtschaft 73, 74
Heilpraktiker 102
Heimarbeiter 11, 18, 66
Hilfeleistungen 4, 10, 25, 26
Hilfsbetriebe siehe Nebenbetriebe
Hilfsarbeit 26
Hilfsschule 12

I

Imker 77
Instandhaltungs- und Reinigungsarbeiten 15

J

Jahrmärkte 22, 49
Jugendgefährdende Schriften 91
Jugendlicher 13
Jugendschutz in der Öffentlichkeit 46, 51
Jugendvereine 23, 45

K

Kantine 45
Kabarett 22, 45, 46, 50
Kind 12, 138
Kettenverträge 56
Kinderarbeit 21
Kirmes 22
Körperliche Züchtigung 98
Kosten der ärztl. Untersuchungen 112
Krankheit 56
Krankenpflegeanstalten 16, 47, 49
Kulturelle Belange 23, 24
Kuraufenthalt 55
Kurzarbeit 38, 55
Kurzpausen 40, 43

L

Landwirtschaft 12, 25, 76, 77
Lebensalter 13, 22, 25, 27, 58
Lehrberuf 7, 34
Lehrlinge 4, 7
Lehrverhältnis, Fehlerhaftes — 7
Leichte Arbeiten 26
Leiharbeitsverhältnis 14

M

Marktverkehr 47
Mehrarbeit 32, 33
Mehrarbeitsvergütung 32, 51
Mehrschichtige Betriebe 44, 48
Melker 80
Mißhandlungen, Schutz vor — 98
Mitgliedschaftsrechte, Ausübung von — 10
Mitteilungen 104
Montagearbeit 16
Musikaufführungen 22, 44, 47
Mutterschutzgesetz 82, 140

N

Nachtruhe 44, 80
Nachuntersuchungen u. Untersuchungen 104
Naturnotwendige Arbeiten 81
Nebenbetriebe 49, 77, 78
Nebenpflichten 20
Notfälle 64, 82

O

Öffentl. rechtl. Verhältnis 7
Ordnungswidrigkeiten 132ff.

P

Pauschbeträge 116
Pausen 16, 31, 36, 40ff.
Personensorgerecht 18, 99, 138
Pfändung von Urlaubsgeld 61
Pflegekinder 11
Praktikanten 4, 9
Prämiensystem 90

Proben (zu Musikaufführungen) 25
Prozentlohn 34, 55

R

Rechtsbeschwerde 134
Regelmäßige Arbeitszeit 15, 27ff., 30
Religion 93
Reichsschulpflichtgesetz 35
Reinigungs- und Instandhaltungsarbeiten 15
Reisebüro 49
Revisionen 123ff., 125
Revueveranstaltungen 45, 50
Ruhepausen 14, 16, 24, 31, 40ff., 74, 84
Rundfunk 22, 44, 46

S

Sachbezüge 56, 100
Saisonbetriebe 42
Schankwirtschaften 44, 47
Schichtzeit 14, 16, 28
Schule siehe auch Unterricht und Berufsschule
Schulpausen 36
Schulpflicht 12, 82
Schulunterricht 6, **34**ff.
Schulveranstaltungen 23, 35
Schulversäumnis 38, 59
Schulweg 39
Seeschiffahrt 4
Sittlichkeit 23, 87
Sonntage 85
Sonntagsarbeit 12, 53
Sonntagsruhe **50**, 53, 74, 81
Sonn- und gesetzliche Feiertage 50
Sorgerecht siehe Personensorgerecht
Speisewirtschaft 45
Sport 45, 47
Statistik 124
Stellvertreter des Unternehmers 13, 92 136
Stiefeltern 99
Straftaten **129**ff.
Streik 56
Stückentgelt 90

T

Tabakwaren, Abgabe von — 99
Tägliche Arbeitszeit 14
Tanzlokale 22
Territorialitätsprinzip 4, 130
Theatervorstellungen 22, 44, 47
Tierzucht 77

U

Umschüler 8
Unaufschiebbare Arbeiten 64
Unkostenzuschlag 66, 68
Unterkunftsräume 97
Unternehmer, jugendliche 7, 10
Unterricht **11**, **34**, **39**, 45
— im Betrieb 11
— Ausfall 29, 38
Untersuchung 20, 100ff.
Urlaub **53**ff.
— Doppelurlaub 61, 62
Urlaubsabgeltung 61ff.
Urlaubsdauer 53
Urlaubsentgelt 53ff.
Urlaubsgesetze der Länder 140ff.
Urlaubsjahr 53, 55
Urlaubsmarkensystem 61

V

Varieté 22, 45, 46, 50
Veranstalter 23, 47
Veranstaltungen 22, 23, 44
Verbandsrechtliche Beziehung 10, 14, 22
Verbot der Mehrarbeit 33
Vergnügungsparks 24
Verkaufsstellen 47
Verkehrsgewerbe 47, 49
Verstöße siehe Zuwiderhandlungen
Verteilung der Arbeitszeit 29
Verwaltungsakt 20, 124, 125
Verwaltungsbehörde 134 und Anhang 12
Verwaltungszwang 126

Verwandte Kinder 6, 77, 138
— Jugendliche 138
Verwarnung 136
Verwirkung 19
Verzeichnisse 21, 118
Verzicht 19
Volksfeste 24
Volontärverhältnis 4, 9
Vormund 138
Vorstrafen 91
Vor- und Abschlußarbeiten 15

W

Wartezeit bei Urlaub 56
Wegezeit 15, 16
Weidewirtschaft 77
Werbefunk 49
Werbeveranstaltung 22, 24
Werksarzt 102
Werksbeurlaubung 56
Werksunterricht 11, 45
Winterarbeitszeit 79
Wochenarbeitszeit 14, 16, 28
Wochenfeiertage 51
Wohnheim 97

Z

Züchtigung 98
Zuwiderhandlung, als Straf- bzw. Ordnungswidrigkeit 129ff.
— Bußgeldfestsetzung 125, 134
— Zwangsmaßnahmen 124, 126
Zwangsmittel 124ff., 139
Zwischenmeister 14, 68

Kolibri 360 GmbH
Ferdinand-Jühlke-Straße 7
99095 Erfurt, Deutschland
produktsicherheit@kolibri360.de